新编21世纪高等职业教育精品教材
汽车类

智能汽车控制系统项目化实战教程
——基于ROS智能小车

主　编◎孙大许　付全有　黄文汉
副主编◎郑　坤　蔡元兵　陈纪钦
刘洪明　温立全　赵　诚
参　编◎张建伟　王　涛　王俊华
郭　俊　李德斌

中国人民大学出版社
·北京·

图书在版编目（CIP）数据

智能汽车控制系统项目化实战教程：基于 ROS 智能小车 / 孙大许，付全有，黄文汉主编. -- 北京：中国人民大学出版社，2025.4. --（新编 21 世纪高等职业教育精品教材）. -- ISBN 978-7-300-33918-4

Ⅰ. U463

中国国家版本馆 CIP 数据核字第 2025LN9654 号

新编 21 世纪高等职业教育精品教材 · 汽车类

智能汽车控制系统项目化实战教程——基于 ROS 智能小车

主　编　孙大许　付全有　黄文汉

副主编　郑　坤　蔡元兵　陈纪钦　刘洪明　温立全　赵　诚

参　编　张建伟　王　涛　王俊华　郭　俊　李德斌

Zhineng Qiche Kongzhi Xitong Xiangmuhua Shizhan Jiaocheng
——Jiyu ROS Zhineng Xiaoche

出版发行	中国人民大学出版社		
社　　址	北京中关村大街 31 号	**邮政编码**	100080
电　　话	010－62511242（总编室）		010－62511770（质管部）
	010－82501766（邮购部）		010－62514148（门市部）
	010－62511173（发行公司）		010－62515275（盗版举报）
网　　址	http://www.crup.com.cn		
经　　销	新华书店		
印　　刷	唐山玺诚印务有限公司		
开　　本	787 mm×1092 mm　1/16	**版　　次**	2025 年 4 月第 1 版
印　　张	13	**印　　次**	2025 年 4 月第 1 次印刷
字　　数	302 000	**定　　价**	45.00 元

前言

工业和信息化部等四部门印发的《国家人工智能产业综合标准化体系建设指南（2024 版）》提出，到 2026 年新国家标准和行业标准制定 50 项以上，引领人工智能产业高质量发展的标准体系加快形成。这一政策特别关注智能运载工具的标准制定，包括感知、识别、预判、决策与控制等技术要求。

2024 年 7 月 18 日，中国共产党第二十届中央委员会第三次全体会议通过《中共中央关于进一步全面深化改革　推进中国式现代化的决定》，明确提出要“健全因地制宜发展新质生产力体制机制”，新质生产力是推动技术革命性突破、生产要素创新性配置、产业深度转型升级，推动劳动者、劳动资料、劳动对象优化组合和更新跃升，催生新产业、新模式、新动能，发展以高技术、高效能、高质量为特征的生产力。

新一代信息技术、人工智能技术是新质生产力发展的重要领域，中职、高职和本科等院校都开设了智能汽车技术、工业机器人技术等相关专业。ROS 作为一项开源、通用的模块化通信技术，广泛应用于无人驾驶汽车、移动机器人等领域，具有相关专业的院校大部分都开设了 ROS 课程。高职学生在学习 ROS 系统的过程中，必须结合实际的操作才能更好地呈现结果，激发学习兴趣。结合实际的智能小车的制作过程，编者撰写了本书，便于广大师生在教学过程中边学习边实操。

本书包括八个项目：

项目一：小车底盘及遥控的装配与调试。让学生了解智能小车的本体，学习小车的底盘结构和电气控制。通过学习该项目，学生可以遥控小车动作，能够大大激发学习兴趣。

项目二：工控机及感知传感器的安装。让学生认识智能车辆上用到的传感器，并掌握安装的过程和步骤。通过对实物的认识和操作，学生可以加深和巩固相关知识和技能。

项目三：认识 ROS。可以先了解 ROS 系统的基本知识，便于后续的学习。

项目四：使用 ROS 控制底盘。通过该项目的学习，学生可以使用 ROS 节点控制小车。

项目五和项目六：激光雷达、IMU、摄像头的数据读取与标定。通过对 ROS 的应用，学生可以进一步学习 ROS 系统的基本知识，同时训练关于环境感知传感器的数据调试技能，这是对应高职学生就业岗位的一个重要的技能点。

项目七和项目八：2D 地图的创建和 2D 导航功能包的安装与使用。这部分是本书的核心内容，是前面内容的综合运用，最终实现对目标点的路径规划和自动跟踪、自动避障等。

本书具有以下特色：(1) 结合实际的智能小车开发过程学习 ROS 系统，趣味性更强；(2) 基于实际的工作过程开发教材，具有较高的实用价值；(3) 每个项目都是做学一体化，使知识和技能紧密结合；(4) 项目配套有视频、课件、网络课程等，方便教学和交流。

本书由来自佛山职业技术学院、柳州铁道职业技术学院、河源职业技术学院、惠州城市职业学院、广东科学技术职业学院、深圳鹏城技师学院、广州领世汽车科技有限公司、中山星能创新科技股份有限公司、广东全象智能科技有限公司、惠州市惠城区技工学校、惠州市惠城职业技术学院等的编者共同完成。在本书的编写过程中，参考了大量的文献，得到了许多来自行业、企业、研究所、高校专家的指导，在此对他们深表感谢。

智能汽车控制系统及 ROS 的相关内容十分丰富，鉴于相关课程学时所限，本书选取了基础且实用的内容作为学习项目，难免不够完整，希望广大读者在使用过程中给予批评指正。

编者

目录

项目一

小车底盘及遥控的装配与调试

学习目标

知识目标

1. 了解智能网联小车底盘的结构类型，包括前轮转向后轮驱动、差速+万向轮、四轮驱动滑移底盘及麦克纳姆轮四驱底盘等。

2. 熟悉底盘的装配步骤和注意事项，掌握底盘控制板的功能和通信协议。

3. 理解串口调试助手的作用，以及如何使用它来调试底盘。

4. 掌握遥控器与遥控接收器的相关知识，包括其工作原理和对频方法。

能力目标

1. 能够正确装配智能网联小车底盘，包括安装车身、驱动电机、车轮、电源按键、电压显示屏、充电口、控制板、电池和线束等部件。

2. 能够使用串口调试助手对底盘进行调试，包括设置通信参数、发送指令和接收反馈数据等。

3. 能够对小车底盘进行零点调试和运动方向调节，确保遥控器能够准确控制小车的运动。

素养目标

1. 培养动手能力和实践精神，在实际操作中提高解决问题的能力。

2. 培养团队合作精神，在小组合作中学会沟通和协作。

3. 培养安全意识，在操作过程中严格遵守安全规范，确保自身和设备的安全。

建议学时

8 学时。

项目情境

张同学到智能汽车研发企业的测试岗位实习，需要熟悉该企业智能汽车底盘的结构和组成部分，了解底盘各部件的功能和安装位置；同时，要掌握底盘的装配流程和调试方法，熟悉相关的电路图和控制原理；此外，还需学会使用串口调试助手等工具对底盘进行测试和故障排查，能够准确判断并处理电路中熔断器、继电器等常见元件的简单故障。通过学习和实践，张同学能够尽快独立完成智能汽车底盘的基本测试和维护工作，为车辆的正常运行提供保障。

任务一　小车底盘的装配

案例导入

一辆智能小车在行驶过程中出现底盘控制异常的情况，维修技师李师傅让你检查一下底盘的相关部件是否正常安装和调试。具体需要检查车轮、驱动电机、控制板、电源按键、电压显示屏、充电口等部件的连接情况，以及底盘控制参数是否准确；同时，要使用串口调试助手对底盘进行测试，查看通信是否正常，数据反馈是否准确。

通过学习该任务，能掌握智能小车底盘的结构和组成部分，能熟悉底盘的装配流程和调试方法，能掌握串口调试助手的使用方法。在底盘的安装与调试过程中培养团队协作意识，在使用工具设备时培养安全意识，确保操作的规范性和安全性，培养良好的职业素养。建议该任务学时为 4 学时。

知识介绍

小车底盘的结构一般有前轮转向后轮驱动底盘（阿克曼转向底盘）、差速＋万向轮、四轮驱动滑移底盘（无转向轮）、麦克纳姆轮四驱底盘等。

一、前轮转向后轮驱动底盘（阿克曼转向底盘）

这种类型的驱动转向装置分布形式多应用在四轮车型的小车上，车轮可分为驱动轮和舵轮两种。舵轮通常受舵机的操控，主要实现小车转向功能，也能够兼作驱动轮使用；驱动轮主要为小车提供行驶的动力。在汽车上常见的为前面两个轮是转向轮，后面两个轮是驱动轮，如图 1－1 所示。

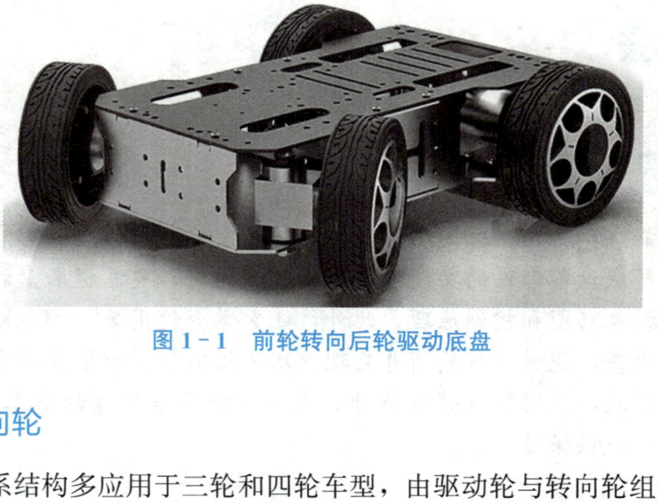

图 1－1　前轮转向后轮驱动底盘

二、差速+ 万向轮

此类型的轮系结构多应用于三轮和四轮车型，由驱动轮与转向轮组成，小车底盘结构安装有两个独立的驱动轮，分别受不同电机驱动，依据左、右轮的速度差完成智能小车的转向，转弯半径根据两个驱动轮的速度差的大小来控制。这种转向驱动方式方便、灵活。常见的差速+万向轮三轮结构如图 1-2 所示。

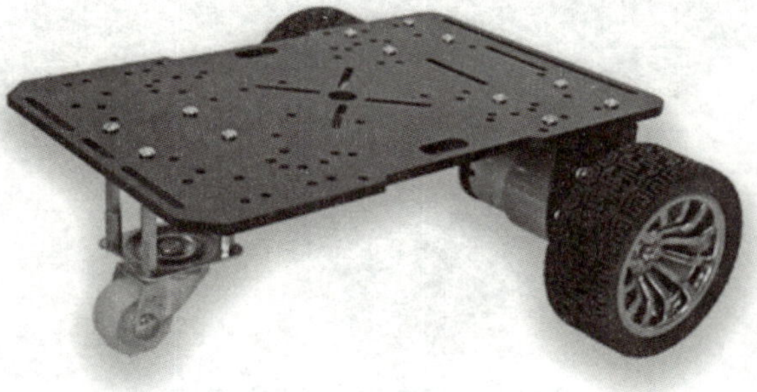

图 1-2 差速+万向轮三轮结构

三、四轮驱动滑移底盘（无转向轮）

小车的四个轮全部是驱动轮，每个轮都由一个电机单独控制，可以实现小车的纵向、横向、回转等方向的行驶，利用左、右轮的速度差实现转向。四轮驱动滑移底盘如图 1-3 所示。全轮转向驱动方式的优点是转向灵活，能够在狭小的空间自由移动行驶；缺点是整体结构较复杂，控制算法难度较大。

图 1-3 四轮驱动滑移底盘

四、麦克纳姆轮四驱底盘

麦克纳姆轮是一种可以在任意方向上行走的全向轮，它通过独立控制四个轮的姿态，实现在平面内的自由行驶。麦克纳姆轮四驱底盘如图 1-4 所示。这种驱动方式使得麦克纳姆轮小车在面对复杂地形时，不再受到地面摩擦力的限制，可以轻松实现前进、后退、横移、原地旋转等多种运动模式。

此外还有全向轮小车底盘、四驱四转型小车底盘等，不再一一介绍。四轮驱动差分转向底盘转向灵活，可以实现原地转向，控制系统便于与 ROS 系统结合，在较小的空间也可以方便地运行和调试，非常适合作为智能汽车技术相关专业的入门学习车型结构。

图 1-4　麦克纳姆轮四驱底盘

微悦读

新中国第一辆国产汽车诞生

新中国成立后，为了实现汽车工业的自主发展，中共中央决定自主研发汽车。1953 年 7 月 15 日，第一汽车制造厂在吉林省长春市举行了奠基典礼，来自全国各地的数万名建设者、专家工人、原料设备，源源不断地涌向“一汽”。1956 年 7 月 13 日，新中国第一辆国产汽车——解放牌汽车在长春“一汽”驶下生产线。这辆汽车的诞生具有重要的历史意义，标志着中国成功实现了自主制造汽车的目标，结束了无法批量制造汽车的历史。这一成就标志着中国汽车工业的起步，也为中国汽车产业的发展奠定了基础。

从此以后，中国汽车工业开始了快速的发展，逐渐成为全球最大的汽车市场之一。中国汽车工业的发展历程充满了艰辛和挑战，但中国人民的努力和奋斗精神使得中国汽车工业从零开始，不断壮大。

任务实施

一、小车物料的准备

本任务采用的四轮驱动差分转向底盘的主要物料清单如表 1-1 所示，物料实物图如表 1-2 所示。

表 1-1　主要物料清单

序号	物料名称	规格	数量
1	车轮	ϕ100	4
2	连接套	12 转 17	4
3	六角联轴器	12×12	4

续表

序号	物料名称	规格	数量
4	驱动电机	编码器减速电机	4
5	车身	铝合金氧化	1
6	底盘控制板	四驱控制板	1
7	电机控制线	6P	4
8	连接块	12×12	8
9	控制板垫块	10×10	4
10	各种螺丝		若干

表 1-2 物料实物图

序号	物料名称	实物图
1	车轮	
2	连接套	
3	六角联轴器	
4	驱动电机	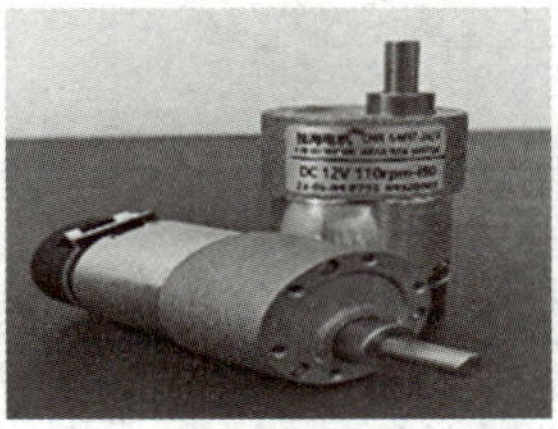

续表

序号	物料名称	实物图
5	车身	
6	底盘控制板	
7	电机控制线	
8	连接块	
9	控制板垫块	
10	各种螺丝	

二、装配方法与步骤

步骤 1：装配车身。使用 4 个连接块，将孔位对准小车前后方两侧预留位置，然后使用 8 个型号为 m4×5 的固定螺丝将车身前后两侧的连接块固定拧紧，如图 1-5 所示。装配后的车身如图 1-6 所示。

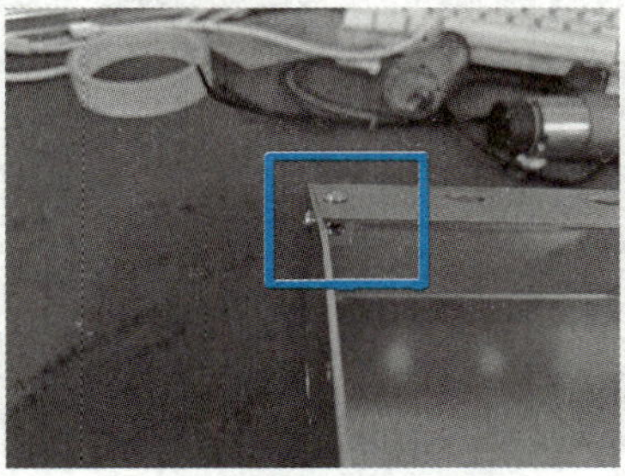

图 1-5　固定连接块

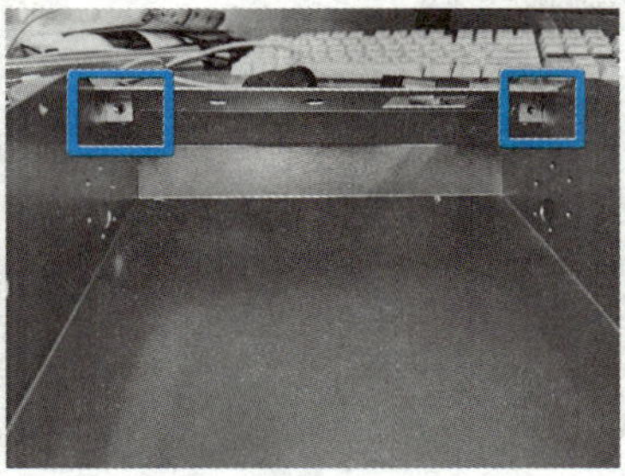

图 1-6　装配后的车身

微课视频

小车车身
外壳安装

步骤 2：装配驱动电机。装配车身后，开始装配驱动电机。将 4 个驱动电机分别放入小车底盘前后两侧的电机孔中并对准小车底盘预留的 6 个驱动电机螺丝孔位，如图 1-7 所示；然后使用型号为 m3×4 的固定螺丝将 4 个驱动电机分别安装并固定拧紧（每个电机需要 6 个 m3×4 的螺丝）。装配驱动电机后的车身如图 1-8 所示。

图 1-7　驱动电机安装位置

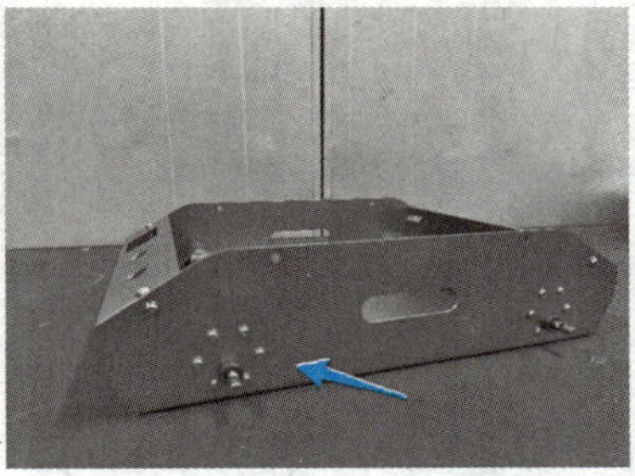

图 1-8　装配驱动电机后的车身

微课视频

小车电机安装

步骤 3：装配车轮。装配驱动电机后，开始进行车轮装配。将两个顶丝拧入六角联轴器的对称孔位（不拧紧），如图 1-9 所示；将六角联轴器套进驱动电机的驱动轴（一侧顶丝对准驱动轴平面），如图 1-10 所示；再用 7 字形内六角螺丝刀将顶丝拧紧，如图 1-11 所示；将连接套对准六角联轴器并套上，如图 1-12 所示；再将车轮对准连接套并套上，如图 1-13 所示；最后将型号为 m4×12 的内六角固定螺丝与垫片对准六角联轴器的螺丝孔位转入并拧紧。车轮装配完成，如图 1-14 所示。

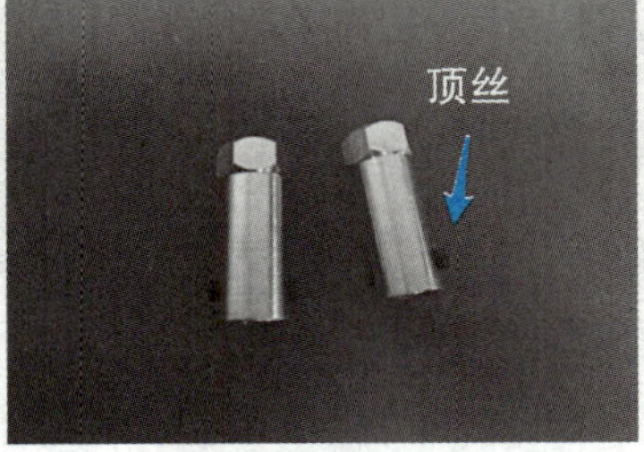

图 1-9　安装顶丝到联轴器

图 1-10　安装联轴器到驱动电机

微课视频

小车车轮安装

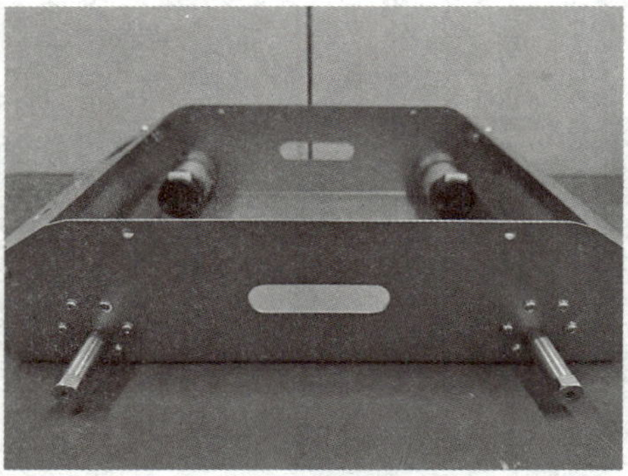

图 1－11　拧紧顶丝

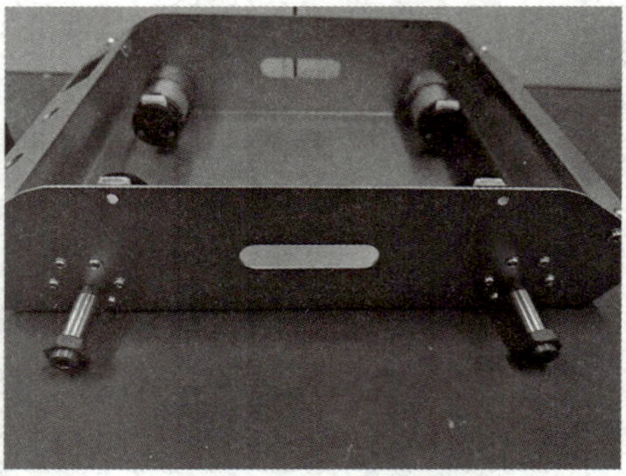

图 1－12　安装连接套

图 1－13　安装车轮

图 1－14　车轮装配完成

步骤 4：装配电源按键。拧下按键上的螺母，如图 1－15 所示；将电源按键主体装进小车底盘预留的电源按键孔位，如图 1－16 所示；再将螺母装回按键主体，如图 1－17 所示；然后将按键主体的正极（＋）对准按键底座的红色线，负极（－）对准按键底座的黑色线插入，如图 1－18 所示。电源按键装配完成，如图 1－19 所示。

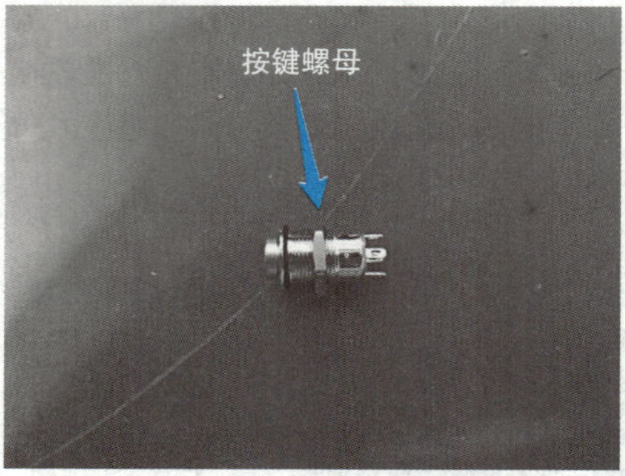

图 1－15　拧下按键上的螺母

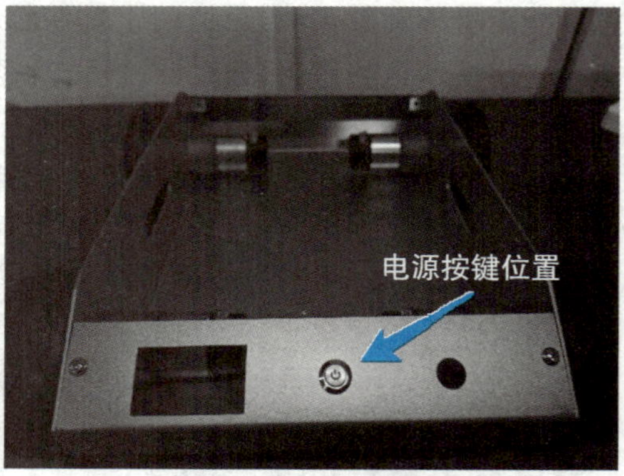

图 1－16　安装电源按键主体

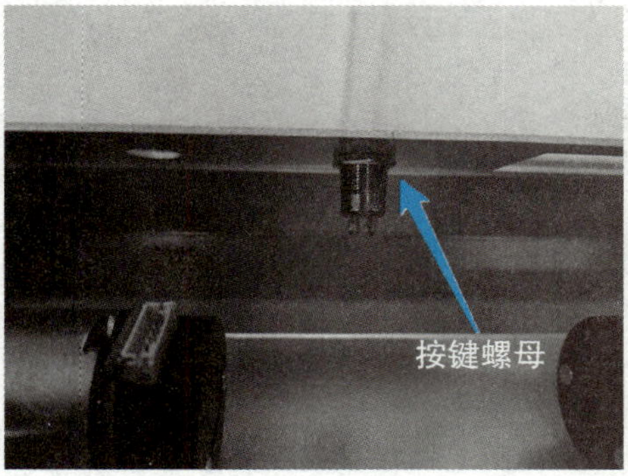

图 1-17 安装按键螺母

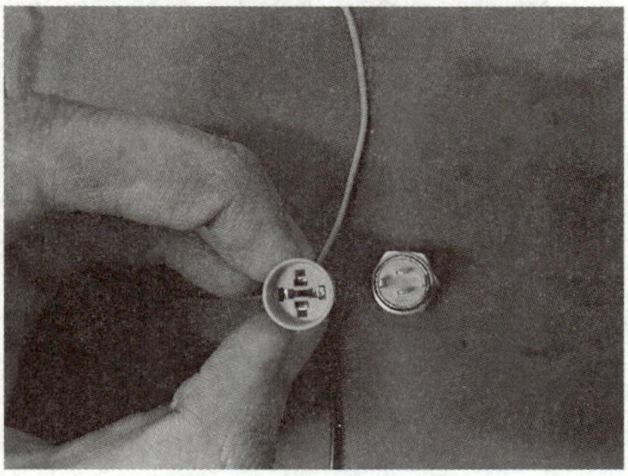

图 1-18 安装电源键正负极

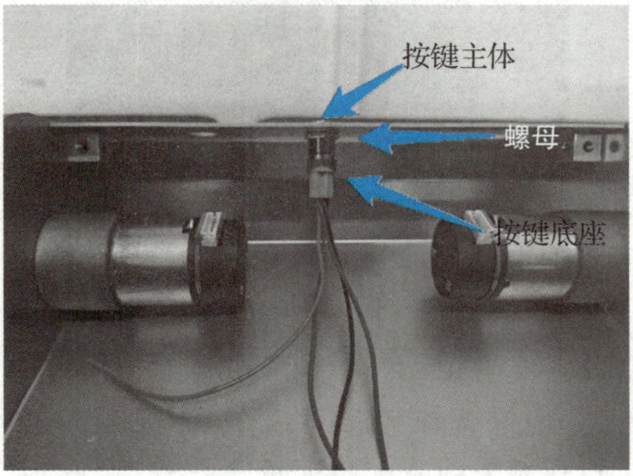

图 1-19 电源按键装配完成

步骤 5：装配电压显示屏。将电压显示屏（见图 1-20）装进小车底盘预留的电压显示屏孔位，电压显示屏装配完成，如图 1-21 所示。

图 1-20 电压显示屏

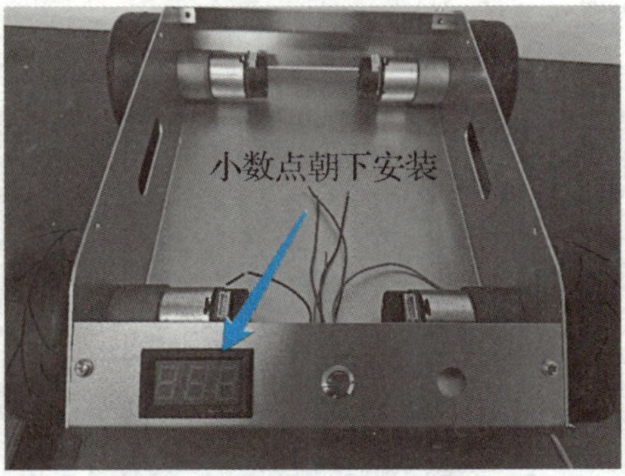

图 1-21 电压显示屏装配完成

步骤 6：装配充电口。准备充电口、保护套、螺母等充电口配件，如图 1-22 所示；将保护套从充电口尾端套入后，再将充电口装入小车预留孔位，如图 1-23 所示；最后将螺母从充电口尾端套入并拧紧，如图 1-24 所示。

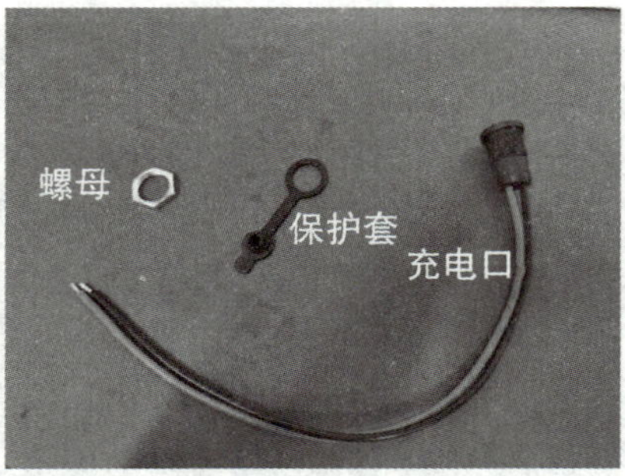

图 1-22　充电口配件

图 1-23　安装保护套

微课视频

小车充电口、
电源按钮、
电压显示屏安装

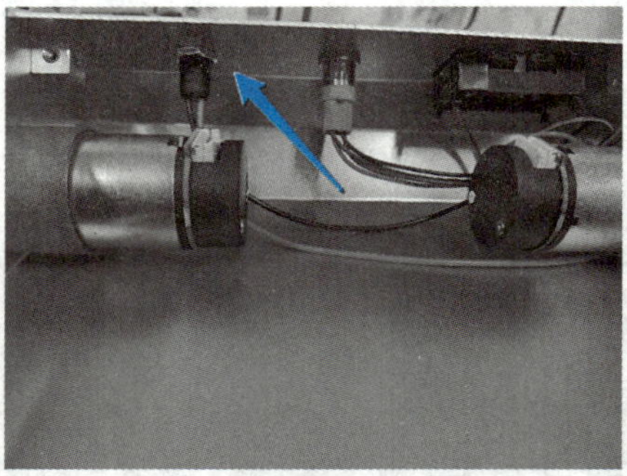

图 1-24　套入并拧紧螺母

微课视频

小车底盘
控制板安装

步骤 7：装配控制板。装配电源按键、电压显示屏和充电口后，开始进行控制板的装配。准备 1 块控制板、4 块控制板垫块、4 个 m3×4 固定螺丝、纳米胶带若干，如图 1-25 所示。将控制板垫块和控制板的孔位对准，使用固定螺丝拧紧，如图 1-26 所示；在控制板垫块底部贴上纳米胶带后，安装在小车底盘合适位置（注意：控制板上的电机孔朝向小车正前方）。控制板装配完成，如图 1-27 所示。

图 1-25　装配控制板配件

图 1-26　安装控制板垫块

图 1-27　控制板装配完成

步骤 8：装配电池。准备电池 1 个，纳米胶带若干，如图 1-28 所示。首先在电池标签处及电池底部分别贴上纳米胶带，之后将电池固定安装在小车右侧（将车头朝向自己一侧），注意电池正、负极不可连通。电池装配完成，如图 1-29、图 1-30 所示。

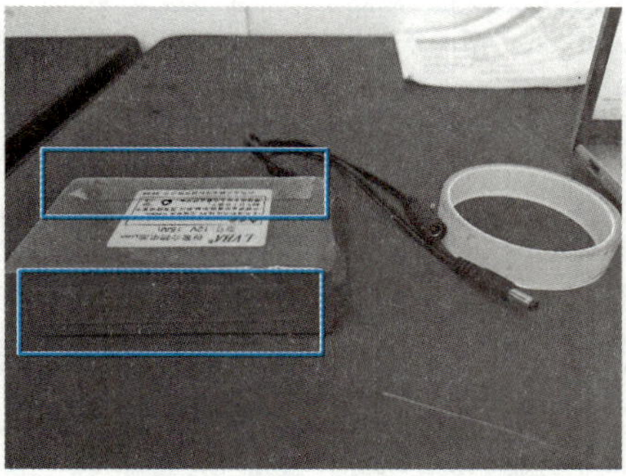

图 1-28 电池安装组件及物料

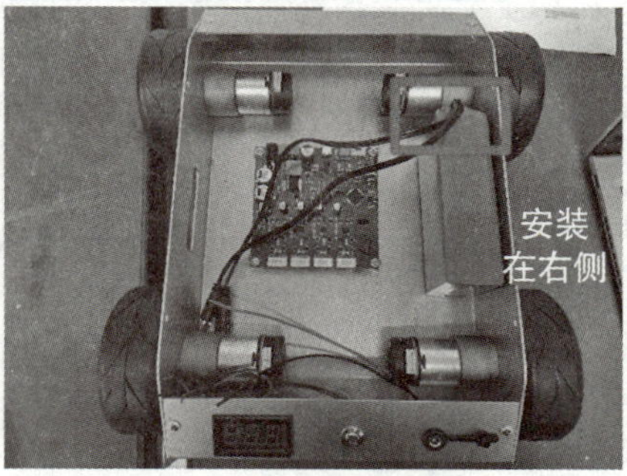

图 1-29 电池装配完成（俯视）

图 1-30 电池装配完成（侧视）

步骤 9：装配线束。注意进行线束装配时，确认其余线束连接无误后才可以与电池连通。准备 3 个公线接头，1 个母线接头，1 个二进八出分电器，1 个三进三出免焊接口，如图 1-31 所示。电池的母线用于电池充电，公线用于全车供电。二进八出分电器和三进三出免焊接口连接部分如图 1-32 所示。

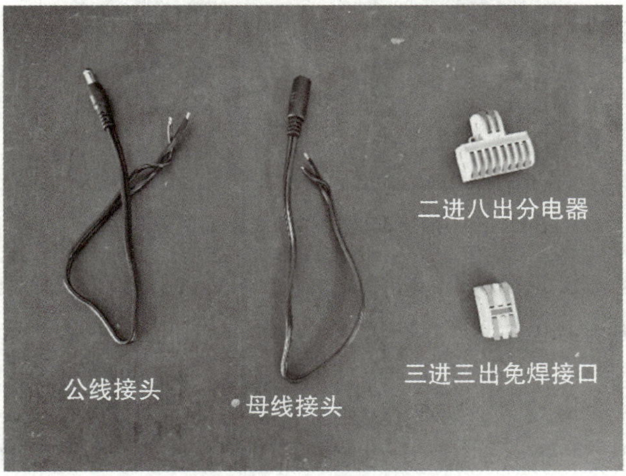

图 1-31 装配线束配件

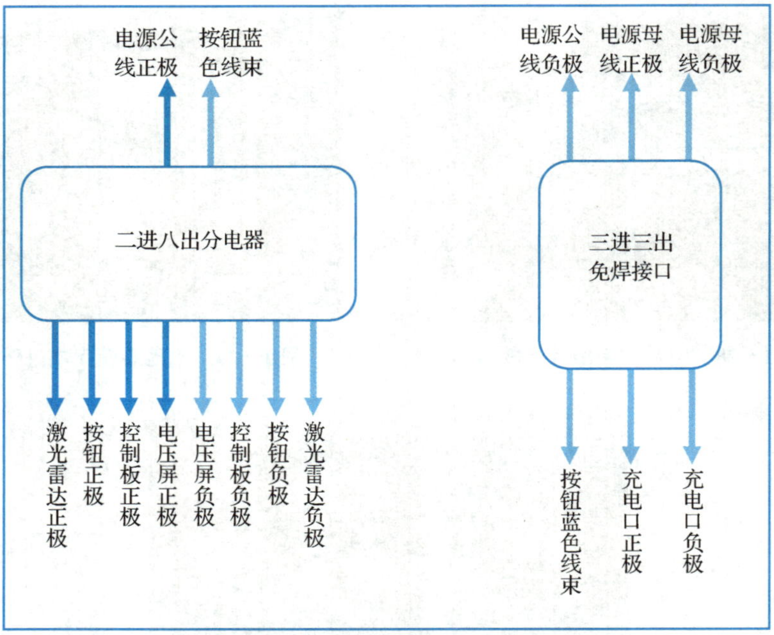

图 1-32　二进八出分电器和三进三出免焊接口连接部分

(1) 装配充电口线束。将充电口的正、负极和母线接口的正、负极分别接入三进三出免焊接口的两端（见图 1-33），注意正极与正极相连且充电口没有夹到线芯，否则可能出现不导通的现象，需使用剥线钳剥开线束外壳。

微课视频

小车充电口的线束连接

图 1-33　连接充电口和母线接口的正、负极

(2) 装配电压显示屏供电线。二进八出分电器中蓝色部分为线路负极，红色部分为线路正极，将电压显示屏的正、负极分别接入分电器中输出端口的正、负极，如图 1-34 所示。

(3) 装配控制板供电线。二进八出分电器中蓝色部分为线路负极，红色部分为线路正极，将公线接口的正、负极分别接入分电器中输出端口的正、负极，如图 1-35 所示。

(4) 装配按钮供电线。按钮共有 4 根线束，其中红色线束为正极，黑色线束为负极。将按钮的正、负极分别接入分电器中输出端口的正、负极，如图 1-36 所示。

（5）装配激光雷达供电线。使用一根公线接头将其正、负极分别接入分电器输出端口的正、负极，如图 1－37 所示。

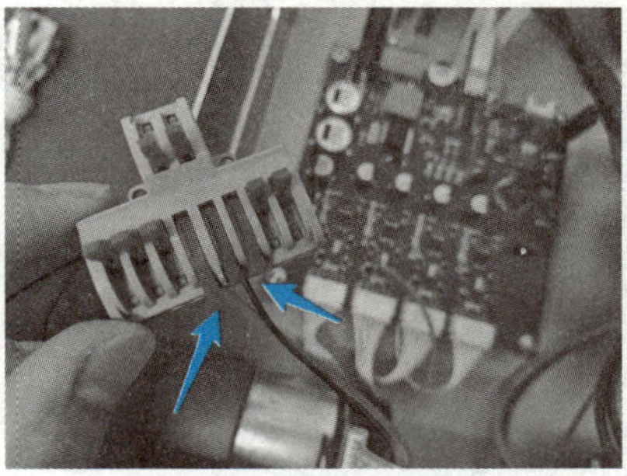

图 1－34　电压显示屏的正、负极接入分电器

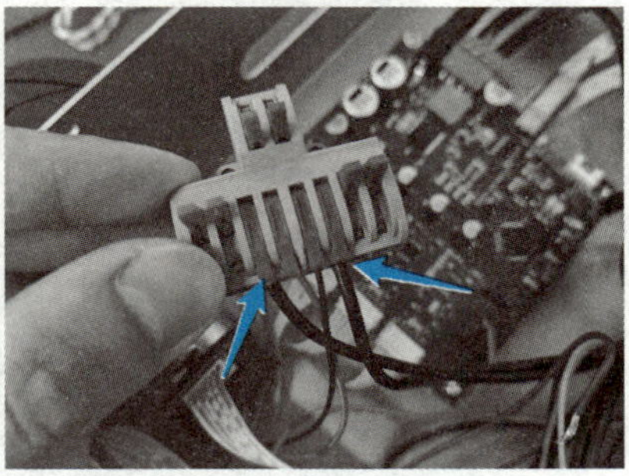

图 1－35　连接公线接口正、负极接入分电器

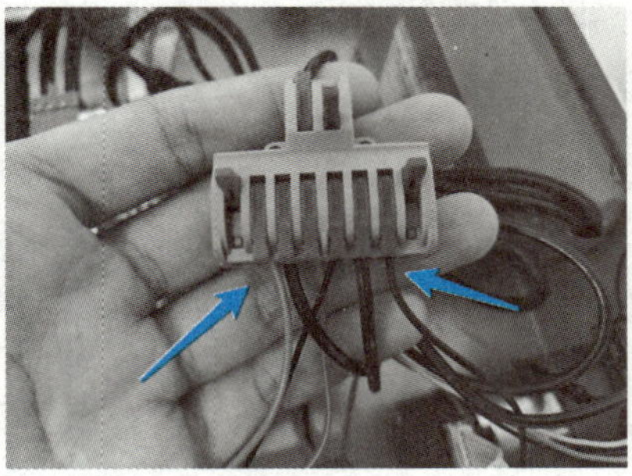

图 1－36　按钮正、负极接入分电器

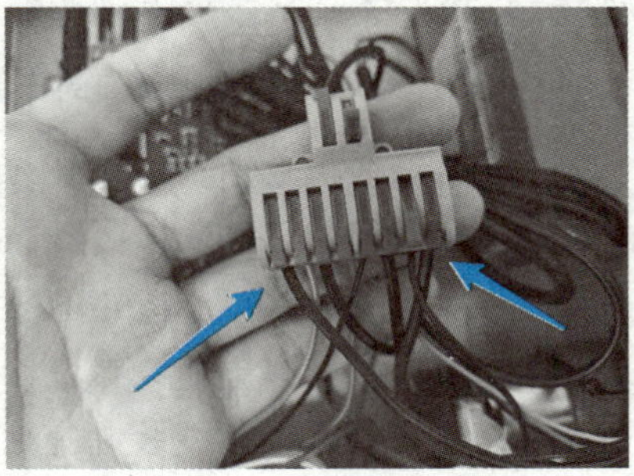

图 1－37　公线接头正、负极接入分电器

微课视频

小车电源按钮、电压显示屏的线路连接

步骤 10：装配按钮控制整车电源及输入电源线束。将按钮其中一根蓝色线束与公线负极连接至三进三出免焊接口，如图 1－38 所示；将按钮另一根蓝色线束与公线正极连接至二进八出分电器的输入端口，如图 1－39 所示。

图 1－38　按钮一根蓝色线束与公线负极连接至三进三出免焊接口

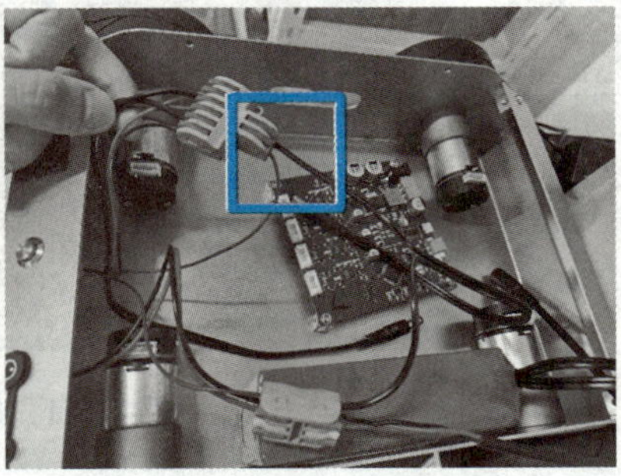

图 1－39　按钮另一根蓝色线束与公线正极连接至二进八出分电器的输入端口

步骤 11：检查线路无误后将分电器输出端的公线插入控制板供电接口，输入端的公线与电池的母线相连，免焊接口的母线与电池的公线相连（见图 1－40），最后按下电源按钮检查其是否亮灯，电压显示屏是否有数值，控制板是否亮灯。注意：单个不亮灯检查分电器的输出端口是否异常，均不亮灯检查电池和分电器输入端口连接是否异常。

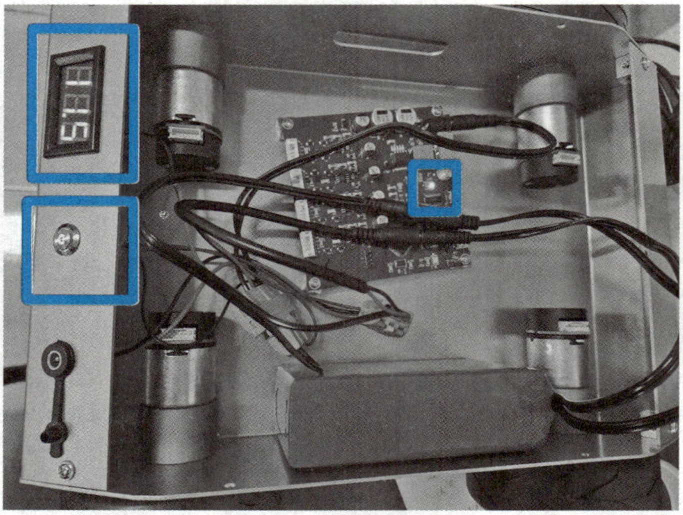

图 1-40　连接免焊接口的母线与电池的公线

安装完成后，将分电器和免焊接口分别使用纳米胶布贴在合适位置。

步骤 12：装配电机控制线。准备两条 12pin 电机控制线（一条控制线对应两个电机），一端插入电机，另一端插入控制板电机孔，控制板第一个电机孔对应小车右前方电机，第二个电机孔对应小车左前方电机，第三个电机孔对应小车右后方电机，第四个电机孔对应小车左后方电机。电机控制线装配完成，如图 1-41 所示。

微课视频

小车电机排线的安装

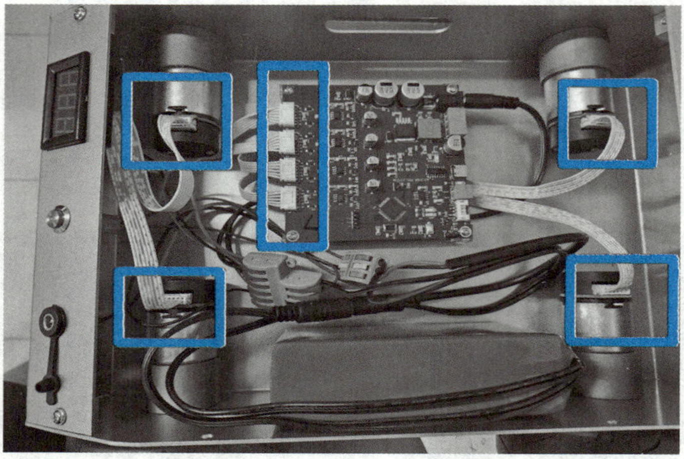

图 1-41　电机控制线装配完成

步骤 13：装配工控机主机及显示屏供电线。准备 2 个接口、2 条公线、1 把一字螺丝刀，如图 1-42 所示。使用一字螺丝刀将接口螺丝拧松后先将接口插入控制板以分辨正、负极（见图 1-43），左侧 5V/12V 为正极，GND 为负极。最后将公线接口正、负极插入后拧紧螺丝，其中 12V 为显示屏供电线，5V 为工控机主机供电线。控制主机及显示屏供电线装配完成，如图 1-44 所示。

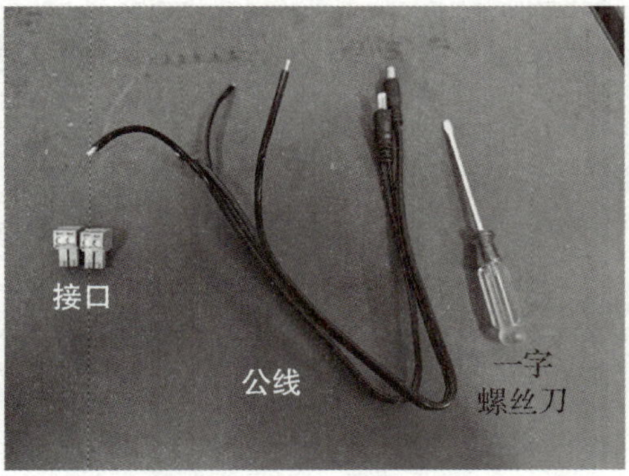

图 1-42 装配物料及工具

图 1-43 将接口插入控制板

图 1-44 工控机主机及显示屏供电线装配完成

步骤 14：装配遥控器接收器。准备一个 2.4G 接收器、一根 3pin 跳线，如图 1-45 所示。注意：跳线两端颜色顺序保持一致。将跳线一端接入接收器第一排插口中，注意黄线在最左侧（见图 1-46），跳线从左往右依次为信号线、电源正极、电源负极。另一端接入控制板右上角预留的端口中，注意 IN 端为信号线接口，3.3V 为正极接口，GND 为负极接口（见图 1-47）。上电后检查接收器是否正常闪灯，最后用纳米胶布将接收器贴在合适位置。跳线装配完成，如图 1-48 所示。

装配完成后，需要将遥控器和接收器进行配对，按下接收器重置按键（见图 1-49），按下后接收器指示灯频闪即进入配对状态，进入配对状态后打开遥控器电源开关（见图 1-50），若接收器指示灯常亮即配对成功，若接收器指示灯不亮则检查跳线连接是否正确。

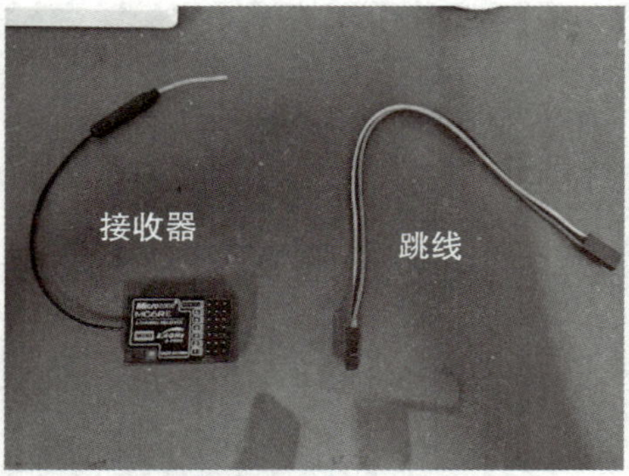

图 1－45　接收器和跳线

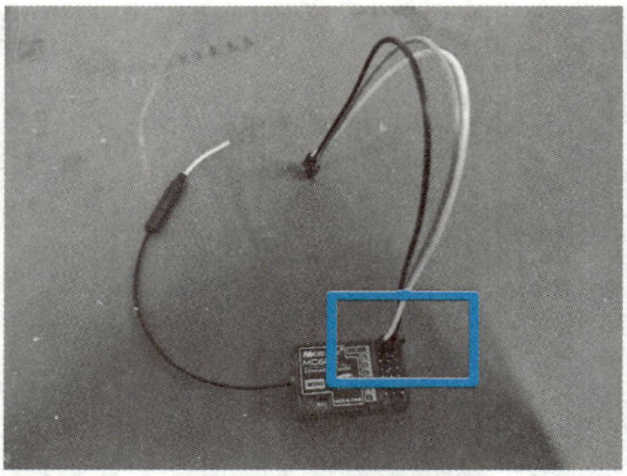

图 1－46　将跳线一端接入接收器第一排插口中

图 1－47　连接跳线和控制板

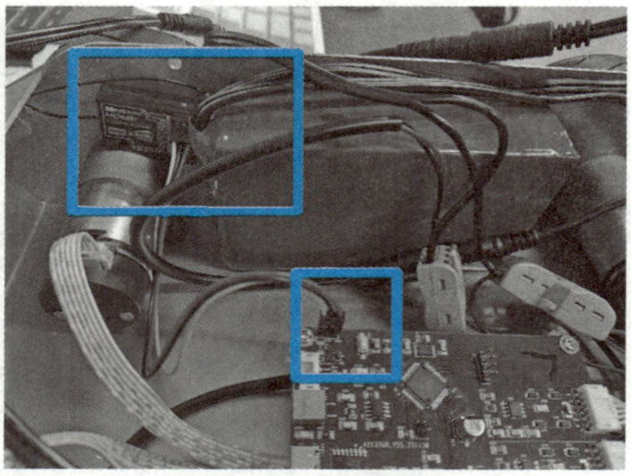

图 1－48　跳线装配完成

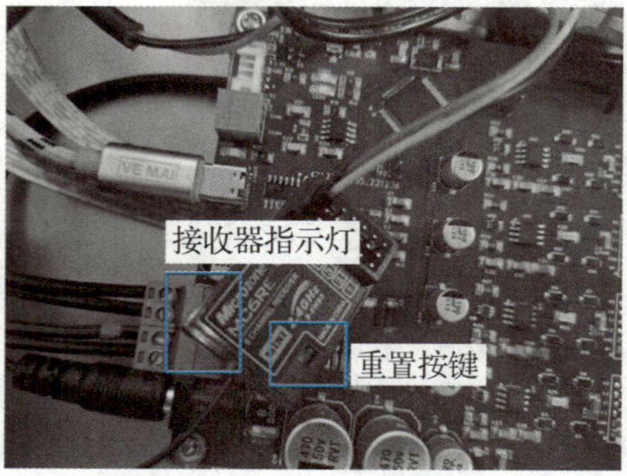

图 1－49　重置按键

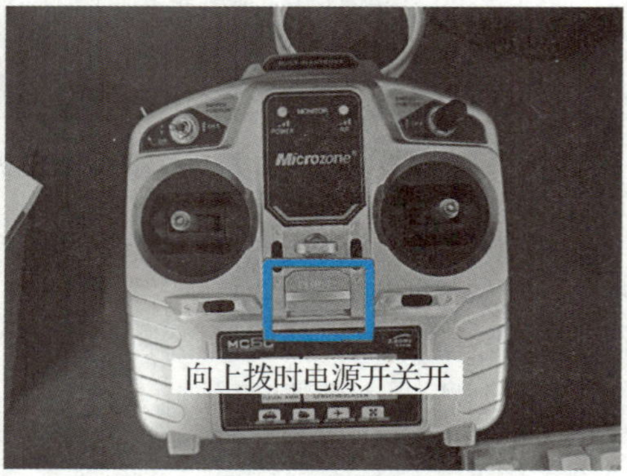

图 1－50　遥控器电源开关

步骤 15：安装控制板与上位机主机数据传输线。使用一根 Type-C 线连接控制板接口，如图 1－51 所示。

至此，小车底盘部分装配完成，整体如图 1－52 所示。

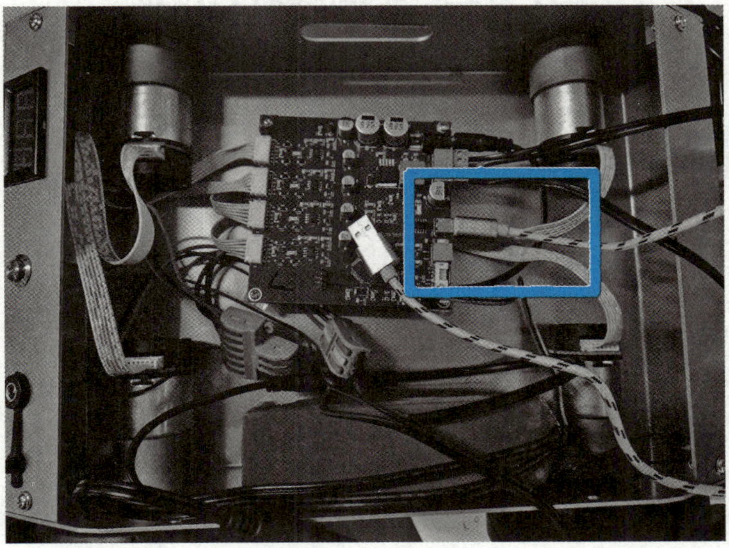

图 1-51　使用一根 Type-C 线连接控制板接口

图 1-52　小车底盘整体

任务二　小车底盘的调试

案例导入

某智能小车在运行时出现转向不灵敏的问题，维修工程师刘师傅要求你对小车底盘进行调试。具体需要检查底盘控制参数的设置是否合理，包括速度、转向灵敏度等；同时，要使用专业设备对底盘进行动态测试，观察其在不同工况下的表现，并根据测试结果进行相应的调整。

通过学习该任务，能够深入了解小车底盘调试的重要性和具体方法，掌握如何根据实际情况优化底盘控制参数，提高小车的操控性能。在调试过程中，培养细致入微的观察能力和精准的调试技巧，严格按照操作规程进行操作，确保调试结果的准确性和可靠性，提升自身的职业素养。建议该任务学时为 2 学时。

知识介绍

底盘控制板布局图如图 1 - 53 所示，控制板主控采用 STM32F103RCT6 芯片（见图 1 - 53 编号 1），与相关专业嵌入式课程使用的芯片类型相一致，因而该控制板也可作为嵌入式课程的学习板使用。

图 1 - 53　底盘控制板布局图

1. 芯片；2. 四路电机接口；3. 遥控接口；4. CAN 接口；5. Type-C 接口；6. 5V 电源输出接口；7. 12V 电源输出接口；8. 控制板电源输入接口

控制板有四路电机接口，采用6P2.0接口（见图1-53编号2），可以控制四路霍尔编码器直流电机，也可以控制无编码器的直流电机。对于有编码器的直流电机，可以利用编码器的速度和方向的反馈精准地控制电机的转速。控制板设计了一路CAN接口（见图1-53编号4），可以采用CAN通信的方式与控制板进行通信，控制四路电机的前进、倒退和制动。控制板还有一路串口与控制板通信，接口采用Type-C外形标准（见图1-53编号5），保证了接线的方便性和可靠性。

控制板自带遥控接口（见图1-53编号3）反相电路，可以直接连接迈克遥控器的接收器，无须再外接反相电路。控制板自带5V电源输出接口（见图1-53编号6），该接口可以输出5A的电流，满足NVIDIA Jetson Nano（智能小车的上位工控机）的供电需求，无须再单独给NVIDIA Jetson Nano配置电源。控制板上还有一个12V电源输出接口（见图1-53编号7），可以为12V显示器提供电源。图1-53中编号8为控制板电源输入接口，接12V、15A·h电池。

知识视界

芯片介绍

（1）CPU：Central Processing Unit（中央处理器）。

（2）GPU：Graphics Processing Unit（图像处理器）。可以并行计算；拥有数量众多的计算单元，适合处理大量类型统一的数据；无法单独工作，必须由CPU进行控制调用才能工作。代表产品有NVIDIA GPU，AMD系列。

（3）TPU：Tensor Processing Unit（张量处理器）。谷歌专门为加速深度神经网络运算能力而研发的一款芯片，其实也是一款ASIC（专用集成电路）；提供高吞吐量的低精度计算，且能效（TOPS/W）更高；与同期CPU和GPU相比，TPU有15～30倍性能提升，30～80倍能效提升。

（4）DPU：Deep Learning Processing Unit（深度学习处理器）。

（5）NPU：Neural Network Processing Unit（神经网络处理器）。专为物联网人工智能设计，用于加速神经网络运算，解决传统芯片在神经网络运算时效率低下的问题。代表产品有寒武纪芯片，IBM的TrueNorth。

（6）BPU：Brain Processing Unit（大脑处理器）。BPU为地平线公司AI芯片的专属名字。BPU的最大特点是高性能、低延迟、低能耗。AI可以分成感知、建模、决策和规划等阶段，对应规划了名为高斯、伯努利和贝叶斯的三代BPU架构。

任务实施

调试小车底盘时，可以使用串口调试助手进行调试。

一、底盘控制板通信协议

底盘控制板通过串口接收数据，并通过串口反馈数据，传输波特率为115 200 Baud。控制板接收数据一帧12个数据，具体数据及类型如表1-3所示。控制板上传反馈数据一帧 15 个数据，具体数据及类型如表 1-4 所示。可以通过工控机或计算机上的串口助手，发送串口指令给控制板，从而控制车轮的动作。这个过程可以训练对通信协议的连接，根据要求编写报文并发送，实现规定的动作。

表 1-3　控制板接收数据及类型

字节	说明	数据类型
Byte 0	0xFE 帧头 1	uint8_t
Byte 1	0xEF 帧头 2	uint8_t
Byte 2	数据长度	uint8_t
Byte 3	前左轮转速高 8 位	uint8_t
Byte 4	前左轮转速低 8 位	uint8_t
Byte 5	前右轮转速高 8 位	uint8_t
Byte 6	前右轮转速低 8 位	uint8_t
Byte 7	后左轮转速高 8 位	uint8_t
Byte 8	后左轮转速低 8 位	uint8_t
Byte 9	后右轮转速高 8 位	uint8_t
Byte 10	后右轮转速低 8 位	uint8_t
Byte 11	校验位	uint8_t

表 1-4　控制板上传反馈数据及类型

字节	说明	数据类型
Byte 0	0xFE 帧头 1	uint8_t
Byte 1	0xEF 帧头 2	uint8_t
Byte 2	数据长度	uint8_t
Byte 3	前左轮转速高 8 位	uint8_t
Byte 4	前左轮转速低 8 位	uint8_t
Byte 5	前右轮转速高 8 位	uint8_t
Byte 6	前右轮转速低 8 位	uint8_t
Byte 7	后左轮转速高 8 位	uint8_t
Byte 8	后左轮转速低 8 位	uint8_t
Byte 9	后右轮转速高 8 位	uint8_t
Byte 10	后右轮转速低 8 位	uint8_t
Byte 11	电量	uint8_t
Byte 12	电压高 8 位	uint8_t

续表

字节	说明	数据类型
Byte 13	电压低 8 位	uint8_t
Byte 14	校验位	uint8_t

协议中校验位的计算方法为：帧头 1 至数据 N 的累加和，取低 8 位作为校验值。

二、 Windows 串口助手控制底盘

下载串口调试助手（见图 1－54），该软件为绿色版，可以双击直接运行。

图 1－54　串口调试助手

打开后的界面如图 1－55 所示。

图 1－55　串口调试助手界面

根据通信协议，可以发送如表 1－5 所示的协议，验证通信接口和通信协议的正确性。

表 1－5　发送协议

帧头 1	帧头 2	数据长度	数据 1	数据 2	数据 3	数据 4	数据 5	数据 6	数据 7	数据 8	数据 9
		8 Bytes	对应左前电机转速 10r/min		对应右前电机转速 10r/min		对应左后电机转速 10r/min		对应右后电机转速 10r/min		校验和
0xFE	0xEF	0x08	0x00	0x0A	0xFF	0xF6	0x00	0x0A	0xFF	0xF6	0xF3

任务三　为小车底盘加装遥控设备

案例导入

一辆智能小车需要增加遥控功能，以便在特定场景下实现远程控制。维修技术人员孙师傅安排你负责为小车底盘加装遥控装置。具体需要选择合适的遥控器和遥控接收器，并进行正确的接线和对频操作。同时，要测试遥控功能在不同距离和障碍物条件下的稳定性和准确性。

通过学习该任务，能够掌握为小车底盘加装遥控设备的方法和步骤，了解遥控器和遥控接收器的工作原理和参数设置。在实际操作中，培养对电子设备的安装和调试能力，注意安全规范，确保遥控功能的可靠运行，提升解决实际问题的能力。建议该任务学时为 2 学时。

知识介绍

本小车采用迈克 MC6C 遥控器，该遥控器通用性强，通道设置固定，不会因为人为误操作修改遥控器通道设定。采用双回中型号遥控器，油门和转向分别由左、右手控制，操控更加准确，遥控器的通道和操作说明如图 1－56 和图 1－57 所示。遥控器接收器如图 1－58 所示。

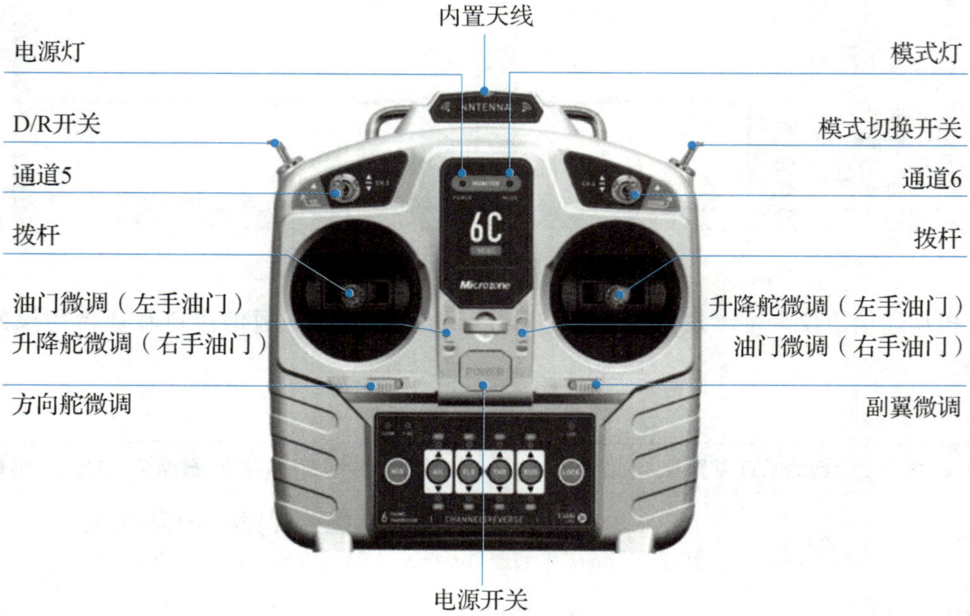

图 1－56　遥控器的通道和操作说明 1

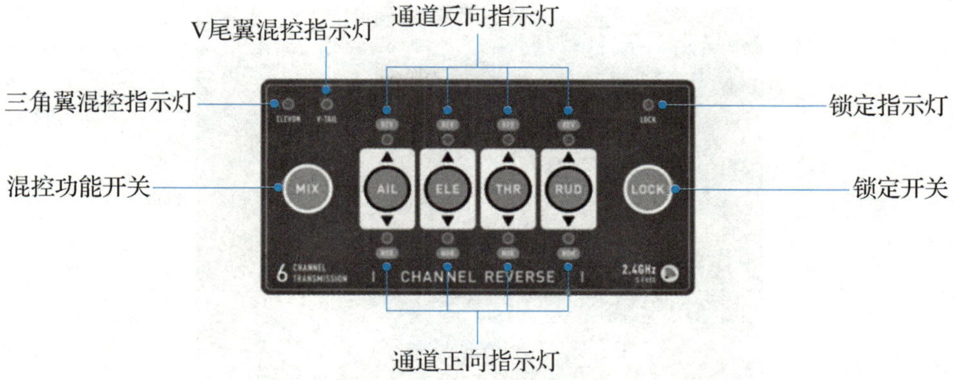

AIL：副翼通道正反设置（CH.1）
ELE：升降通道正反设置（CH.2）
THR：油门通道正反设置（CH.3）
RUD：方向通道正反设置（CH.4）

图 1-57 遥控器的通道和操作说明 2

遥控接收器的型号为 MC6RE，该遥控接收器有 6 个 PWM 输出信号，1 个 SBUS 信号，接收频率 2 401～2 479MHz，空中接收距离大于 800m。本书用 SBUS 端口与控制板相连接，传输所有通道的信号。

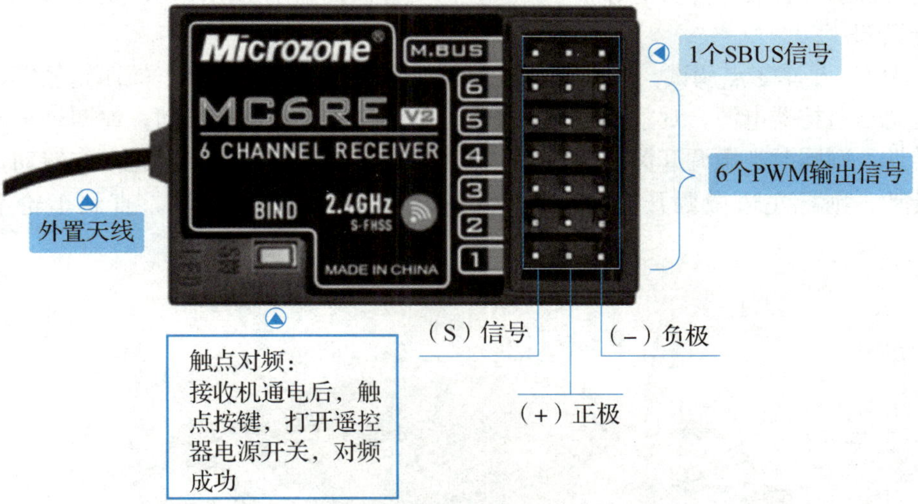

图 1-58 遥控接收器

任务实施

一、遥控接收器的接线与对频

步骤 1：按照如图 1-59 所示的方式，使用 2.5×3 型号的电线把遥控接收器和控制板连接起来，注意电源、底线和信号线不要接反，然后把控制板接通电源，遥控接收器的指示灯会慢闪起来。

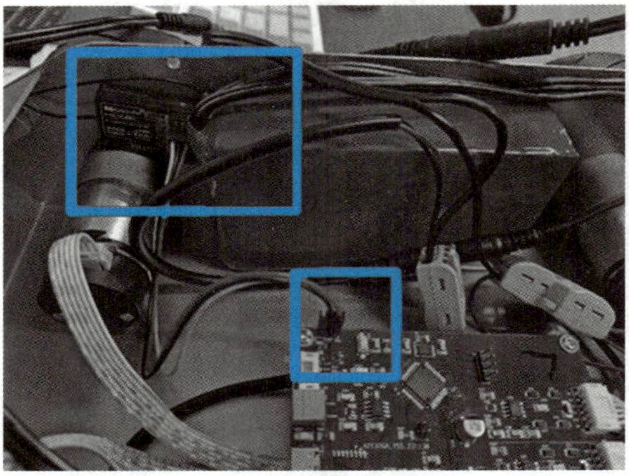

图 1-59　连接遥控接收器和控制板

步骤 2：用工具压一下触电对频开关，接收器指示灯就会快速闪起来。

步骤 3：打开遥控器电源开关，遥控接收器指示灯常亮，表明对频成功，遥控接收器可以接收遥控器的控制指令信号。

二、遥控控制的测试与调整

连接好遥控接收器并且对好频后，遥控器就可以控制小车动作，但是还需要根据要求进行微调。

步骤 1：小车零点调试。把小车底盘支起（见图 1-60），使小车的四轮悬空，接通底盘电源与遥控器电源，观察小车车轮情况，如果小车车轮自动转动，如四个车轮同时向前转动，则同时把微调开关向后调节，直到车轮不转为止。如果左轮向前转动，右轮向后转动，则把左边微调开关向后调节，右边微调开关向前调节，直到车轮不转动为止。

图 1-60　支起小车底盘

步骤 2：运动方向调节。把小车底盘支起，使小车的四轮悬空，向前拨动油门拨杆，观察车轮的旋转方向。如果车轮向前行驶，表明行驶方向正确；如果车轮朝后行驶，表明车轮的旋转方向错误，需要按下 ELE 油门反转开关，使车轮的旋转方向与控制指令方向一致。同样拨动方向拨杆使小车向左转动，观察小车的转向方向，如果方向相反则按下 AIL 转向反转开关，使小车的转向方向与操作相一致。

技能拓展

遥控器使用注意事项

遥控距离/m	空旷地面大于 700m	续航时间/h	20
电池	4 节五号电池	尺寸/cm×cm×cm	18×20×10

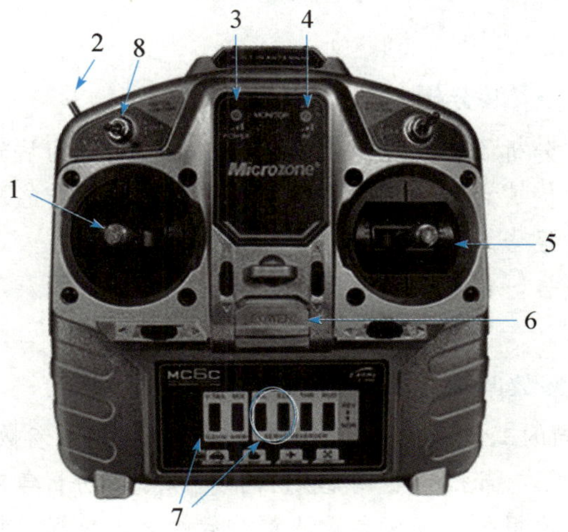

序号	组成	组成部分概述
1	前进、后退控制杆	前、后拨动控制杆，可控制小车前进、后退 (控制杆处于中间位置时，小车不会移动)
2	挡位	向上拨为高速挡，向下拨为低速挡
3	电量显示灯	接通电源之后指示灯会亮，当电池电量不够时会闪烁提醒
4	信号显示灯	连接成功之后灯会亮
5	转向控制杆	左、右拨动控制杆可控制向左或向右转向
6	电源开关	向前拨可接通电源口
7	模式切换组合	通过组合，来实现控制杆控制不同方向操作
8	放权开关	当拨到最下方时，为放权位置，可以实现命令控制小车和自动驾驶；拨到其他位置时为遥控模式。此开关有记忆功能，关闭遥控后，会保留当前位置信号

项目小结

本项目重点介绍了智能小车底盘系统的安装、调试与遥控集成。在安装与调试方面，详细讲解了底盘结构类型的认知、安装步骤的实施及调试方法的应用，使学生能够掌握底盘系统的基础知识和实践操作技能。通过对底盘控制板的调试，学生可了解底盘控制算法的基本原理及在实际应用中的优化调整。在遥控模块的集成方面，学习了遥控器与遥控接收器的选择、接线与对频，以及遥控控制的测试与调整，可进一步提升学生对硬件和软件集成技术的理解与应用能力。总之，本项目通过系统化的理论讲解与实践操作，为学生后续的学习打下坚实的基础。

思考练习

作业 1：底盘结构与安装分析

理论与实践结合：分析不同类型的底盘结构，如前轮转向后轮驱动、四轮驱动滑移底盘等，讨论其各自的优缺点及适用场景。学生结合实际操作经验，撰写一份底盘结构选择和安装过程的分析报告。

提交内容：分析报告，包括底盘类型选择依据、安装步骤及注意事项，操作过程中遇到的挑战和解决方案。

作业 2：底盘控制参数调优

实际操作：根据不同的工作环境和操作需求，调整底盘控制参数（如速度、转向灵敏度等），以优化小车的操控性能。记录参数调整前后的效果对比，分析各参数对底盘性能的影响。

提交内容：参数调优报告，包含参数调整前后的对比数据、每次调优对底盘性能影响的分析，以及进一步优化建议。

作业 3：遥控模块集成与测试

综合应用：为小车底盘安装遥控模块，测试遥控功能在不同距离和障碍物条件下的表现；分析遥控信号的延迟、丢包率等对小车操控的影响。

提交内容：遥控模块测试报告，包括测试条件、结果分析及改进遥控性能的建议。

作业 4：系统故障排查与维护

实际操作：模拟底盘系统在运行过程中可能出现的各种故障，如电机异常、传感器失灵等，进行系统性排查和维护。记录故障排查的过程和解决方案，分析常见故障的成因及预防措施。

提交内容：故障排查与维护报告，详细描述故障现象、排查步骤和解决方法，并提供预防类似问题的建议。

注意事项

1. 所有的实验操作应在安全的环境下进行，确保操作安全是首要前提。
2. 提交的报告和代码应保证原创性，如引用外部资源，务必标明出处。
3. 实验报告中应包含对结果的分析，说明实验结果的意义和可能的应用场景。

项目二 工控机及感知传感器的安装

学习目标

知识目标

1. 了解 NVIDIA Jetson Nano B01（4G）工控机的基本结构、功能和软件环境。

2. 熟悉激光雷达的工作原理、类型和安装方法，掌握其数据采集和处理的基本知识。

3. 掌握摄像头的工作原理、类型和安装方法，了解其在智能汽车中的应用。

4. 熟悉 IMU（惯性测量单元）的工作原理和功能，掌握其在车辆导航中的作用。

5. 了解显示屏及其他附件的安装和配置方法，熟悉工控机与传感器的通信方式。

能力目标

1. 能正确装配智能小车底盘及工控机、激光雷达、摄像头、IMU 等传感器，完成显示屏、拓展坞等附件的安装与线束整理。

2. 掌握串口调试、传感器标定（如摄像头内外参数）及数据采集方法，能初步处理激光雷达、IMU 等传感器数据并排查异常。

3. 完成小车底盘零点调试、运动方向调节及上下位机通信联调，遵循安全操作规范和环保要求。

素养目标

1. 培养对工控机及各类传感器的严谨态度，确保安装和配置的准确性。

2. 保持在处理传感器数据时的耐心和细心，提高数据处理的精度。

3. 具备在团队合作中的责任感，共同完成智能小车的硬件组装和调试。

4. 培养安全意识，在操作电气设备和连接传感器时确保安全。

5. 培养环保意识，妥善处理电子废弃物，减少对环境的影响。

建议学时

12 学时。

项目情境

小李同学到智能汽车研发企业的硬件测试岗位实习，需要熟悉该企业智能汽车所使用的工控机及传感器的相关知识，具体包括了解 NVIDIA Jetson Nano B01（4G）工控机的性能和配置，掌握其安装和系统设置方法；熟悉激光雷达的工作原理和测量方式，能够准确安装并调试激光雷达，确保其数据的准确性；了解摄像头的成像原理和参数设置，学会安装和标定摄像头，使其能够清晰地捕捉车辆周围的环境信息；掌握 IMU（惯性测量单元）的工作原理和数据解读方法，能够将其与其他传感器的数据进行融合，提高车辆的定位和导航精度；此外，还需要熟悉显示屏及其他附件的安装和连接方式，确保工控机与传感器之间能够稳定通信。

通过这些学习和实践，小李同学能够尽快熟悉智能小车的硬件系统，为后续的车辆测试和调试工作做好准备。

任务一 工控机的认识与安装

案例导入

在智能汽车的研发过程中，工控机作为核心控制设备，起着至关重要的作用。某智能汽车项目组在进行系统调试时，发现工控机的性能无法满足车辆的实时控制需求。工程师张师傅安排你对工控机进行深入了解和重新部署。

具体任务包括了解 NVIDIA Jetson Nano B01（4G）工控机的硬件结构、功能特点及其在智能汽车中的作用；掌握工控机的安装方法，包括外壳的安装、硬件的连接及系统的引导安装；熟悉工控机的系统环境配置，如操作系统的安装、驱动的配置及软件环境的搭建。

通过学习本任务，你将能够深入了解工控机的相关知识，掌握其部署的关键步骤，为解决智能汽车的控制问题提供有力支持。建议本任务学时为 2 学时。

知识介绍

本书采用 NVIDIA Jetson Nano B01（4G）工控机，Jetson Nano 是一款功能强大的人工智能（AI）开发板，可帮助学习者快速入门学习 AI 技术，并将其应用到各种智能设备中。它搭载 4 核 Cortex-A57 处理器、128 核 Maxwell GPU 及 4GB LPDDR 内存，拥有足够的 AI 算力，可以并行运行多个神经网络算法，适用于需要图像分类、目标检测、语义分割、语音处理等功能的 AI 应用。

它支持 NVIDIA JetPack，其中包括用于深度学习、计算机视觉、GPU 计算、多媒体处理、CUDA、cuDNN 和 TensorRT 等软件库，以及其他一系列流行的 AI 框架和算法，如 TensorFlow、PyTorch、Caffe/Caffe2、Keras、MXNet 等。Jetson Nano 具体配置如表 2-1 所示。

表 2-1 Jetson Nano 配置

GPU	128-core Maxwell
CPU	Quad-coreARmA57 @ 1.43GHz
内存	4GB 64-bit LPDDR4 25.6GB/s
存储	micro SD 卡（需另购，可选购：micro SD Card 64GB）
视频编码	4K @ 30 | 4×1080p @ 30 | 9×720p @ 30（H.264/H.265）
视频解码	4K @ 60 | 2×4K @ 30 | 8×1080p @ 30 | 18×720p @ 30（H.264/H.265）
摄像头	2xMIPI CSI-2 D-PHY lanes
联网	千兆以太网，m.2 Key E 接口外扩（可外接：AC8265 双模网卡）
显示	HDMI 和 DP 显示接口
USB	4×USB 3.0，USB 2.0 micro-B
扩展接口	GPIO，I2C，I2S，SPI，UART

Jetson Nano 的外形如图 2-1 所示。

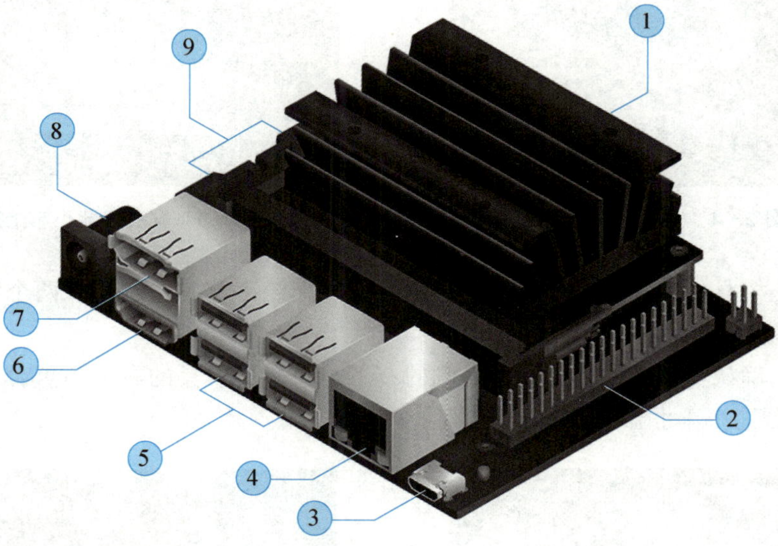

图 2-1 Jetson Nano 的外形

1. micro SD 卡卡槽；2. 40PIN GPIO 扩展接口；3. micro USB 接口；
4. 千兆以太网端口；5. 4 路 USB 3.0 接口；6. HDMI 高清接口；
7. DisplayPort 接口；8. DC 电源接口；9. 2 路 MIPI CS 摄像头接口

任务实施

由于 Jetson Nano 工控机已经封装在工控机主机外壳内，如图 2-2 所示，所以只需要安装 Jetson Nano 工控机的主机外壳即可。

步骤 1：首先在工控机外壳底部贴上纳米胶布，如图 2-3 所示。

图 2-2　工控机主机外壳

图 2-3　在工控机外壳底部贴上纳米胶布

步骤 2：安装工控机外壳专用的金属模具和智能小车上盖，如图 2-4、图 2-5 所示。

图 2-4　安装金属模具

图 2-5　安装智能小车上盖

步骤 3：模具的两个小方槽对应工控机外壳的天线一侧，注意要将两个定位圆柱推到底部，如图 2-6 所示。

步骤 4：确认将工控机外壳按钮一侧的右下角与金属模具的右上角重合后，将工控机外壳粘在智能小车上盖，如图 2-7 所示。

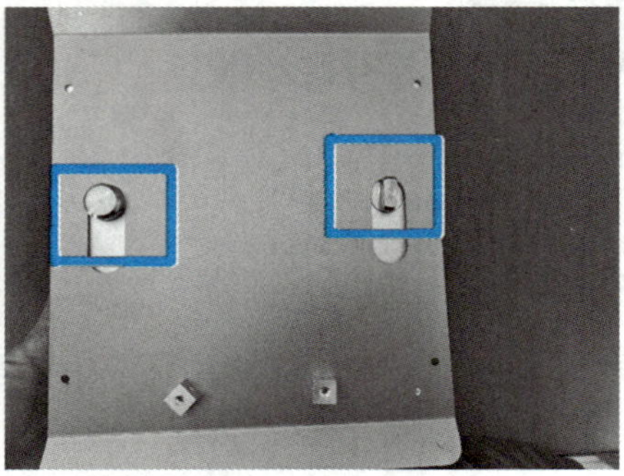

图 2-6　将两个定位圆柱推到底部

图 2-7　将工控机外壳粘在智能小车上盖

步骤 5：取下金属模具，确认无误后安装工控机无线网卡配备的天线，如图 2-8 所示。至此，工控机安装完成，如图 2-9 所示。

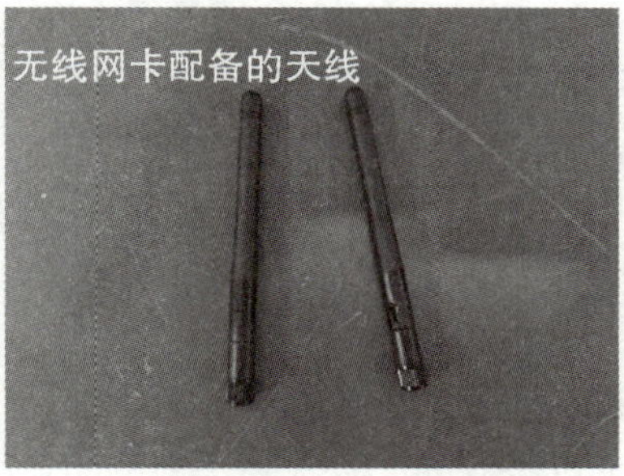

图 2-8　安装无线网卡配备的天线

图 2-9　工控机安装完成

微课视频

小车工控机外壳安装

任务二　激光雷达的认识与安装

案例导入

在智能汽车的行驶过程中，激光雷达是感知周围环境的重要传感器。某智能汽车在进行道路测试时，发现激光雷达的数据存在异常，无法准确识别障碍物。工程师王师傅安排你对激光雷达进行检查和调试。

具体任务包括了解激光雷达的工作原理，如飞行时间测距和三角法测距的原理及优缺点；熟悉本次使用的镭神智能 M10-10kHz 网口型单线激光雷达的具体参数和特点；掌握激光雷达的安装方法，包括如何对其进行架高和固定，以及与工控机的连接；学会使用相关工具对激光雷达进行调试，确保其能够正常工作并准确获取环境信息。

通过学习本任务，应能够熟练掌握激光雷达的相关知识和调试方法，为智能汽车的安全行驶提供保障。建议本任务学时为 2 学时。

知识介绍

激光雷达是自动驾驶汽车的核心设备之一，激光雷达通过红外线束的发射、反射和接收来探测物体，感知周边环境生成点云信息。它的主要作用是用来检测障碍物环境和构建地图。激光雷达测距方式可分为三角法测距（见图 2-10）和飞行时间测距（见图 2-11）。其中，飞行时间测距又可以进一步细分为直接飞行时间（dToF）测距和间接飞行时间（iToF）测距。

三角法测距的原理相对简单，通过激光反射后的光点位置变化来计算距离，这种方法在远距离测量时精度会大幅下降，因此更适用于小范围场景，如家用扫地机器人等。

飞行时间测距则通过测量激光脉冲往返时间来计算距离，理论精度不受距离影响，适用于远距离探测。dToF 测距直接通过测量激光脉冲往返时间来计算距离，对时间测量精度的极高要求也导致了图像分辨率受限。iToF 测距通过测量接收波与发射波的相

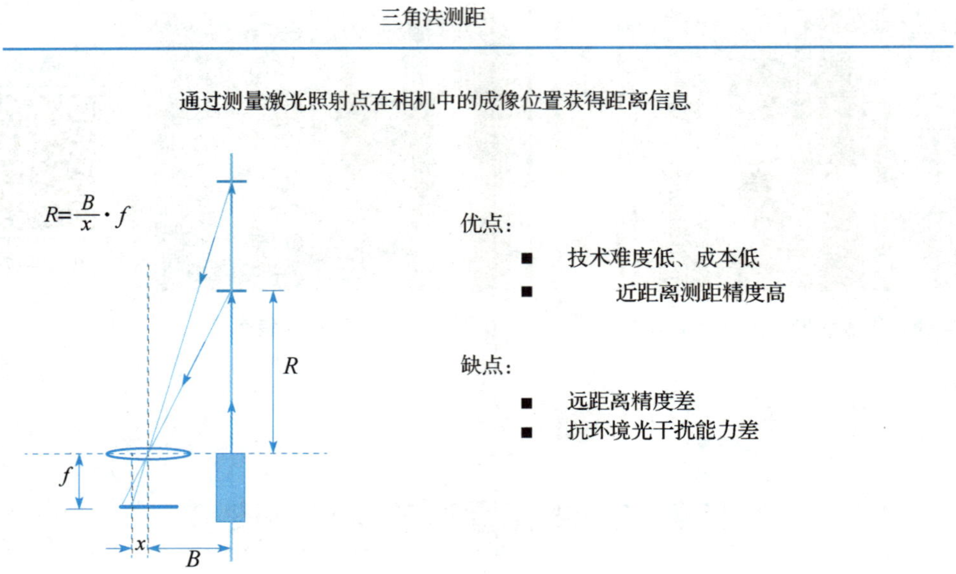

图 2-10　三角法测距

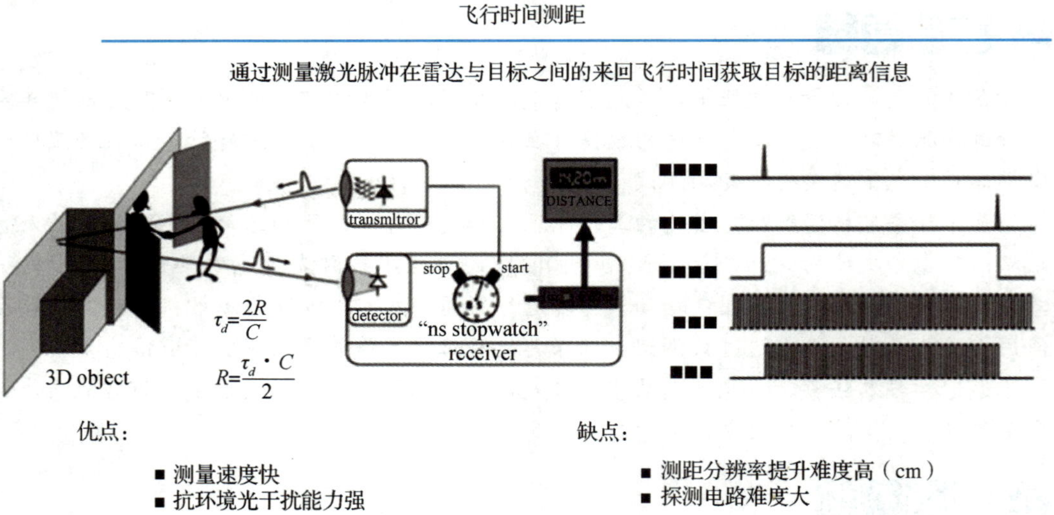

图 2-11　飞行时间测距

位差来间接计算飞行时间，从而得出距离。这种方法对时间测量精度要求较低，因此图像分辨率相对较高，但随着距离的增加，会出现信噪比降低、相位模糊等问题，限制了其有效探测距离。

因此，每种测距方式都有其适用的场景和限制，本任务使用的智能小车选择的激光雷达是镭神智能 M10-10kHz 网口型单线激光雷达。M10 系列激光雷达采用的是飞行时间测量法，能对周围环境进行 360°二维扫描探测，相较于三角法测距具有测量距离更远且精度更稳定、环境适应性更强、不受光线干扰等优点。该激光雷达内部使用无线供电和光通信，发射重频为 10kHz，测量精度达±3cm，最大量程 10m。该激光雷达实物如图 2-12 所示，激光雷达各项参数如表 2-2 所示。

图 2-12 激光雷达实物

表 2-2 激光雷达参数

参数	参数值
扫描角度	360°
发射重频	10kHz
角度分辨率	10Hz：0.36°
测点速率	10 000 点/s
输出数据分辨率	1mm
测量精度	±3cm
光源	905nm 激光
串口供电电压	5V（DC）

知识视界

激光雷达的特点

激光雷达目前已经成为汽车自动驾驶、无人驾驶、定位导航、空间测绘、安保安防等领域关键的传感器设备。激光雷达通常以多光束扫描且激光的探测精度高，这使得激光雷达具有如下特点：

（1）高分辨率。激光雷达可以实现极高的角度、范围和速度分辨率。

（2）隐蔽性好，抗干扰能力强。激光是线性传输的，光束窄，具有良好的方向性。

（3）低空探测性能好，但是由于各种地面回波的影响，在一定区域内存在盲区。

（4）体积小，重量轻。

（5）工作时受天气影响大。在大雨、浓烟、浓雾等状况下，激光衰减急剧加大，传播距离大受影响。

任务实施

激光雷达的安装包括激光雷达本体和电源盒的安装。首先进行激光雷达本体安装，具体步骤如下：

步骤 1：为了避免车身对激光雷达红外光线的遮挡，本次使用的智能小车采用 4 根由两根六角柱（见图 2-13）拼接而成的柱子支起。

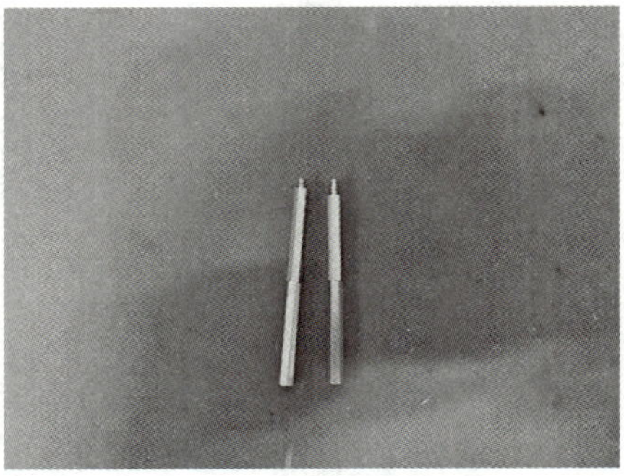

图 2-13　六角柱

步骤 2：对激光雷达进行架高和固定。首先将 4 根柱子旋入激光雷达底部预留的 4 个安装孔，如图 2-14 和图 2-15 所示，注意手不要接触到激光雷达的黑色镜面。

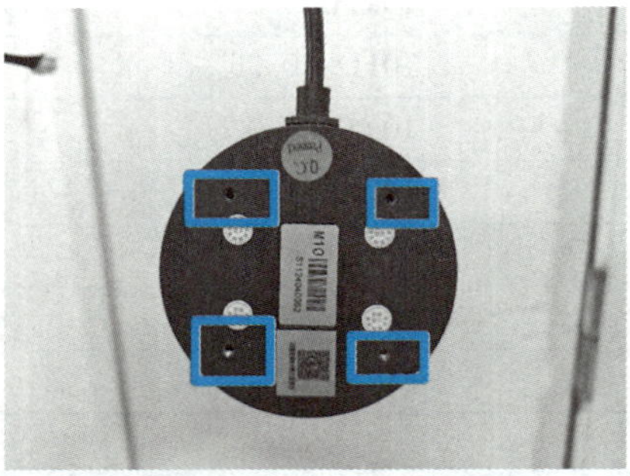

图 2-14　安装孔

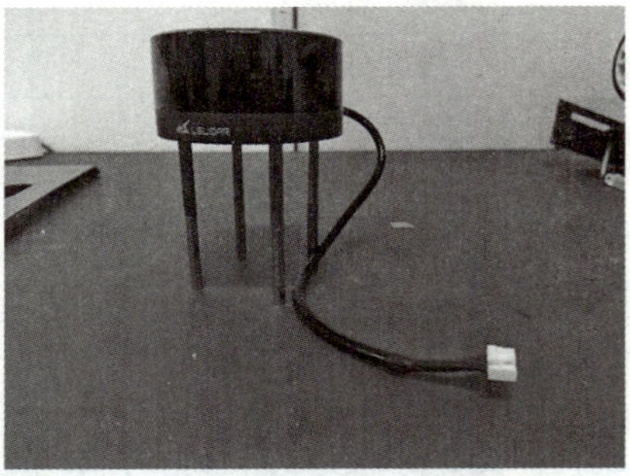

图 2-15　安装 4 根柱子

微课视频

激光雷达本体安装

步骤 3：将两根六角柱的连接处拧紧，之后拧下工控机外壳四周的 4 个螺丝，如图 2-16 所示。

步骤 4：取下工控机上盖，使用 4 个 m3×4 螺丝将工控机上盖预留的 4 个安装孔和 4 根柱子进行连接，如图 2-17、图 2-18 所示，注意拧紧螺丝并检查六角柱连接处是否拧紧，防止小车行驶过程中激光雷达掉落。

步骤 5：将工控机上盖安装回工控机外壳中，激光雷达本体安装完成，如图 2-19 所示。

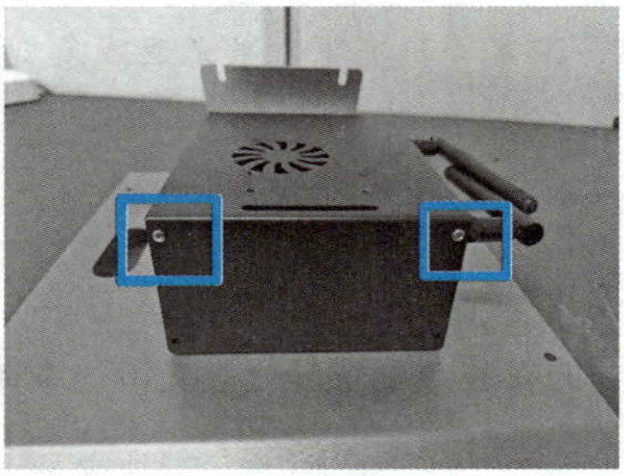

图 2-16　拧下工控机外壳四周的 4 个螺丝

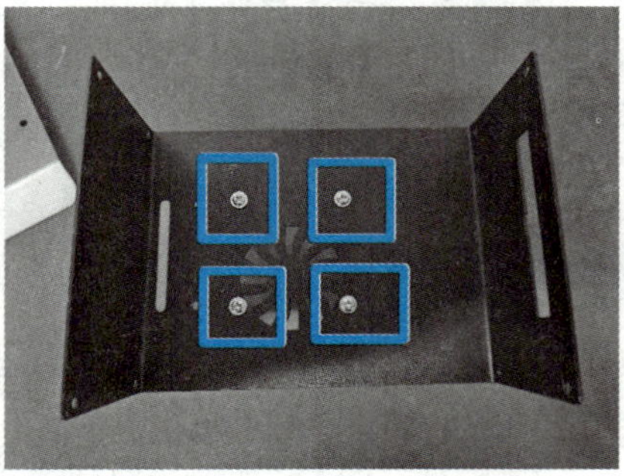

图 2-17　4 个螺丝位置

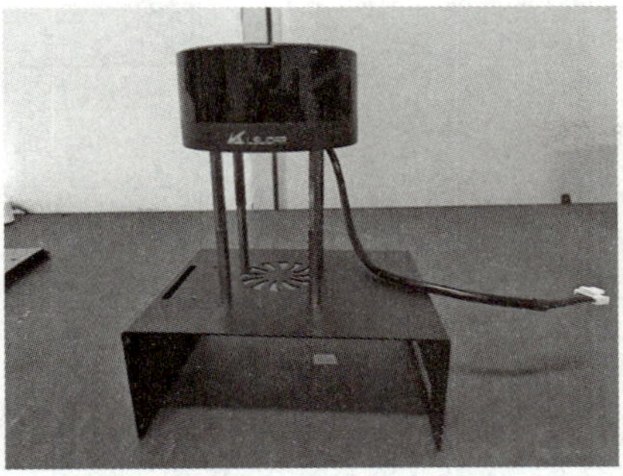
图 2-18 连接工控机外壳与激光雷达

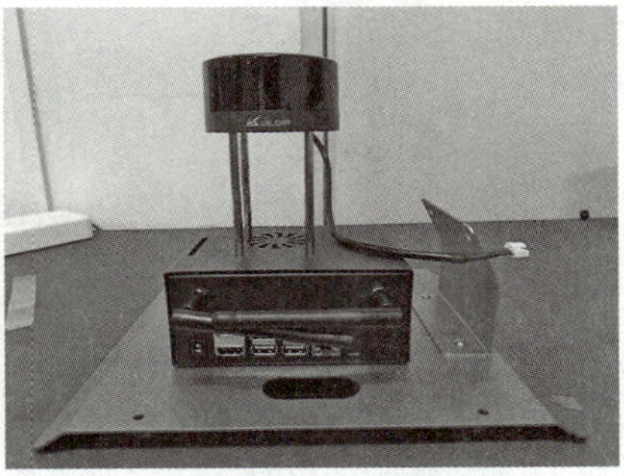
图 2-19 激光雷达本体安装完成

激光雷达电源盒的安装步骤如下：

步骤 1：准备一个激光雷达电源盒，一条适合长度的网线，如图 2-20 所示。

步骤 2：在电源盒底部贴上纳米胶布，将电源盒粘贴在工控机外壳上盖靠近工控机网口一侧，电源盒网口方向朝外，方便网线连接，如图 2-21 所示。

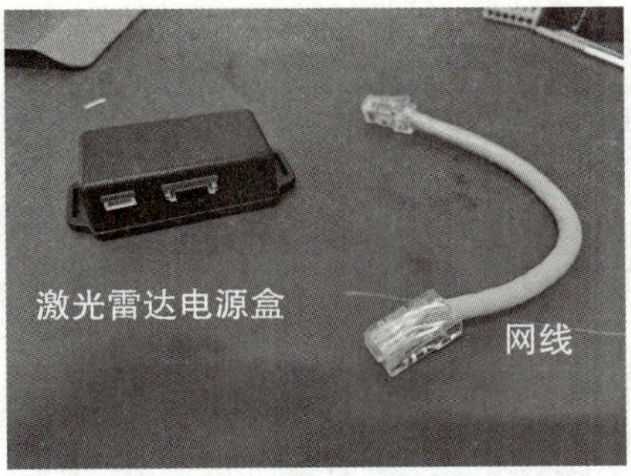

图 2-20 激光雷达电源盒和网线

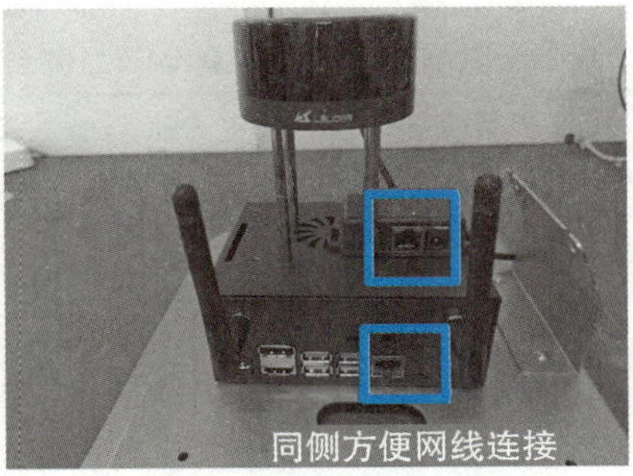

图 2-21 电源盒安装位置和方向

步骤 3：将激光雷达线束与电源盒进行连接，如图 2-22 所示。

步骤 4：使用网线连接电源盒和工控机外壳，如图 2-23 所示。

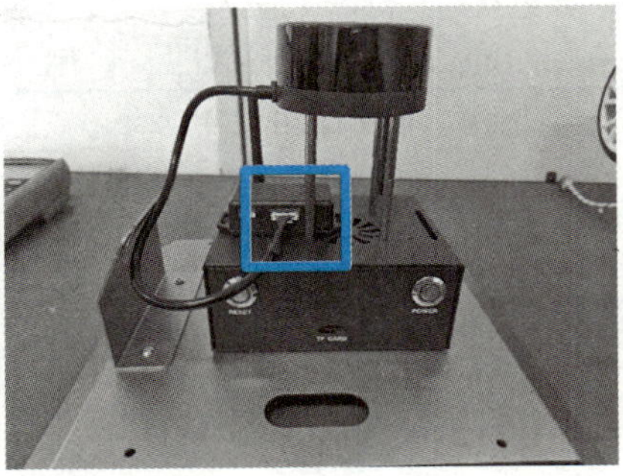
图 2-22 连接线束

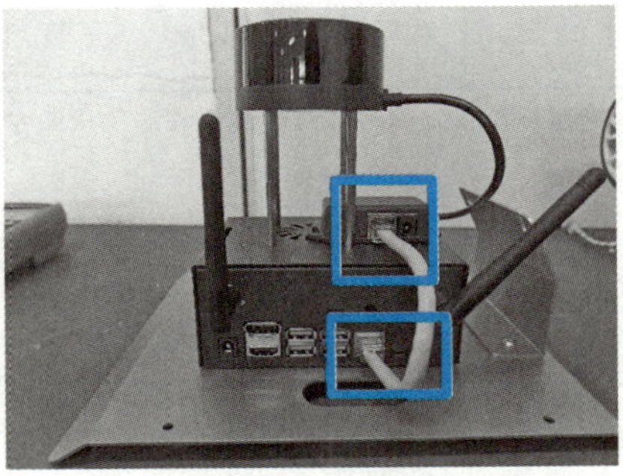
图 2-23 安装网线

步骤 5：将底盘预留的激光雷达供电线接入电源盒，如图 2-24 所示。后续可先将激光雷达电源线断开以便其他硬件安装，安装时注意手不要接触到激光雷达的黑色镜面。

步骤 6：激光雷达部分安装完成，如图 2-25 所示。

图 2-24　激光雷达供电线接入电源盒

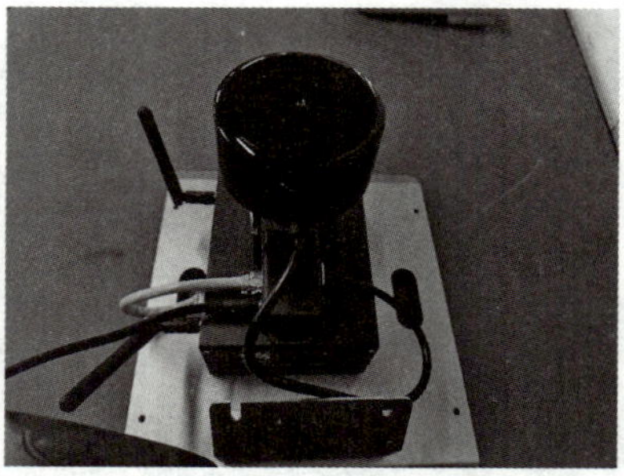

图 2-25　激光雷达部分安装完成

技能拓展

激光雷达作为智能汽车领域的先进技术设备，其品质检测至关重要。无论是激光雷达的出厂品质检测，还是本体检测，都需要我们以严谨的态度和专业的技能去对待。以下是对激光雷达进行的出厂品质检测要求（见表 2-3）：

表 2-3　激光雷达出厂品质检测要求

产品编号：		检查结果（根据实际情况在“□”打“√”）			
外形和外观检查	外箱包装	完整□	变形 有□　无□	损坏 有□　无□	
	外箱表面涂层	完整□	脏污 有□　无□	划痕 有□　无□	
	外箱图文信息	完整□	缺失 有□　无□	清晰 有□　无□	不可辨认 有□ 无□
	封箱胶纸	完整□	不平整 有□　无□	褶皱 有□　无□	翘起 有□　无□
箱唛检验	箱唛内容	完整□	填写错误 有□　无□	漏写 有□　无□	涂改 有□　无□
	箱唛信息内容	完整□	异色点 有□　无□	偏位 有□　无□	脱胶 有□　无□

资料来源：徐念峰．智能网联汽车智能传感器安装与调试［M］．北京：机械工业出版社，2024.

任务三　摄像头的认识与安装

案例导入

在智能汽车的环境感知系统中，摄像头起着至关重要的作用。某智能汽车在进行自动驾驶测试时，发现摄像头的图像识别出现偏差，影响了车辆对道路标志和行人的识别。工程师李师傅安排你对摄像头进行检查和调试。

具体任务包括了解摄像头在智能化领域的重要作用，如提供高清晰、高速率的图像数据，实现自动识别目标物体和确定位置朝向等；熟悉本次使用的林柏视 G200 单目摄像头的具体参数，如感光器件、像素尺寸、分辨率等；掌握摄像头的安装方法，包括底座的安装、与工控机的连接等；学会对摄像头进行内外参数标定，以提高图像的准确性和稳定性；能够使用摄像头进行简单的环境感知任务，如识别红绿灯和车道线等。

通过学习本任务，深入了解摄像头的相关知识和应用，掌握其安装、标定和调试的方法，为智能汽车的环境感知能力提供有力支持。建议本任务学时为 2 学时。

知识介绍

在智能化领域，摄像头发挥着至关重要的作用，摄像头能够提供高清晰、高速率、宽视角和高品质的图像数据，使智能设备能够快速捕捉并实时分析，实现自动识别目标物体和确定位置朝向。

智能化设备结合激光雷达和摄像头进行导航，摄像头能够捕捉场景的详细视觉信息，包括物体的颜色、形状、纹理等，为机器人提供环境的三维结构信息。

摄像头通过捕捉目标物体的实时图像并提取特征点，可以计算出机器人与目标物体之间的相对位置和姿态。这些信息被用于控制机器人的运动和操作，实现精准和灵活的任务执行。本任务使用的智能小车选择的是林柏视 G200 单目摄像头，相较于其他摄像头具有性价比高、能耗低的特点，摄像头的外观和具体参数如图 2-26 和表 2-4 所示。

（a）外观

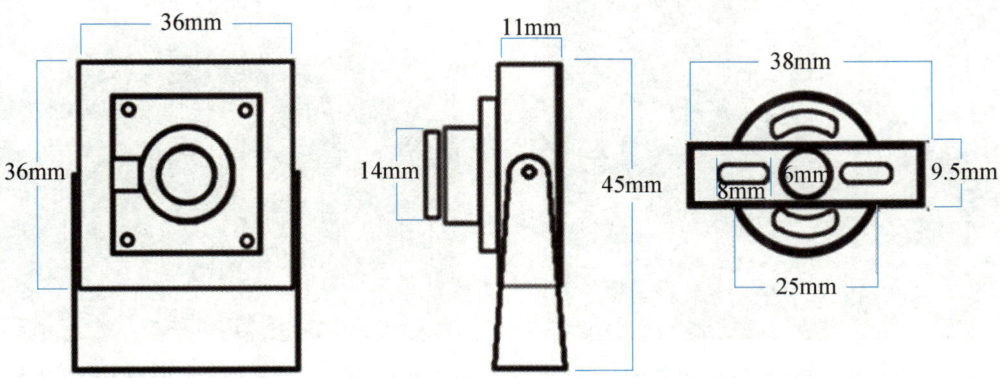

（b）具体参数

图 2-26　林柏视 G200 单目摄像头的外观和具体参数

表 2-4　摄像头的具体参数

感光器件	200 万 1/2.7 CMOS
像素尺寸	3.0μm×3.0μm
像素面积	5 808μm×3 288μm
分辨率	1 280×720
帧速率	MJPG 30 帧/秒

任务实施

安装摄像头的具体步骤如下：

步骤 1：先安装摄像头底座（配件见图 2-27），首先将摄像头底座两部分用配套的螺丝连接起来，如图 2-28 所示。

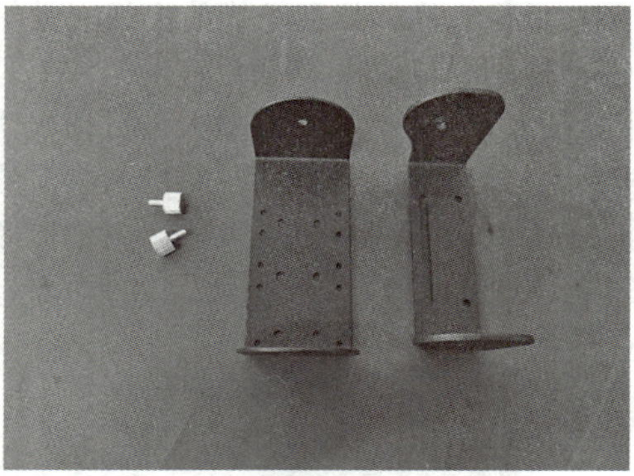

图 2-27　摄像头底座配件

图 2-28　连接摄像头底座两部分

步骤 2：将摄像头底座的孔位对准工控机上盖预留的摄像头孔位，如图 2-29 所示。

步骤 3：使用配套螺丝将摄像头底座与工控机上盖进行连接，如图 2-30 所示。至此，摄像头底座部分安装完成。

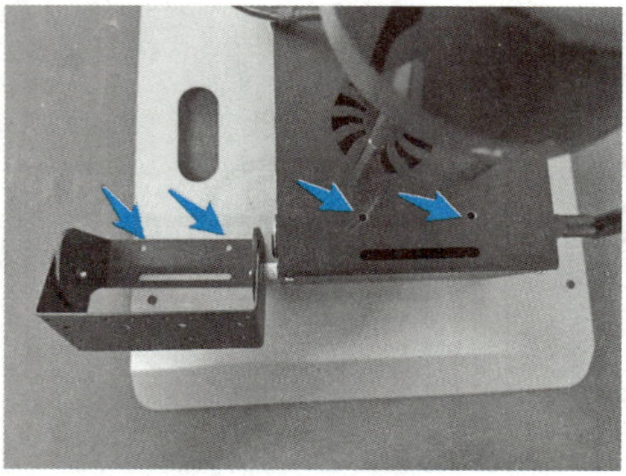

图 2-29　底座安装孔位对齐

图 2-30　连接摄像头底座与工控机上盖

步骤 4：使用 m3×4 自攻螺丝先将摄像头支架（见图 2－31）与摄像头底座进行连接，注意对准底座的孔位，如图 2－32、图 2－33 所示。

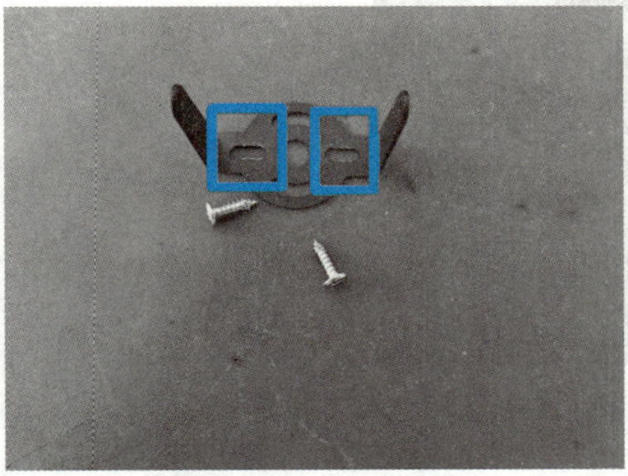

图 2－31　摄像头支架

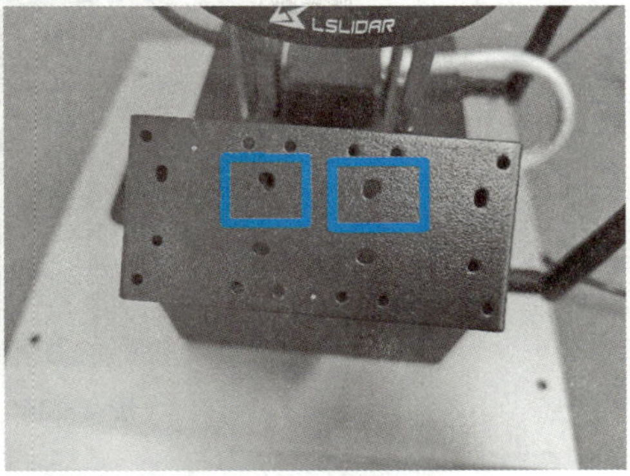

图 2－32　摄像头支架安装孔位

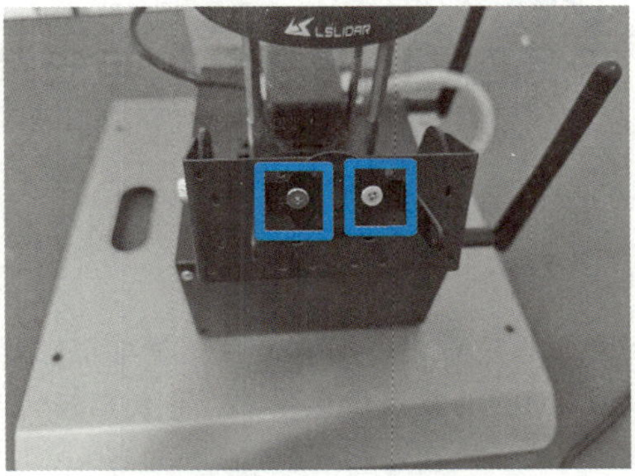

图 2－33　连接摄像头支架与摄像头底座

步骤 5：用摄像头配套的螺丝将摄像头（见图 2－34）两侧固定在摄像头支架上，如图 2－35 所示。

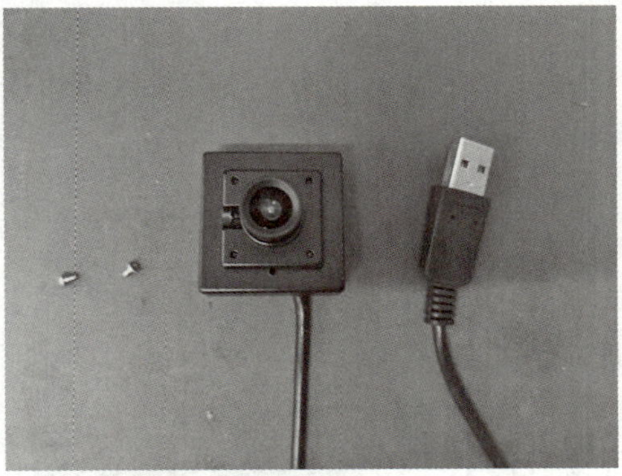

图 2－34　摄像头

图 2－35　固定摄像头

步骤 6：将摄像头的 USB 接口连接到工控机的 USB 接口或拓展坞上。至此，摄像头安装完成，如图 2－36 所示。

微课视频

摄像头安装

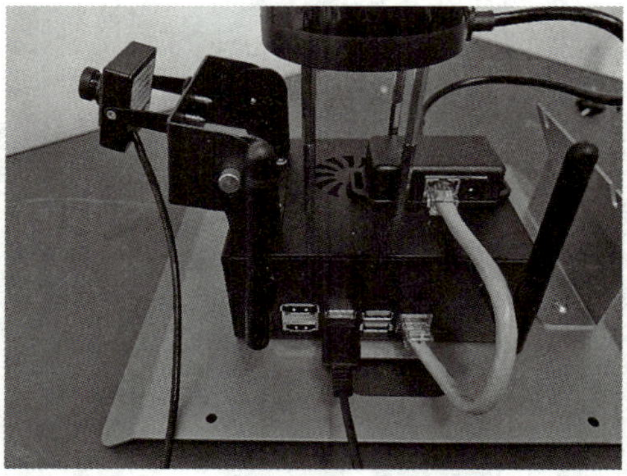

图 2 - 36　摄像头安装完成

任务四　IMU 的认识与安装

案例导入

在智能汽车的导航和定位系统中，IMU（惯性测量单元）是不可或缺的组件。某智能汽车在行驶过程中，发现 IMU 的数据出现异常，导致车辆的定位和姿态估计不准确。工程师赵师傅安排你对 IMU 进行检查和调试。

具体任务包括了解 IMU 的工作原理，用于实时测量智能小车的姿态信息，内置信号处理芯片对加速度计和陀螺仪的数据进行解算，输出小车的姿态角数据信息；熟悉 IMU 的具体参数，如九轴航向角、数据输出接口、通信波特率等；掌握 IMU 的安装方法，确保其与智能小车的其他部件连接正确；学会读取 IMU 数据并进行分析，与车辆里程计的数据进行融合，以获得更准确的车辆姿态和位置信息。

通过学习本任务，应能够熟练掌握 IMU 的相关知识和调试方法，为智能汽车的导航和定位系统提供可靠的数据支持。建议本任务学时为 2 学时。

知识介绍

IMU 用于实时测量自动驾驶汽车的姿态信息。IMU 一般包括三轴加速度计、三轴陀螺仪及信号处理芯片，部分 IMU 还包括磁力计。IMU 实物如图 2 - 37 所示。

图 2 - 37　IMU 实物

IMU 内置的信号处理芯片会将加速度计和陀螺仪的数据进行解算，然后进行卡尔曼滤波后输出小车的姿态角数据信息。

IMU 在导航和定位系统中也发挥着重要作用。通过连续测量物体的角速度和加速度，IMU 可以推算出物体的速度和位置变化，从而实现导航和定位功能。尽管 IMU 的定位解算是基于运动积分的，存在误差累积的问题，但在短时间内的定位精度仍然较高，并且可以与其他传感器（如 GPS）进行融合，提高系统的整体性能。本任务涉及的小车采用的 IMU 具体参数如表 2-5 所示。

表 2-5　IMU 具体参数

九轴航向角	3°RMS
数据输出接口	USB
通信波特率	115 200Baud
数据输出速率	400Hz
IMU 类型	九轴

任务实施

IMU 的安装步骤如下：

步骤 1：在 IMU 的背面贴上纳米胶布，将 IMU 粘贴在自动驾驶小车上盖的合适位置，如图 2-38 所示。

步骤 2：将 IMU 的配套线束一端连接在 IMU，另一端连接在工控机上的 USB 接口上，整理线束。

步骤 3：IMU 部分安装完成，如图 2-39 所示。

图 2-38　粘贴 IMU 到自动驾驶小车上盖

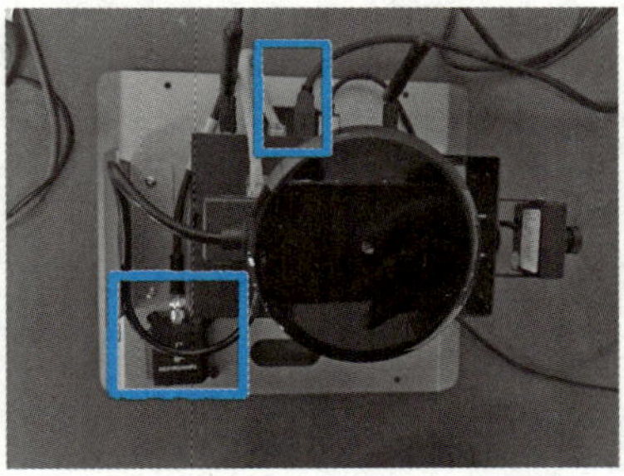

图 2-39　IMU 部分安装完成

微课视频

IMU 安装

微悦读

“红旗”轿车的诞生

1958 年 5 月 12 日，“东风”轿车在长春一汽试制成功，结束了新中国不能自主生产小轿车的历史。“东风”属于中级轿车，无法满足国家对高级轿车的需求，于是，一汽决定试制高级轿车。随后，“乘‘东风’，展‘红旗’”的口号，在一汽全厂叫得响亮。

1958 年 8 月 1 日，仅用 33 天，新中国第一辆高级轿车“红旗”试制成功。“红旗”从此成为中国民族轿车的开端，并蜚声海外，被誉为“东方艺术与汽车工业技术结合的典范”。

1959 年初，“红旗”轿车被定为国庆 10 周年献礼。厂里为确保“红旗”轿车赶快上马，决定停止生产“东风”小轿车。

资料来源：祝大伟．新中国的“第一”：“红旗”轿车的传奇和魅力．2019－03－02，新华网．

任务五 安装显示屏及其他附件

案例导入

在一次智能汽车的测试中，发现显示屏无法正常显示车辆的相关信息，同时一些附件的连接也出现了问题。为了解决这些问题，工程师刘师傅安排你对显示屏及其他附件进行全面检查和重新安装配置。

你需要了解显示屏的安装步骤，包括如何将显示屏正确安装在智能小车的预留位置上，并使用合适的螺丝进行固定。同时，要掌握 HDMI 高清视频线的接入方法，确保显示屏与工控机之间能够正常传输视频信号。此外，还需要学习拓展坞的安装和使用，将其正确连接到工控机的 USB 接口上，以扩展工控机的接口数量。在安装过程中，还需要注意整理线束，将上位机所有较长的线束统一折叠后用扎带捆住，放置到显示屏下方，防止车辆运动时线束掉落。最后，要学会安装数据线固定卡扣，将下位机部分的线束固定在合适位置，确保线束连接稳定可靠。

通过完成本任务，应能够熟练掌握显示屏及其他附件的安装和配置方法，确保智能汽车的各项信息能够准确显示，同时保证设备之间的连接稳定可靠。建议本任务学时为 2 学时。

知识介绍

在智能汽车的硬件系统中，显示屏（见图 2－40）及其他附件的安装与配置是重要的环节。它们不仅为驾驶人提供车辆运行状态、环境感知等关键信息的直观展示，还实现人机交互的重要功能。显示屏可以显示车辆的基本信息，如速度、里程、电池状态等，让驾驶人随时了解车辆的行驶情况。此外，它还能展示导航地图，为驾驶人提供准确的路线指引，帮助驾驶人更加轻松地到达目的地。同时，通过与摄像头的连接，显示屏可以实时显示车辆周围的环境图像，让驾驶人对周围的情况了如指掌，增强驾驶的安全性。例如，在行驶过程中，显示屏上的导航地图可以清晰地指示前方的道路情况，包括转弯、路口、限速等信息，驾驶人可以根据这些信息提前做好准备。而摄像头图像的显示则可以让驾驶人看到车辆周围的行人和车辆，避免发生碰撞事故。

拓展坞（见图 2－41）的安装可以扩展工控机的接口数量，满足更多传感器和设备的连接需求。整理线束和安装数据线固定卡扣则确保了线路的整洁和稳定，避免因线束混乱或松动而导致的故障。安装连接块则将上位机和下位机牢固地连接在一起，保证整个系统的稳定性和可靠性。

图 2-40　显示屏

图 2-41　拓展坞

任务实施

一、显示屏的安装

步骤 1：首先将显示屏专用螺丝提前拧入一部分到显示屏中，如图 2-42、图 2-43 所示。

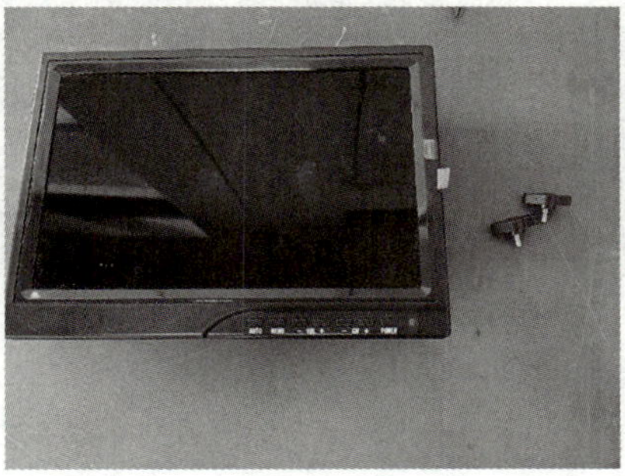

图 2-42　显示屏和专用螺丝

图 2-43　专用螺丝拧入显示屏一部分

步骤 2：将显示屏套在智能小车预留的两个显示屏的缺口（见图 2-44）上，再将螺丝拧紧，如图 2-45 所示。

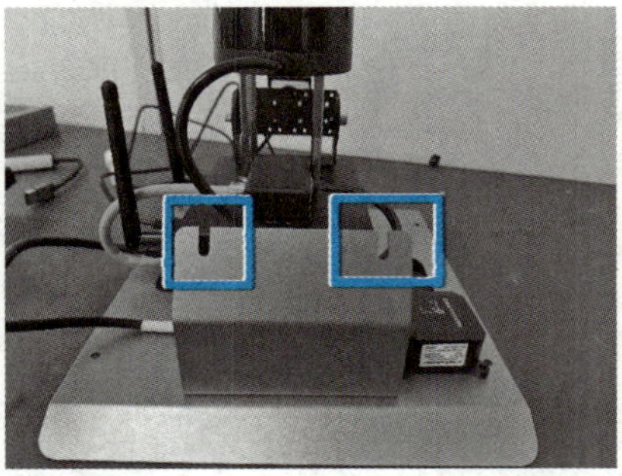

图 2-44　放置显示屏的缺口

图 2-45　固定显示屏

步骤 3：使用 HDMI 高清视频线接入显示屏和工控机，如图 2-46、图 2-47 所示。

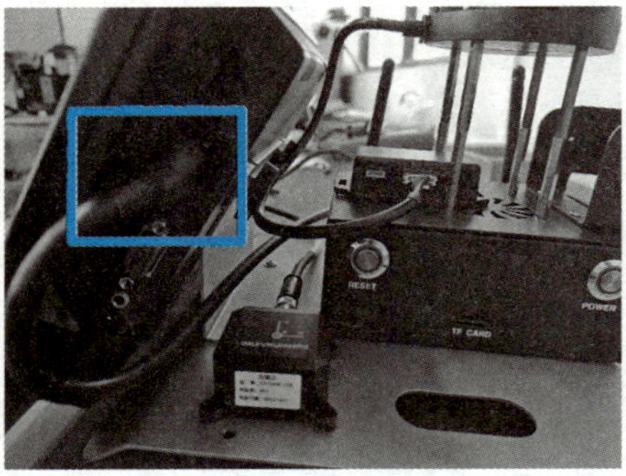

图 2-46　接入 HDMI 高清视频线到显示屏

图 2-47　接入 HDMI 高清视频线到工控机

步骤 4：将底盘控制板上预留的显示屏供电线（12V）连接到显示屏上，如图 2-48 所示。至此，显示屏安装完成，如图 2-49 所示。

微课视频

显示屏安装

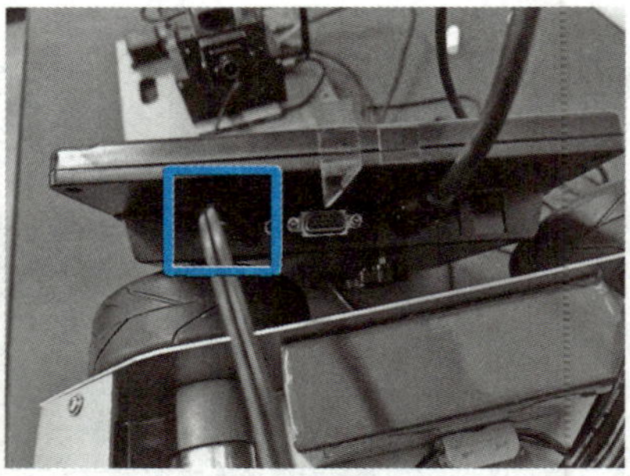

图 2-48　连接显示屏供电线

图 2-49　显示屏安装完成

二、拓展坞的安装

由于小车传感器较多导致工控机接口数量不足，需要安装拓展坞对工控机的 USB 接口进行拓展，可用于连接摄像头、键盘、鼠标等设备。拓展坞的安装步骤如下：

步骤 1：首先在拓展坞的正面贴上纳米胶带，如图 2-50 所示。

步骤 2：将拓展坞的 USB 接口与工控机的 USB 接口相连，如图 2-51 所示。

图 2-50　在拓展坞的正面贴上纳米胶带

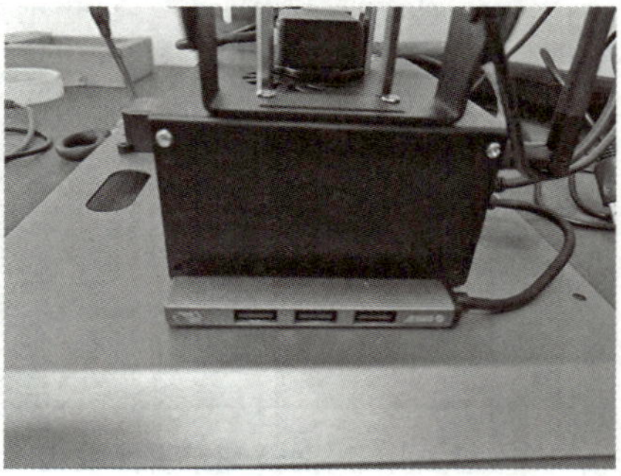

图 2-51　连接拓展坞与工控机的 USB 接口

步骤 3：将拓展坞粘贴在智能小车上盖上。至此，拓展坞安装完成，如图 2-52 所示。

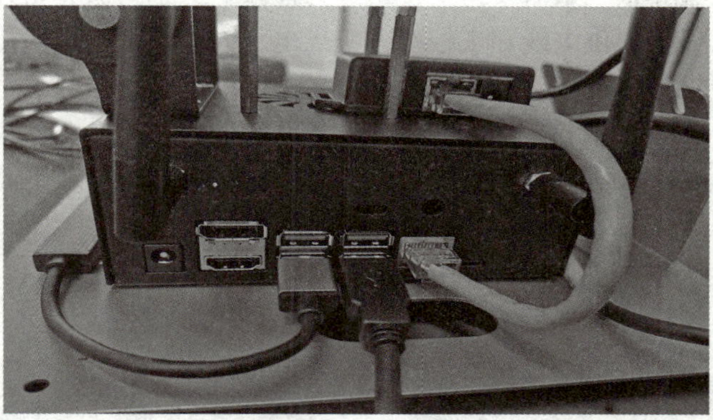

图 2-52 拓展坞安装完成

三、整理线束

将上位机所有较长的线束统一折叠后用扎带捆住放到显示屏下方，防止车辆运动时线束掉落，如图 2-53、图 2-54 所示。

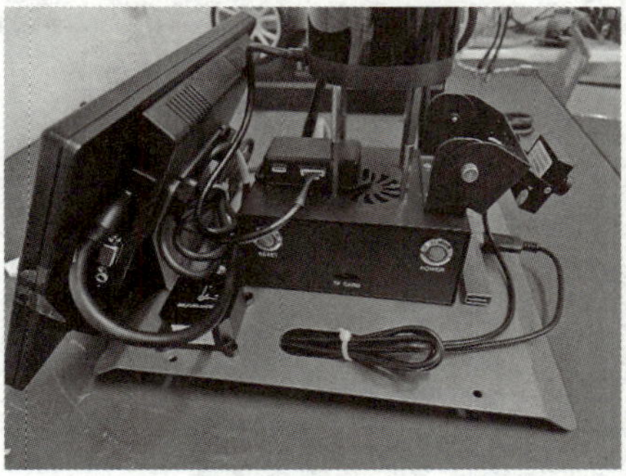

图 2-53 较长的线束统一折叠后用扎带捆住

图 2-54 把捆后的线束放到显示屏下方

至此，上位机部分组装完成，如图 2-55、图 2-56 所示。

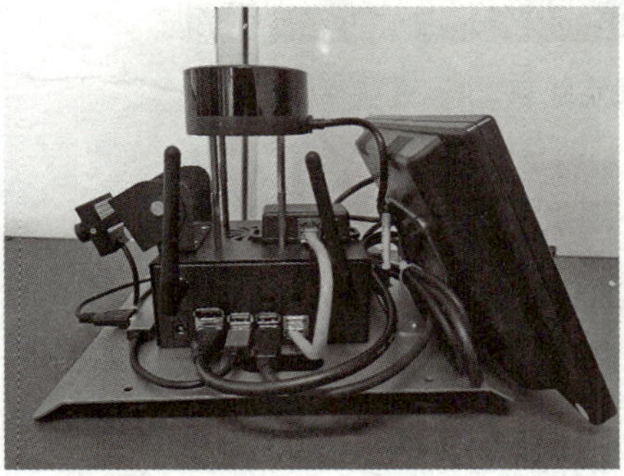

图 2-55 上位机部分组装完成（左视图）

图 2-56 上位机部分组装完成（右视图）

四、安装数据线固定卡扣

下位机部分共有 4 根线束需要与上位机进行连接，分别为激光雷达供电线、底盘控制板数据传输线、显示屏供电线和工控机主机供电线，如图 2－57 所示。为了防止出现线束连接时拉断线束的情况，可在下位机的车后方两侧安装两个数据线固定卡扣，具体步骤如下：

步骤 1：将卡扣底部贴上纳米胶带后粘贴在合适位置，安装完成效果如图 2－58 所示。

步骤 2：将工控机主机供电线和底盘控制板数据传输线扣在左侧卡扣、显示屏供电线扣在右侧卡扣，这样可方便后续线束进行连接，如图 2－59 所示。

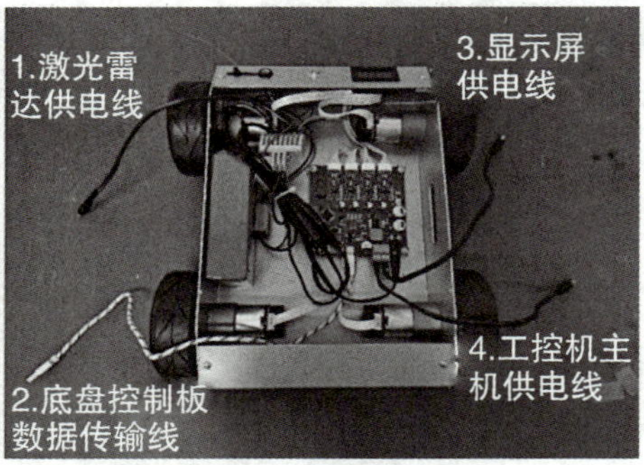

图 2－57　下位机部分 4 根线束

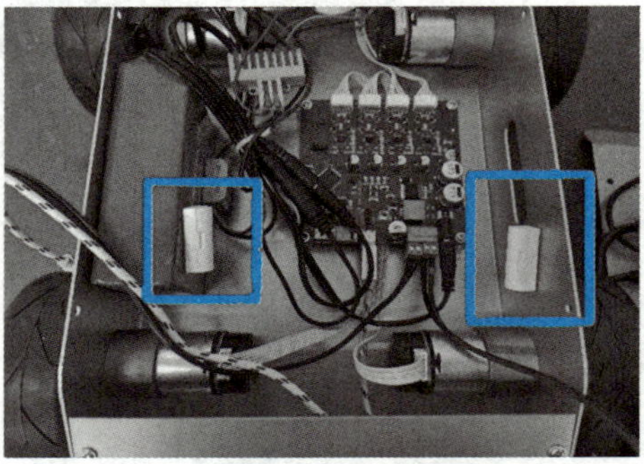

图 2－58　卡扣安装完成效果

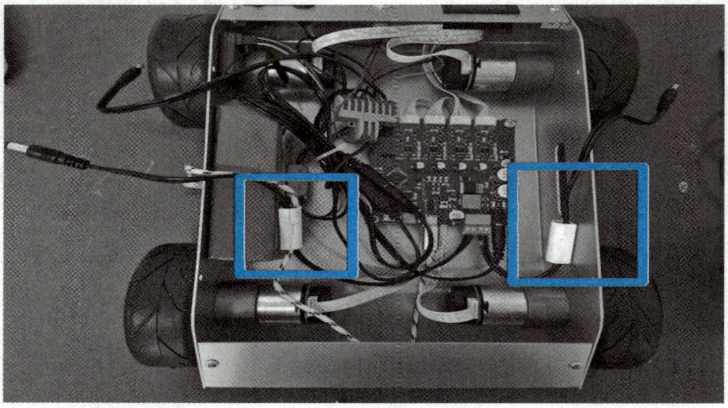

图 2－59　用卡扣固定线束

五、安装连接块

智能小车通过 4 个连接块将上位机和下位机进行固定连接，具体步骤如下：

步骤 1：准备 4 个连接块和 4 个 m4×5 螺丝，车身侧面预留了 4 个孔位，如图 2－60 所示。

步骤 2：使用螺丝将连接块固定在车身上，如图 2－61 所示。

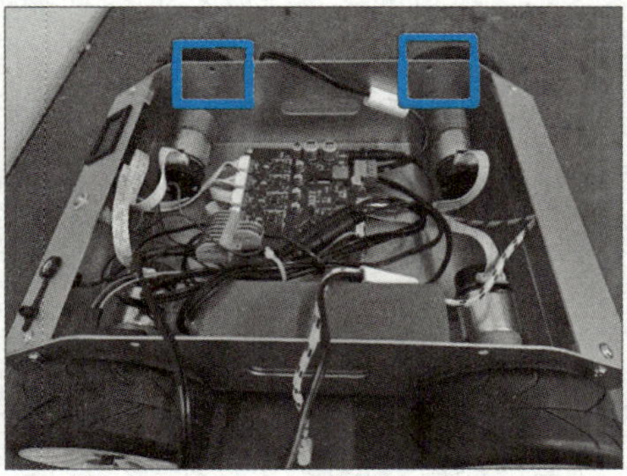

图 2-60 车身侧面预留 4 个孔位

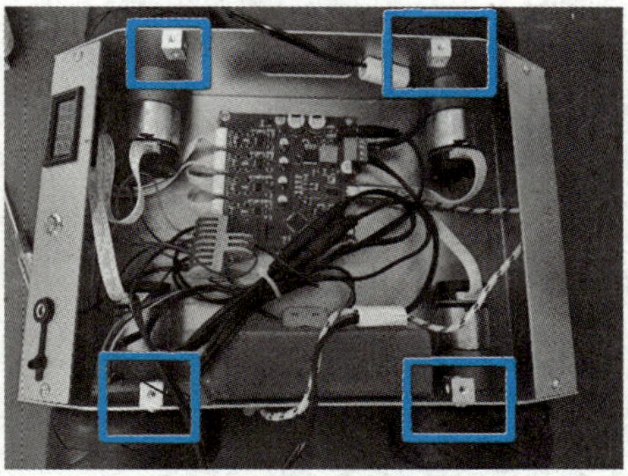

图 2-61 将连接块固定在车身上

任务六 上位机和下位机的组装

案例导入

在智能汽车的组装过程中，上位机与下位机的组装是重要的一步。某智能汽车在进行系统测试时，发现上位机与下位机之间的通信存在问题，导致车辆无法正常运行。工程师陈师傅安排你对上位机与下位机的组装进行检查和调试。

具体任务包括再次确认下位机的线路是否完全正确，确保工控机、底盘控制板、传感器等部件之间的连接正常；将需要与上位机连接的 4 根线从车身上盖预留的圆形槽中引出，方便后续与上位机进行连接；启动工控机和底盘驱动节点，检查各个传感器是否正常工作，以及数据传输是否准确；使用相关工具对系统进行调试，确保上位机与下位机之间的通信稳定，车辆能够按照预定的程序运行。

通过学习本任务，应能够熟练掌握上位机与下位机的组装和调试方法，为智能汽车的正常运行提供保障。建议本任务学时为 2 学时。

知识介绍

在智能汽车的组装过程中，上位机与下位机的组装是重要的一步。它确保了各个部件之间能够正常通信，实现整车的协同工作。

上位机主要负责数据处理和决策制定，它接收来自各种传感器的数据，如激光雷达、摄像头、IMU 等，并运行相应的算法进行数据分析和处理，从而生成控制指令。下位机则主要负责执行上位机的指令，控制车辆的各种动作，如电机的转动、转向等。

在上位机与下位机的组装过程中，需要确保下位机的线路连接正确，包括检查各个传感器、控制器与工控机之间的连接是否稳固，电线是否插好，接口是否松动等。只有下位机的线路完全正确，才能保证数据的准确传输和车辆的正常运行。

总之，上位机与下位机的组装是智能汽车实现正常运行的关键步骤，需要仔细操作和认真检查，确保各个环节都没有问题。

任务实施

经过前面任务的学习，我们已经将智能小车的上位机和下位机分别装配完成，接下来进行上位机与下位机的组装，具体步骤如下：

步骤 1：首先再次检查确认下位机的线路是否完全正确，如图 2-62 所示。通电后控制板、电源按键、电压表亮起即表示下位机线路正常，否则应再次检查线路连接是否正确。

步骤 2：将需要与上位机连接的 4 根线从车身上盖预留的圆形槽中引出，方便后续与上位机进行连接，如图 2-63 所示。

图 2-62　检查下位机的线路

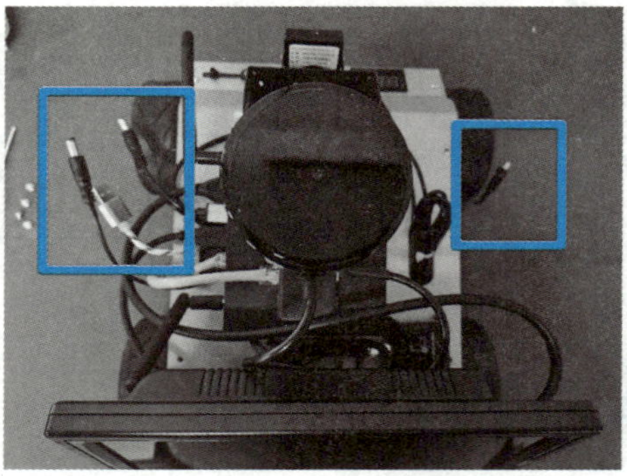

图 2-63　引出与上位机连接的 4 根线

步骤 3：将工控机电源线接入工控机接口，如图 2-64 所示，注意和激光雷达电源线区分开。

步骤 4：将底盘控制板数据线与工控机 USB 接口相连，如图 2-65 所示。

图 2-64　接入工控机电源线

图 2-65　接入底盘控制板数据线

步骤 5：将激光雷达电源线与激光雷达电源盒相连接，如图 2-66 所示。

步骤 6：再次将显示屏电源线连接到显示屏上，如图 2-67 所示。

步骤 7：将上盖上的 4 个螺栓拧紧，并按下工控机电源启动键“Power”，进入显示界面，如图 2-68～图 2-70 所示。智能小车整体示意图如图 2-71～图 2-73 所示。

图 2-66　连接激光雷达电源线和电源盒

图 2-67　连接显示屏电源线

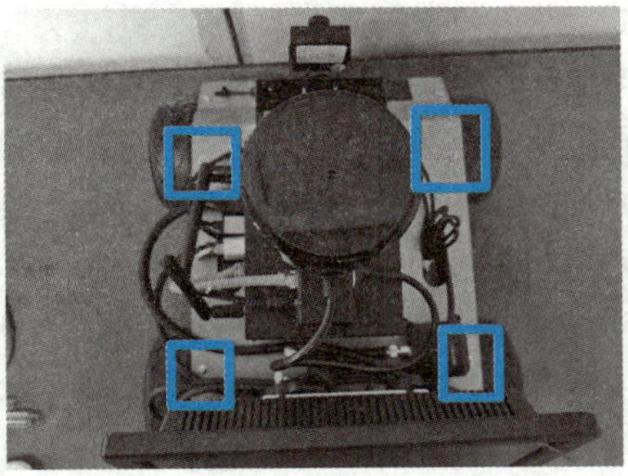

图 2-68　固定小车上盖

图 2-69　按下工控机电源启动键

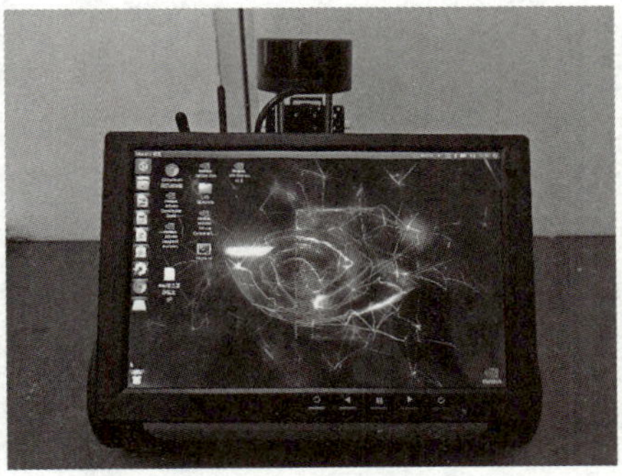

图 2-70　显示屏显示界面

图 2-71　智能小车整体示意图 1

图 2-72　智能小车整体示意图 2

图 2-73　智能小车整体示意图 3

微课视频

上位机和下位机安装

项目小结

本项目重点介绍了工控机及感知传感器的安装与调试。在工控机方面，学习了 NVIDIA Jetson Nano B01（4G）工控机的结构、功能和系统环境搭建，通过实际操作完成其安装与配置。在激光雷达部分，了解其工作原理、类型和参数，完成镭神智能 M10 激光雷达的安装与调试，并对其数据进行采集和初步处理。摄像头的学习包括其在智能领域的作用、参数和安装方法，进行内外参数标定，并实现红绿灯和车道线的识别。IMU 的学习涵盖了其工作原理、参数和安装，通过数据融合提高姿态测量的准确性。显示屏及其他附件的安装包括显示屏、拓展坞的安装，线束的整理及数据线固定卡扣的安装。上位机和下位机的组装通过确认线路、连接线缆、启动节点和调试等步骤，实现智能小车硬件部分的完整组装。通过本项目的学习和实践，学生能够掌握工控机及传感器的安装与调试技术，为后续的学习和研究奠定基础。

思考练习

作业 1：工控机的系统配置与优化

理论与实践结合：配置 NVIDIA Jetson Nano 工控机的系统环境，包括操作系统安装、驱动配置和软件环境搭建；进行系统优化，确保工控机在高负载下的稳定运行。

提交内容：配置与优化过程的详细报告，包括系统环境的搭建步骤、优化措施及优化前后的性能对比数据。

作业 2：激光雷达数据采集与处理

实际操作：完成激光雷达的安装，使用 ROS 系统采集激光雷达数据并进行初步处理，分析数据的准确性和有效性。

提交内容：数据采集过程的视频记录，处理后的数据分析报告，包含数据质量评估和处理方法的详细说明。

作业 3：摄像头标定与数据融合

综合应用：对安装的摄像头进行内外参数标定，随后与激光雷达数据进行融合，评估融合数据的精度。

提交内容：摄像头标定报告和数据融合结果的分析报告，包含标定过程、使用的软件工具、数据融合方法及其效果评估。

作业 4：IMU 数据的读取与分析

理论与实践结合：读取 IMU 数据并分析其在不同工况下的表现，优化 IMU 的参数配置以提高姿态测量的准确性。

提交内容：IMU 数据读取过程的演示视频，以及参数优化前后的数据分析报告。

注意事项

1. 所有操作应在安全的实验环境下进行，确保个人和设备的安全。
2. 作业应具有原创性，引用的图片或文献资料需注明出处。
3. 提交的报告和视频应清晰展示操作过程和结果，详细说明操作步骤和遇到的问题。

项目三

认识 ROS

学习目标

知识目标

1. 了解 ROS（Robot Operating System）的基本概念、组成部分和发行版本特点。
2. 熟悉 ROS 的安装方法，包括在不同架构硬件环境中的安装步骤和注意事项。
3. 掌握 ROS 的基本命令及其使用方法，如创建工作空间、创建功能包、编译和运行节点等。
4. 熟悉 ROS 工作空间的创建和管理方法，包括目录结构、环境变量设置等。
5. 了解 ROS 常用工具的使用，如 rqt、RViz 等，以及如何利用这些工具进行可视化和调试。

能力目标

1. 能够独立完成 ROS 的安装和配置，确保系统环境设置正确。
2. 能够熟练使用 ROS 命令行工具进行节点管理、话题通信和服务调用。
3. 能够创建和管理 ROS 工作空间，组织 ROS 包的结构，编译和安装 ROS 包。
4. 能够使用 ROS 工具进行机器人模型的可视化和数据的调试。

素养目标

1. 培养对 ROS 系统的深入理解和应用能力，提高解决实际问题的能力。
2. 培养创新思维和团队合作精神，能够在团队协作中完成 ROS 相关项目。
3. 培养严谨的态度和规范操作的意识，确保 ROS 系统的稳定运行。
4. 培养学习能力和自我提升意识，能够及时跟进 ROS 技术的发展。

建议学时

10 学时。

项目情境

小张同学在智能汽车研发团队中负责机器人操作系统（ROS）的相关工作。在开发过程中，需要使用 ROS 来构建智能汽车的控制系统。

具体来说，小张同学需要了解 ROS 的基本概念和组成部分，掌握其在不同架构硬件环境中的安装方法，以确保 ROS 能够顺利运行在智能汽车的工控机上。同时，小张同学还需要熟悉 ROS 的基本命令，能够创建工作空间、功能包，并进行编译和运行节点的操作，以实现对智能汽车各个传感器和执行器的控制。

此外，小张同学还需要掌握 ROS 工作空间的创建和管理方法，合理组织 ROS 包的结构，设置环境变量，确保各个组件之间能够正常通信。为了更好地调试和优化系统，小张同学需要学会使用 ROS 常用工具，如 rqt 和 RViz，通过可视化的方式展示机器人模型和数据，以便及时发现和解决问题。

通过这些工作，小张同学能够为智能汽车的开发提供稳定可靠的 ROS 系统支持，提高车辆的智能化水平和性能。

任务一　安装 ROS1 系统

案例导入

在智能汽车的研发中，ROS 作为一种重要的操作系统，为机器人的开发提供了强大的支持。某智能汽车项目组需要在新的工控机上安装 ROS1 系统，以满足车辆的控制和感知需求。

工程师李师傅安排你负责完成 ROS1 系统的安装工作。具体任务包括确定要安装的 ROS 版本，根据 Ubuntu 系统的版本选择合适的 ROS 版本，如在 Ubuntu 20.04 系统安装 ROS Noetic 版本；按照官方步骤进行安装，确保系统接入网络，检查和设置系统相关选项，设置 sources.list，安装所需的依赖包等；在安装过程中，可能会遇到一些错误，如在运行某些命令时出现无法定位软件包或网络连接问题等，需要能够及时解决这些问题，确保安装顺利进行。

通过学习本任务，应能够熟练掌握 ROS1 系统的安装方法，为智能汽车的开发提供基础的操作系统支持。建议本任务学时为 2 学时。

知识介绍

ROS 是一个历史悠久且由众多贡献者参与的大型软件项目。在 ROS 出现之前，许多学者就认识到机器人研究需要一个开放的协作框架，并且已有不少类似项目为此努力。其中，斯坦福大学在 2000 年开展了一系列相关研究项目，如斯坦福人工智能机器人（STandford AI Robot，STAIR）项目、个人机器人（Personal Robots，PR）项目等。这些项目中，在对具有代表性、集成式人工智能系统进行研究的过程中，创立了适用于室内场景的动态软件系统，可用于机器人学研究。

2007 年，柳树车库（Willow Garage）投入大量资源，对斯坦福大学机器人项目中的软件系统进行拓展和完善。在众多研究人员的共同努力下，ROS 的核心思想和基本软件包逐步得到完善。

ROS 即机器人操作系统，是适用于机器人的开源操作系统，它集成了众多工具、库和协议，能够像操作系统一样为机器人控制提供便利，还提供了在多台计算机上获取、构建、编写和运行代码的工具和库。ROS 的设计者将其表述为"ROS＝Plumbing＋Tools＋Capabilities＋Ecosystem"，也就是说，ROS 是通信机制、工具软件包、机器人高层技能及机器人生态系统的集合体，如图 3－1 所示。

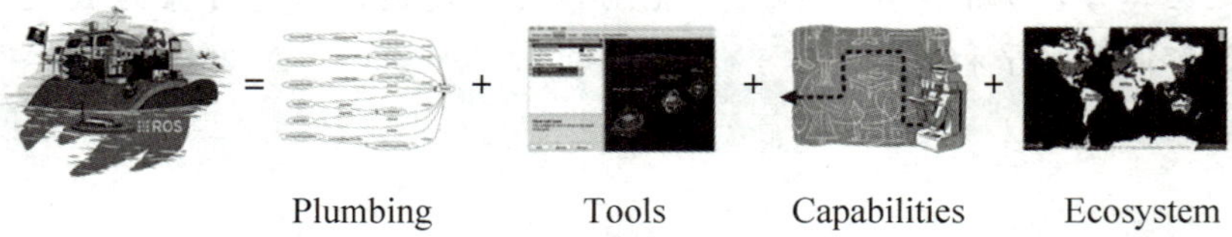

图 3－1　ROS（机器人操作系统）组成部分

ROS 发行版本（ROS distribution）指 ROS 软件包的版本，其与 Linux 的发行版本（如 Ubuntu）的概念类似。推出 ROS 发行版本的目的在于使开发人员可以使用相对稳定的代码库，直到下一个迭代版本出现。因此，每个发行版本推出后，ROS 开发者通常仅对这一版本的 bug（程序错误）进行修复，同时提供少量针对核心软件包的改进。

ROS 已经发布了 ROS1 的终极版本：Noetic，建议后期过渡至 ROS2 版本。Noetic 版本之前默认使用的是 Python2，Noetic 支持 Python3。

任务实施

一、 x86 电脑安装 ROS1

安装 ROS 的版本要根据 Ubuntu 系统版本来确定，目前常用的为 ROS1，更新的版本还有 ROS2。ROS1 又分为 Melodic 和 Noetic 等多个版本，其中 Melodic 和 Noetic 应用较为广泛。Ubuntu 系统版本和 ROS 版本的对应关系如图 3－2 所示。

Ubuntu版本	ROS 版本
18.04	Melodic
20.04	Noetic

图 3－2　Ubuntu 系统版本和 ROS 版本的对应关系

（一）安装 ROS

建议安装 ROS 过程中参考 ROS 的官方步骤，以下以 Ubuntu 20.04 系统下安装 ROS Noetic 版本为例。

步骤 1：确保 Ubuntu 系统接入网络。在安装 ROS 前确保自己的计算机接入网线或 Wi-Fi。

步骤 2：检查系统设置。从 Ubuntu 应用中，找到 Software & Updates 设置，勾选相应选项，如图 3－3 所示。

```
Software & Updates >> Ubuntu Software >>
```

[√] Community-maintained free and open-source softwate (universe)
[√] Proprietary drivers for device (restricted)
[√] Software restricted by copyright or legal issues (multiverse)

图 3-3　Ubuntu 应用中勾选相应选项

步骤 3：设置系统 sources. list。

```
sudo sh-c echo "deb http://packages.ros.org/ros/ubuntu $ (lsb_release-sc)
main" > /etc/apt/sources.list.d/ros- latest.list'
```

步骤 4：安装 curl（如果没装的话）并设置 keys。

（1）安装 curl（已经安装 curl 的可直接进行下一步骤）。

```
sudo apt install curl
```

（2）设置 keys。

```
curl-s https://raw.githubusercontent.com/ros/rosdistro/master/ros.asc|sudo
apt-key add-
```

步骤 5：安装 ROS Noetic。

（1）更新 Debian package。

```
sudo apt update
```

（2）安装 ROS Noetic（Desktop-Full Install）。

```
sudo apt install ros-noetic-desktop-full
```

（3）当前命令行终端（terminal）加载 ROS 环境变量。

```
source/opt/ros/noetic/setup.bash
```

注意：该命令行仅在当前命令行终端加载了 ROS 的相关环境变量，如果重新打开一个命令行终端还需要重新执行上述命令才可以运行 ROS 的相关命令。为了避免每次重复执行上述过程，可以按照下一步骤进行设置，这样每次打开新的命令行终端就可以直接运行 ROS 的相关命令了。

（4）设置命令行终端（terminal）自动加载 ROS 环境变量。

```
echo"source/opt/ros/noetic/setup.bash">>~/.bashrc
source~/.bashrc
```

（5）安装相关依赖包。

```
sudo apt install python3-rosdep python3-rosinstall python3-rosinstall-gen-
erator python3-wstool build-essential
```

(6) 初始化 rosdep。

```
sudo rosdep init
rosdep update
```

(二) 测试 ROS Noetic

步骤 1：启动 ROS。

```
roscore
```

步骤 2：运行小海龟节点。

```
rosrun turtlesim turtlesim_node
```

如果出现小海龟的图窗就证明安装完成（见图 3-4）。

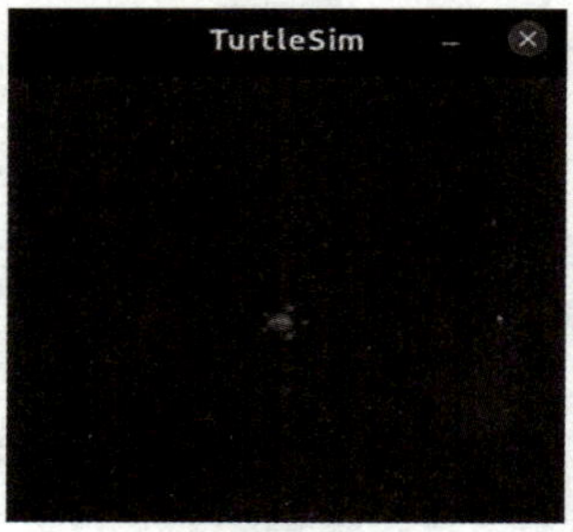

图 3-4 出现小海龟的图窗

技能拓展

安装过程中可能出现的部分错误及解决方法：

【错误 1】

在安装 ROS 的步骤 4 时：

```
curl-s https://raw.githubusercontent.com/ros/rosdistro/master/ros.asc|sudo
apt-key add-
```

出现错误：Unanle to locate package,no valid OpenPGP data

解决办法：

使用如下命令进行替代：

(1) wget http://packages. ros. org/ros. key。

(2) sudo apt-key add ros. key。

(3) sudo apt-get update。

然后跳转至步骤 5 继续安装。

【错误 2】

在安装 ROS 步骤 5，初始化 rosdep 时，由于网络问题出错：

```
sudo rosdep init
rosdep update
```

解决办法：

运行以下命令：

```
wget http://fishros.com/install-O fishros &&. Fishros
```

在命令行中输入数字 3 选择 rosdepc 安装即可（见图 3-5）。

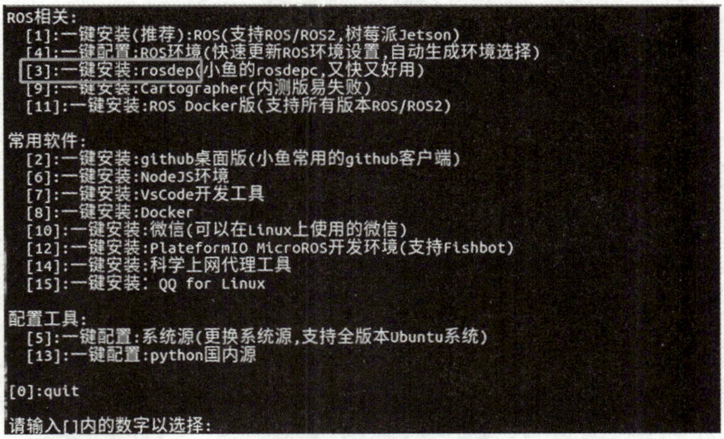

图 3-5 选择 rosdepc 安装

二、 ARM 架构安装 ROS1

Jetson Nano 系统引导安装（无外设安装方式）：

（一）硬件设置

步骤 1：插入烧写好系统的 SD 卡。

步骤 2：将 micro USB 线接到 Jetson Nano 上，另一端 USB A 接到计算机上。

步骤 3：为 Jetson Nano 插入电源，开机。

步骤 4：等待计算机检测到盘符（见图 3-6），说明 Jetson Nano 连接成功。

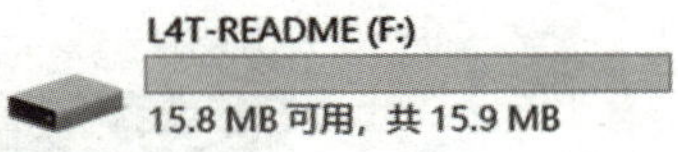

图 3-6 计算机检测到盘符

（二）系统设置

步骤 1：进入计算机的设备管理器中查看 Nano 连接的端口号（见图 3-7）。

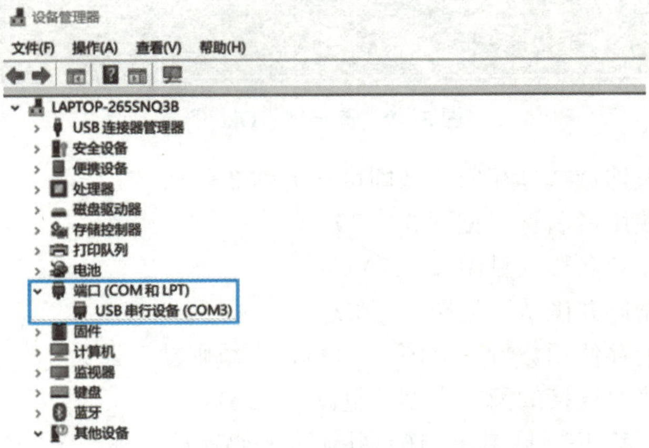

图 3-7 查看 Nano 连接的端口号

步骤 2：打开 PuTTY 进行设置（见图 3-8），并单击“Open”连接。

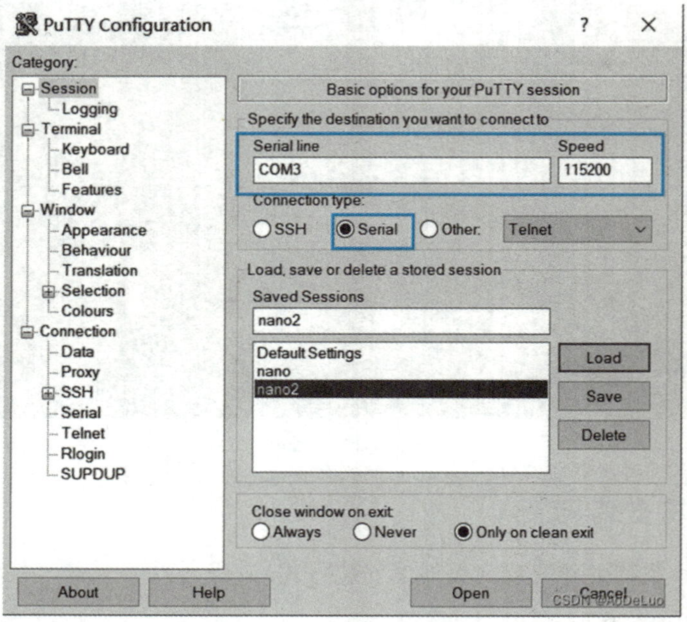

图 3-8　打开 PuTTY 进行设置

步骤 3：根据提示选择“<Ok>”（见图 3-9），按下回车键。

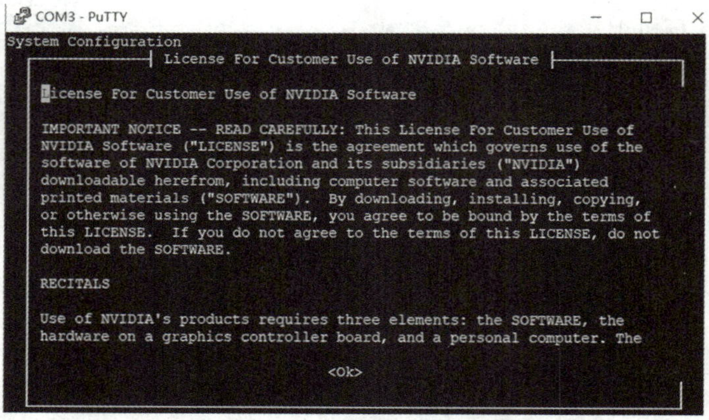

图 3-9　选择“<Ok>”

步骤 4：语言及地域选择相应地区即可（见图 3-10）。

步骤 5：填写使用者名称（见图 3-11）。

步骤 6：填写账户名称（见图 3-12）。

步骤 7：设置密码并确认（见图 3-13）。

步骤 8：确定内存使用数量（见图 3-14），不填则默认最大。

步骤 9：选择将要连接的网络类型（见图 3-15）。

步骤 10：选择 Wi-Fi（见图 3-16）并输入密码连接，确定 Wi-Fi 加密类型。

步骤 11：设置本地计算机名称（见图 3-17）。

步骤 12：设置 Jeston Nano 运行模式（见图 3-18）。

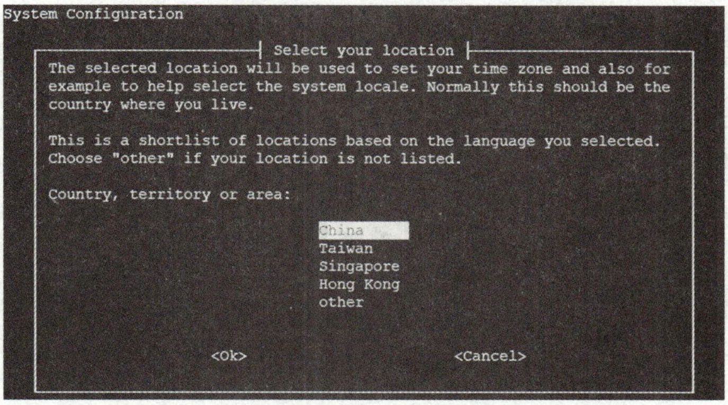

图 3-10 选择语言及地域

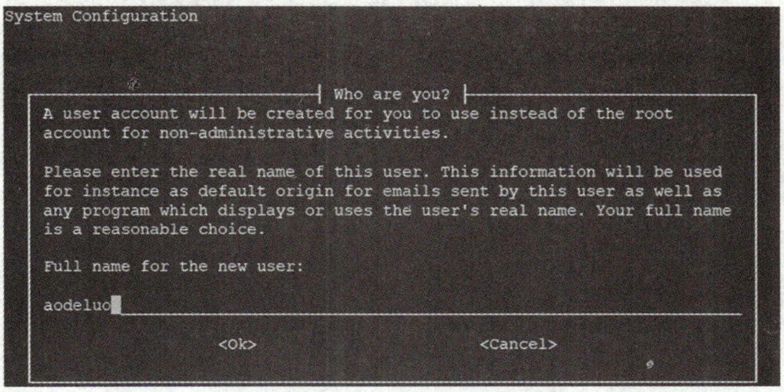

图 3-11 填写使用者名称

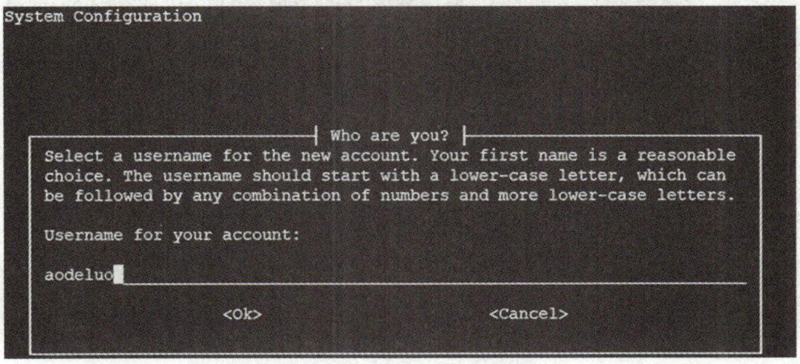

图 3-12 填写账户名称

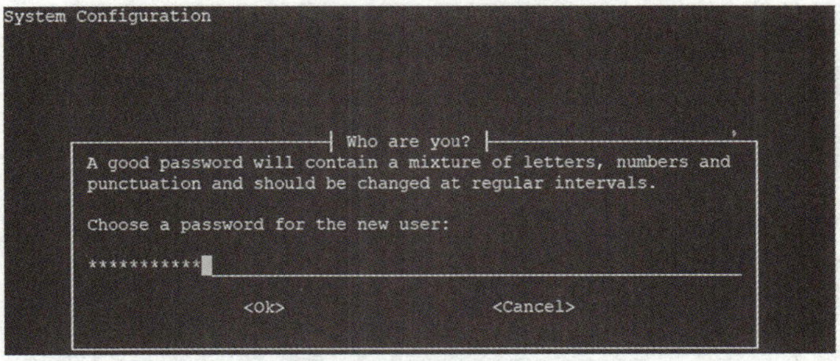

图 3-13 设置密码并确认

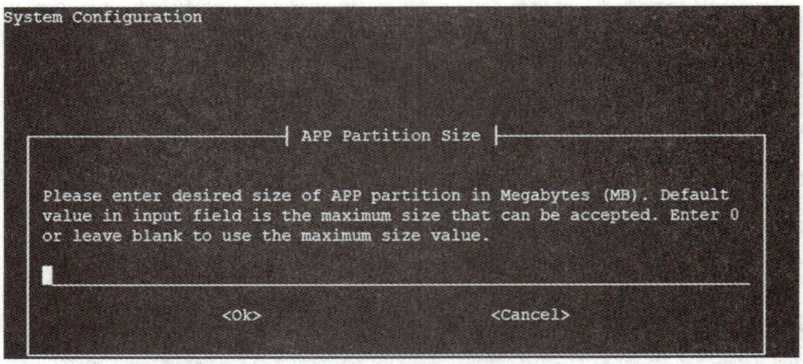

图 3－14　确定内存使用数量

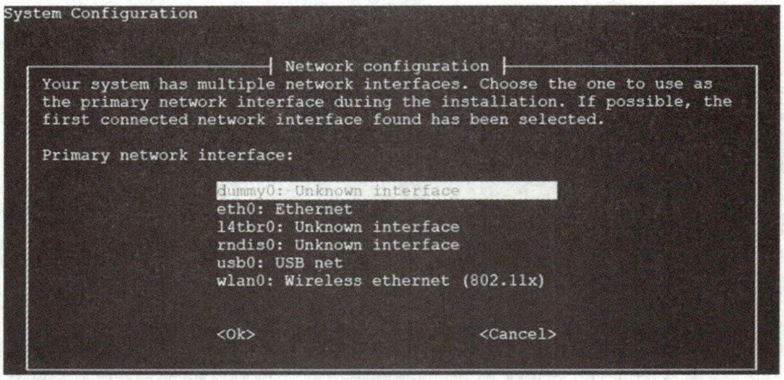

图 3－15　选择将要连接的网络类型

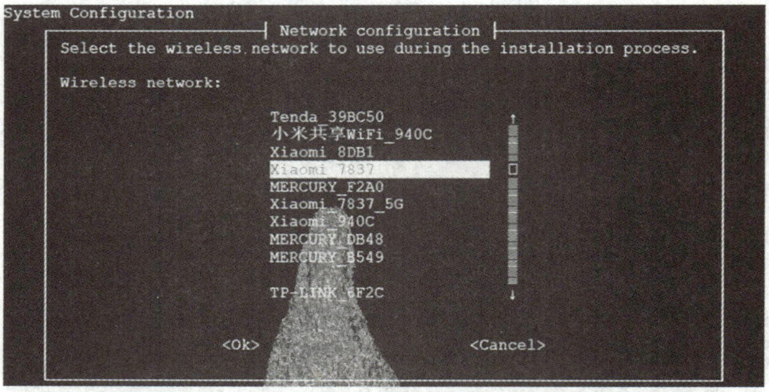

图 3－16　选择 Wi-Fi

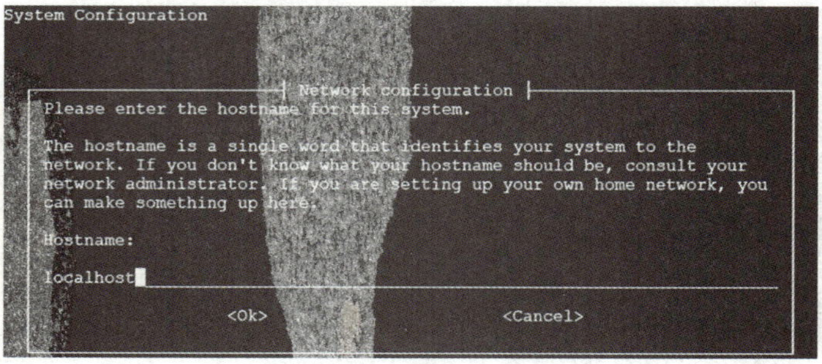

图 3－17　设置本地计算机名称

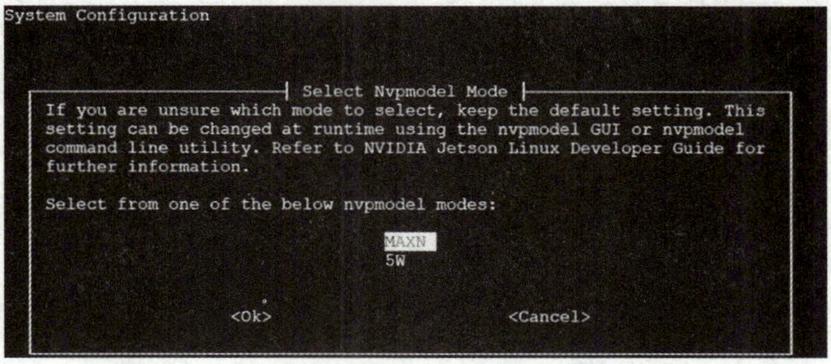

图 3-18　设置 Jeston Nano 运行模式

步骤 13：等待系统安装（见图 3-19），完成后重新登录 PuTTY。

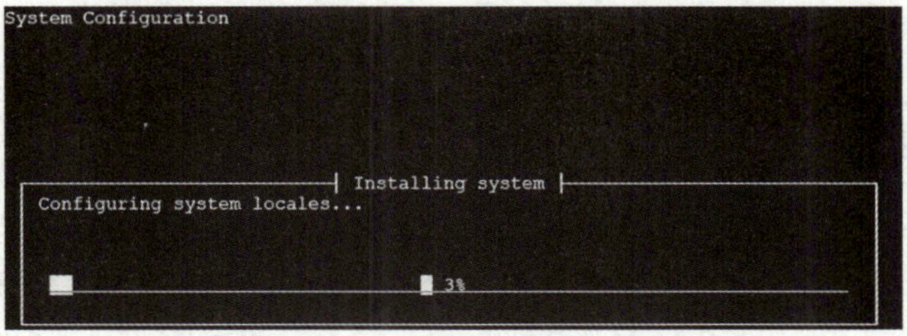

图 3-19　等待系统安装

步骤 14：输入设置好的用户名和密码，即可登录系统，如图 3-20 所示。

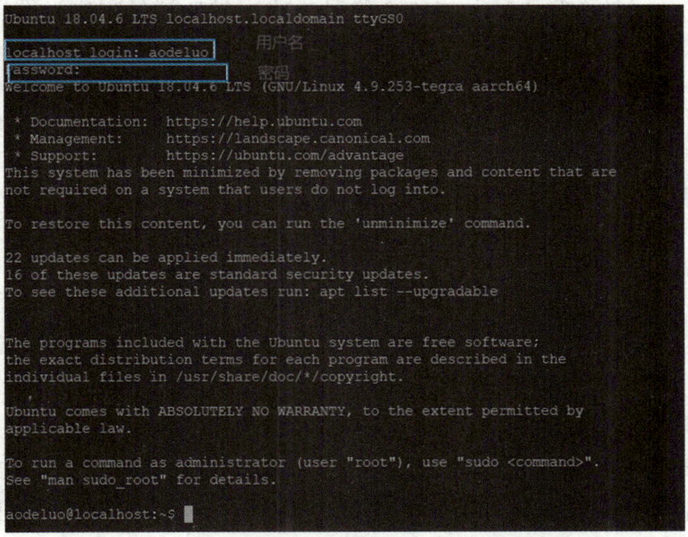

图 3-20　登录系统

步骤 15：创建 root 用户。

sudo passwd root //提示输入当前用户密码。按下回车键输入两次 root 密码。

su root //提示输入 root 密码。输入即可。

步骤 16：更新系统软件。

```
sudo apt-get update
sudo apt-get full-upgrade
```

步骤 17：系统查看软件安装。

```
sudo pip3 install jetson-stats
sudo jtop
```

任务二 ROS1 测试

案例导入

在智能汽车的开发过程中，正确安装和配置 ROS1 系统至关重要。某智能汽车研发团队在进行项目推进时，发现之前安装的 ROS1 系统存在一些不稳定因素，影响了整个系统的运行效率。

工程师王师傅安排你重新检查和完善 ROS1 的安装。具体任务包括再次确认安装环境是否满足要求，如系统版本、硬件配置等；仔细检查安装步骤是否正确执行，包括软件源的设置、依赖包的安装等；对已经安装的 ROS1 组件进行测试，确保各个功能模块能够正常工作，如节点的创建和通信、话题的发布和订阅等。

通过学习本任务，应能够更加熟练地掌握 ROS1 系统的安装和调试技巧，为智能汽车的开发提供稳定可靠的软件基础。建议本任务学时为 4 学时。

知识介绍

一、 Ubuntu 软件仓库与 ROS 安装源

Ubuntu 软件仓库：Ubuntu 系统有 Main（Canonical 支持的免费开源软件）、Universe（社区维护的免费开源软件）、Restricted（设备专有驱动）、Multiverse（受版权或法律限制软件）等软件仓库。安装 ROS 前需确保勾选这些仓库，因为安装 ROS Melodic 等版本时，部分依赖项可能来源于此，这样才能获取所需软件和依赖包。

ROS 安装源设置：要安装 ROS，需正确设置 sources. list 文件指定下载源，可选择官方源或国内镜像源（如清华源）来加快下载速度。配置时要依据 Ubuntu 系统版本和 ROS 版本进行，保证下载的软件包与系统兼容。

二、 ROS 依赖包与环境初始化

依赖包安装：ROS 运行依赖多个软件包，如 python-rosdep、python-rosinstall 等。这些依赖包提供了软件包管理、编译环境等功能。安装 ROS 时要用 apt-get 命令安装它

们，确保 ROS 功能正常使用。

rosdep 初始化：rosdep 是 ROS 中一个重要工具，用于安装和管理系统依赖项。使用 ROS 前必须先初始化并更新数据库，通过执行 sudo rosdep init 和 rosdep update 命令，这两个命令会从网络下载相关依赖信息并进行配置。

三、工作空间与功能包

工作空间的结构：工作空间是存放 ROS 工程文件的文件夹，包含 src（存储功能包源代码）、build（存放编译中间文件）、devel（放置编译生成的可执行文件等）等文件夹，如图 3-21 所示。理解其结构有助于组织和管理 ROS 项目文件，方便开发维护。

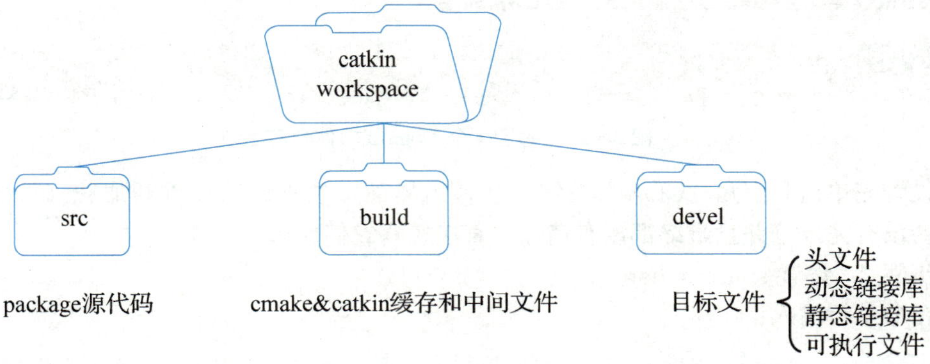

图 3-21 工作空间的结构

功能包的创建与编译：功能包是 ROS 放置源代码的最小单元，同一工作空间内不能同名，不同工作空间可同名。创建时要指定包名和依赖项（如 std_msgs 等），这些依赖项决定功能包可使用的 ROS 功能。创建后在工作空间根目录用 catkin _ make 命令编译，将源代码编译成可执行文件或库，以便在 ROS 系统运行。

四、节点与话题

节点管理：节点是 ROS 可执行文件的运行实例，能执行特定任务。ROS 提供了节点管理命令，如 rosnode list 查看运行节点，rosnode info 查看节点信息，rosrun 运行节点。通过这些命令可启动、停止和监控节点状态，保障节点协作。

话题通信：话题是 ROS 节点间数据传输的重要方式，采用发布/订阅模式。发布者发布数据到话题，订阅者订阅获取数据。rostopic 命令用于话题操作，如 rostopic list 查看话题列表，rostopic echo 查看话题消息，rostopic pub 发布消息。了解这些命令有助于实现节点数据交互和协同工作，构建复杂的 ROS 应用系统。

任务实施

微课视频

Melodic 安装

一、 Ubuntu 及 Melodic 安装

步骤 1：勾选 4 个 Ubuntu 软件仓库（见图 3-22）。

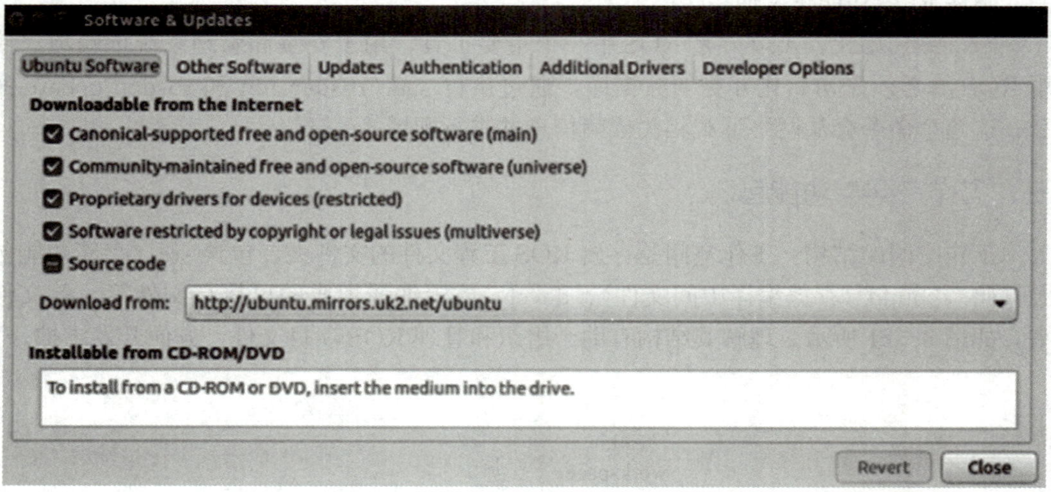

图 3-22　勾选 4 个 Ubuntu 软件仓库

设置完单击右下角“Close”按钮，会弹出界面选项框，选择重新加载（重新加载可能会没有完成，并且最终都没有消除，直接忽略它们即可）。

步骤 2：设置 sources. list。

在命令行输入：

```
sudosh- c '. /etc/lsb- release&&echo " debhttp: //mirrors. tuna. tsinghua. edu. cn/ros/ubuntu/`lsb_release-cs`main"> /etc/apt/sources. list. d/ros-latest. list'
```

步骤 3：设置密钥。

```
sudo apt - key adv -- keyserver ' hkp: //keyserver. ubuntu. com: 80 ' -- recv - key C1CF6E31E6BADE8868B172B4F42ED6FBAB17C654
```

步骤 4：安装 Melodic。

首先需要确保 Debian 包索引是最新的：

```
sudo apt update
```

然后下载桌面完整版：

```
sudo apt install ros-melodic-desktop-full
```

步骤 5：安装软件包 python-rosdep。

```
sudo apt install python-rosdep
```

步骤 6：初始化 rosdep。

在使用 ROS 之前，需要初始化 rosdep。

```
sudo rosdep init
rosdep update
```

步骤 7：设置环境。

```
echo"source /opt/ros/melodic/setup.bash">> ~/.bashrc
source~/.bashrc
```

步骤 8：安装依赖项。

```
Sudo apt-getinstall python-rosinstall python-rosinstall-generor python-wstool build-essential
```

二、测试

步骤 1：通过命令行启动 ROS master 及小海龟：

```
roscore
rosrun turtlesim turtlesim_node
rosrun turtlesim turtle_teleop_key
```

启动命令后，会有小海龟出现（见图 3-23），使用键盘可控制其移动。

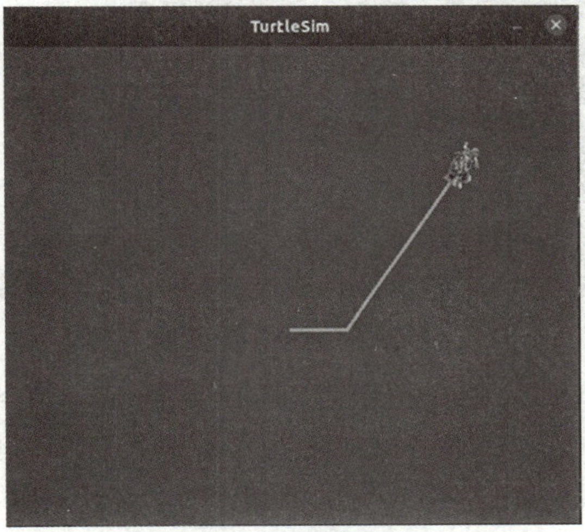

图 3-23 出现小海龟

步骤 2：创建工作空间。工作空间的创建包括目录的创建与空间的初始化，创建一个名称为“demo01”的工作空间（见图 3-24）：

```
mkdir-p~/demo01/src
```

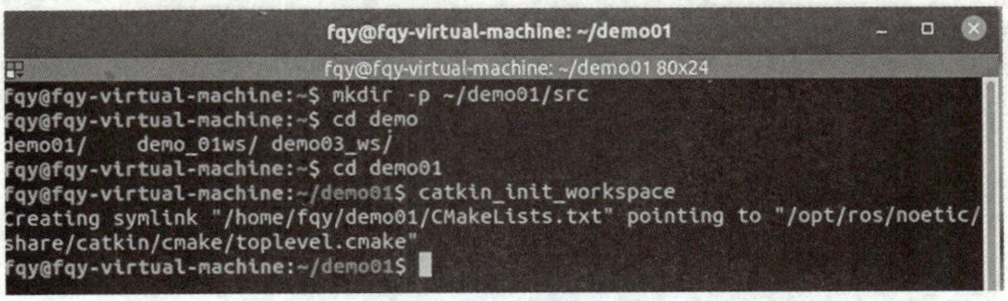

图 3-24 工作空间创建成功

创建完工作空间后，对空间进行初始化，这里使用了 catkin 的初始化工具。需要注意的是，需要进入 src 目录完成初始化工作：

```
cd~/demo01/src
catkin_init_workspace
```

步骤 3：编译工作空间。在工作空间的根目录下使用 catkin_make 命令编译工作空间（见图 3-25）：

```
cd~/test/
catkin_make
catkin_make install
```

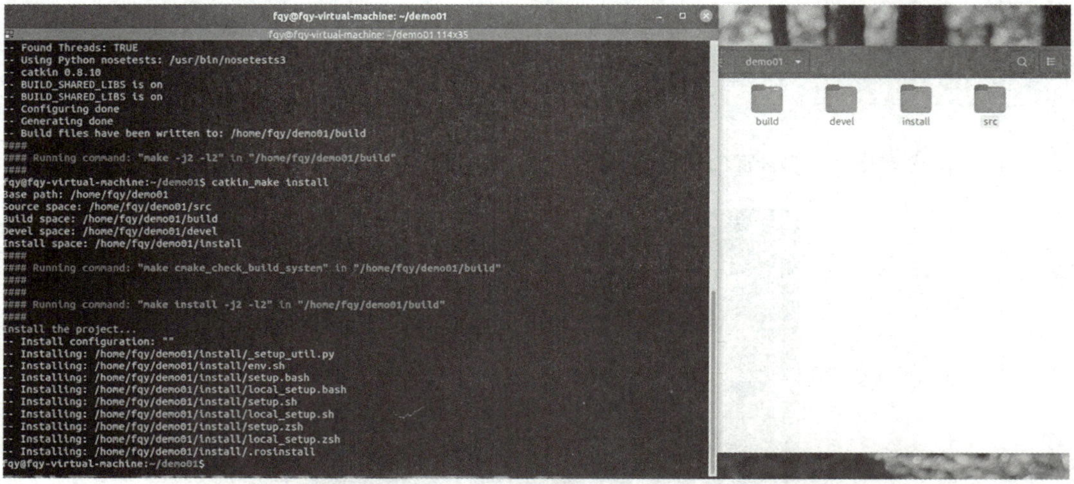

图 3-25　编译工作空间

步骤 4：设置环境变量。工作空间编译成功后，在 devel 中会产生环境变量设置的脚本，使用 source 指令可以使该环境变量生效（在工作空间的根目录下），为了方便，可以将 source 语句写入~ /.bashrc 文件中，这样每次启动终端的时候就会自动配置环境变量（见图 3-26）：

```
echo"source~/demo01/devel/setup.bash">>~/.bashrc
```

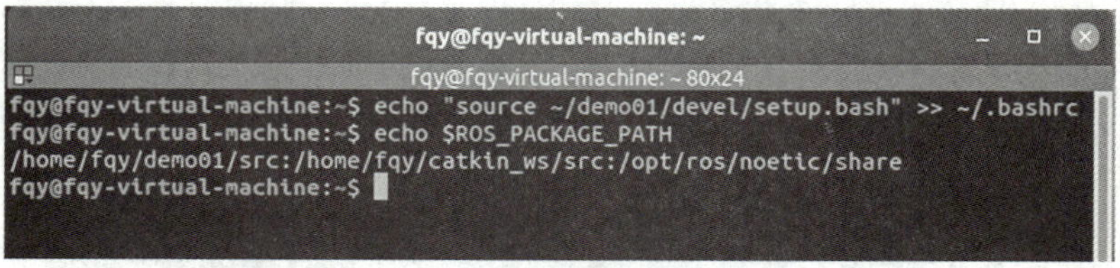

图 3-26　设置环境变量

可以使用以下指令检查是否生效：

```
echo $ ROS_PACKAGE_PATH
```

步骤 5：创建功能包。功能包是放置 ROS 源代码的最小单元。前面已创建了一个工作空间 demo01，src 文件夹是空的，现在在该文件夹中创建功能包。需要注意的是，同一工作空间下不允许存在同名功能包；不同工作空间下允许存在同名功能包。先进入工作空间下的 src 文件目录中，打开终端并创建功能包（同时添加 C++和 Python 的依赖库）（见图 3-27）：

```
cd ~/demo01/src
catkin_create_pkgtest_pkg std_msgs rospy roscpp
```

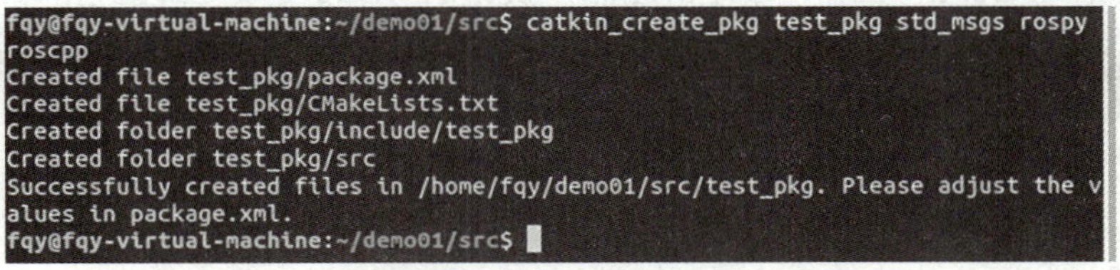

图 3-27 创建功能包

步骤 6：编译功能包。回到工作空间根目录再编译（见图 3-28）：

```
cd ~/catkin_ws
catkin_make
```

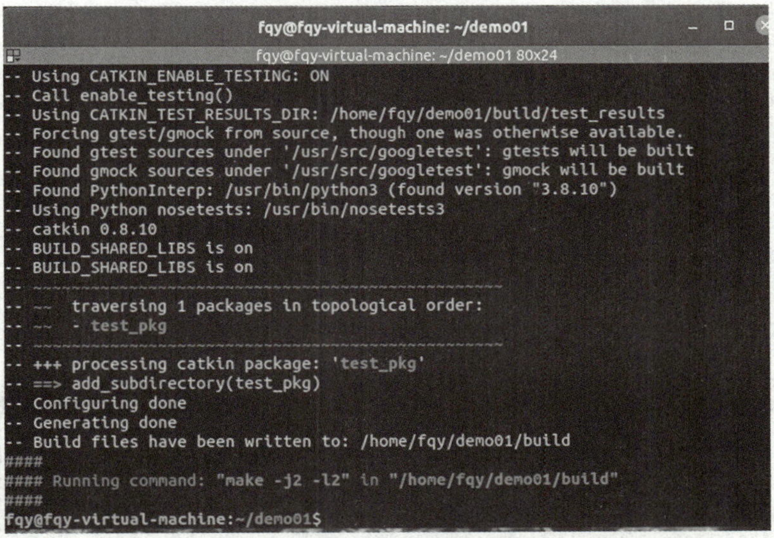

图 3-28 编译功能包

知识视界

一、工作空间简介

工作空间（Workspace）是存放工程开发相关文件的文件夹。类似一个 IDE（如 Pycharm）新建一个工程，就是一个工作空间。工作空间主要包含 4 个文件夹：

（1）src，代码空间，即 Source Space，用来存储 ROS 功能包的源代码文件。

(2) build，编译空间，即 Build Space，用来存储编译过程中产生的中间文件。

(3) devel，开发空间，即 Development Space，用来放置编译生成的可执行文件、库、脚本。

(4) install，安装空间，即 Install Space，同样用来存放可执行文件，但与开发空间不同的是，安装空间用于开发后可执行文件的存放，即安装。

二、功能包中的重要文件

(1) package. xml 文件（见图 3-29）。使用 XML 语言描述功能包相关的信息。

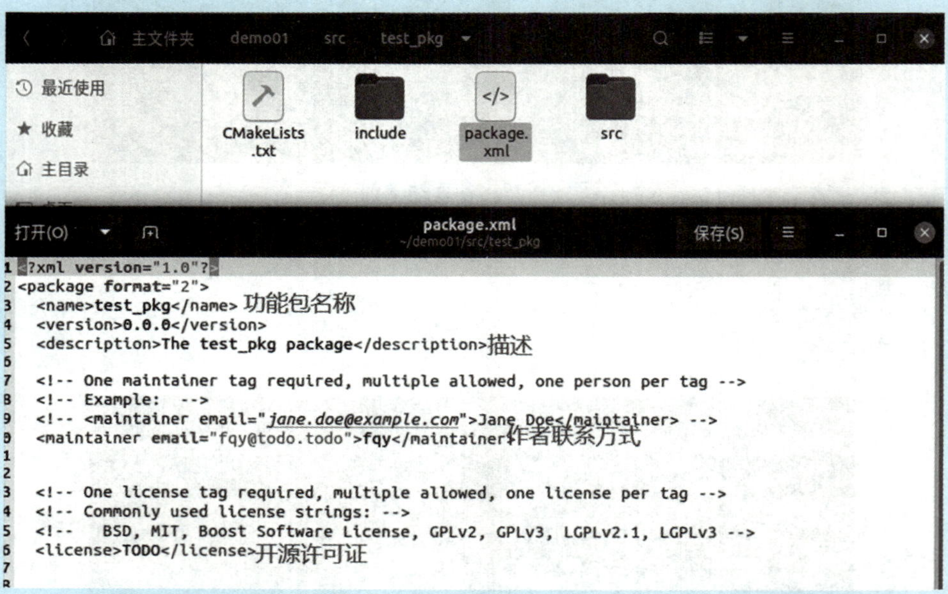

图 3-29 package. xml 文件

(2) cmakelist. txt 文件（见图 3-30）。描述功能包里的编译规则，使用 CMake 语法。

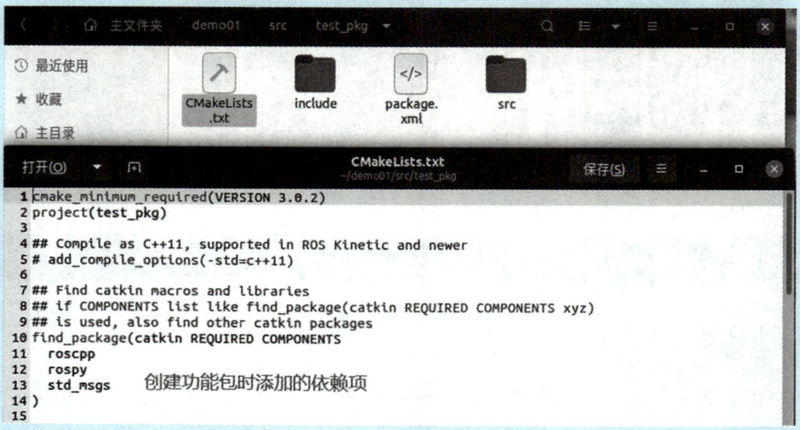

图 3-30 cmakelist. txt 文件

任务三 Ubuntu 及 ROS 常用命令的使用

案例导入

在智能汽车的开发中，对 Ubuntu 系统及 ROS1 的熟练操作非常重要。某智能汽车项目在进行系统调试时，遇到了一些问题需要通过特定的命令来解决。

工程师赵师傅安排你熟悉并掌握 Ubuntu 及 ROS1 的常用命令。具体任务包括了解 Ubuntu 系统中文件管理、进程管理、用户权限管理等方面的常用命令，如 ls、cd、ps、sudo 等；掌握 ROS1 中的节点管理命令，如 rosnode、roscore 等，能够启动、停止和查看节点状态；熟悉话题和服务相关的命令，如 rostopic、rosservice 等，能够发布、订阅话题和调用服务。

通过学习本任务，能够高效地使用 Ubuntu 及 ROS1 的常用命令，快速解决智能汽车开发过程中的各种问题。建议本任务学时为 4 学时。

知识介绍

一、 Ubuntu 常用命令

（一）文件内容显示命令

1. cat：cat［选项］［文件名］

用来串接文件或显示文件的内容，也可以从标准输入设备读取数据并将其结果定向到一个新的文件中，达到建立新文件的目的。选项如下：

－n：由 1 开始对所有输出的行数进行编号；

－b：和－n 类似，但不对空白行编号；

－s：当遇到有连续两行以上的空白行时，将其替换为一行空白行；

－E：在每行结束处显示 $ 。

2. more：more［文件名］

显示输出的内容，然后根据窗口的大小进行分页显示，在终端底部打印“——more——”及已显示文本占全部文本的百分比。选项如下：

－f 或＜空格＞：显示下一行；

＜回车＞：显示下一列；

－q 或－Q：退出 more；

＋num：从第 num 行开始显示。

也就是说，当文件比较大时，文本内容会在屏幕上快速显示，more 命令则解决了这个问题，一次只显示一屏的文本。

输入命令后显示文本内容第一页，按回车键显示下一行，按“F”键或空格键显示下一页，按“Ctrl+B”组合键返回上一屏，按“Q”键退出。

3. less：less［文件名］

less 命令与 more 相似，区别在于还可以利用 PageUp、PageDown 来回翻页显示文件。选项如下：

—m：显示读取文件的百分比；

—N：每行前输出行号；

—s：把连续多个空白行作为一个空白行显示。

4. head：head［选项］［数字］［文件名］

显示文件的前 n 行，不带选项时默认显示前 10 行。选项如下：

—n：显示文件的前 n 行；

—c：显示文件的前 c 个字节。

5. tail：tail—n［数字］［文件名］或 tail—［数字］［文件名］

显示文件的最后 n 行，默认为 10 行。

6. echo：echo［选项］［文件名］

输出字符串到基本输出。选项如下：

—n：不输出末尾的换行符；

—e：启用反斜杠转义（\n）；

\a：发出警告声；

\c：最后不加上换行符号。

7. od：od［选项］字符串

用于输出文件的八进制、十六进制或其他格式编码的字节。选项如下：

—a：表示 ASCII 码的名字；

—b：按照 3 个数值位的八进制数进行解释；

—c：选择 ASCII 码字符或者转义字符；

—d：选择无符号 2 字节单位。

（二）目录内容显示命令

ls：列出目录的内容。

pwd：显示当前工作目录的完整路径。

（三）目录变更命令 cd：cd［目录］

改变当前工作目录。目录名称可以是绝对路径或相对路径。

cd..：返回上一级目录。

cd～：返回主目录。

(四) 文件创建命令 touch：touch [选项] [文件名]

生成空文件和修改文件存取时间。选项如下：

－d：以 yyyymmdd 的形式给出要修改的时间；

－a：只更改存取时间；

－c：不建立任何文档；

－m：只更改变动时间；

－r：把指定文档或目录的日期时间统一设成参考文档或目录的日期时间。

(五) 文件删除命令 rm：rm [选项] [文件名]

删除一个目录中的若干文件或子目录。选项如下：

－i：在删除前提示，需要确认。

(六) 目录创建命令 mkdir：mkdir [选项] [文件名]

创建指定名称的目录，要求创建目录的用户在当前目录中具有写权限，并且指定的目录名不能是当前目录中已有的目录。选项如下：

－p：依次创建目录，需要时创建目标目录的上级；

－m：设置权限模式，在建立目录时按模式指定设置目录权限；

格式：

```
mkdir-m [三位参数] [目录名]
```

三位参数：目录所有者的权限；组中其他人对目录的权限；其他人对目录的权限。对目录读权限参数为 4；对目录写权限参数为 2；执行权限参数为 1；同时具有读、写和执行权限参数为 7；有读、写权限参数为 6。

－v：每次创建新目录都显示执行过程信息。

(七) 目录删除命令 rmdir：rmdir [选项] [文件名]

删除空目录。选项如下：

－p：当子目录被删除后其父目录为空时，将父目录一并删除；

－v：显示详细的步骤。

(八) 复制命令 cp

将文件或目录复制到另一文件或目录中。语法格式有两种：

```
cp [选项] [源文件或目录] [目标文件或目录]
cp [选项] 源文件组目标目录
```

选项如下：

－b：将要覆盖的文件进行备份；

—i：覆盖前查询，提示是否覆盖已存在的目标文件；
—f：强制复制文件，若目标文件无法打开，则将其移除并重试；
—p：保留源文件或目录的属性，如日期；
—R：复制所有文件及目录；
—a：不进行文件数据复制，只对每一个现有目标文件的属性进行备份；
—H：跟随源文件中的命令行符号链接；
—l：只链接文件而不复制文件本身；
—L：总是跟随源文件中的符号链接；
—n：不覆盖已存在的文件。

（九）改名或移动命令 mv：mv ［选项］［文件名］

将文件或目录改名，或将文件由一个目录移入另一个目录。选项如下：
—f：禁止交互模式；
—i：交互模式；
—n：不覆盖已存在的文件；
—u：只在源文件比目标文件新或目标文件不存在时才进行移动；
—v：显示详细的步骤。

（十）su 命令：su ［选项］用户名

超级用户 root 向普通或虚拟用户切换不需要密码，反之则需要密码。选项如下：
—l：相当于重新登录，如果没有指定用户名，默认为 root；
—p：切换当前用户时，不切换用户工作环境，此为默认值；
—c：以指定用户身份执行命令，执行命令后再变回原用户；
—：切换当前用户时，切换用户工作环境。

（十一）sudo 命令：sudo ［选项］

以超级用户 root 的身份执行命令。选项如下：
—h：列出帮助信息；
—V：列出版本信息；
—l：列出当前用户可以执行的命令；
—u：以指定用户的身份执行命令。

二、 ROS 常用命令

（一）创建 ROS 工作空间

1. 启动 ROS

```
roscore
```

2. 创建工作环境

```
mkdir-p~/catkin_ws/src
cd~/catkin_ws/src
catkin_init_workspace
```

3. 编译 ROS 程序

```
cd~/catkin_ws
catkin_make
```

4. 添加程序包到全局路径

```
echo "source catkin_ws/devel/setup.bash" >> ~/.bashrc
source~/.bashrc
```

5. 设置工作空间、ROS 环境变量及变量路径

```
gedit~/.bashrc
echo $ ROS_PACKAGE_PATH
```

（二）Package 相关操作

1. 创建 Package 并编译

```
cd~/catkin_ws/src
catkin_create_pkg < package_name> [depend1] [depend2] [depend3]
cd~/catkin_ws
catkin_make
```

2. 查找 Package

```
rospack find [package name]
```

3. 查看 Package 依赖项

```
rospack depends < package_name>
rospack depends1 < package_name>
```

（三）Node 相关操作

1. 查看所有正在运行的 Node

```
rosnode list
```

2. 查看某节点信息

```
rosnode info [node_name]
```

3. 运行 Node

```
rosrun [package_name] [node_name] [__name:= new_name]
```

（四）Topic 相关操作

1. 查看 rostopic 所有操作

```
rostopic-h
```

2. 查看所有 Topic 列表

```
rostopic list
```

3. 图形化显示 Topic

```
rosrun rqt_graph rqt_graph
rosrun rqt_plot rqt_plot
```

4. 查看某个 Topic 信息

```
rostopic echo [topic]
```

5. 查看 Topic 消息格式

```
rostopic type [topic]
rosmsg show [msg_type]
```

6. 向 Topic 发布消息

```
rostopic pub [-1] <topic> <msg_type>  [-r1] -- [args] [args]
```

（五）Service 相关操作

1. 查看所有 Service 操作

```
rosservice-h
```

2. 查看 Service 列表

```
rosservice list
```

3. 调用 Service

```
rosservice call [service] [args]
```

4. 查看 Service 格式并显示数据

```
rosservice type [service] | rossrv show
```

5. 设置 Service 参数

```
rosparam set [parame_name] [args] + rosservice call clear
```

6. 获得参数

```
rosparam get [parame_name]
```

7. 加载参数

```
rosparam load [file_name] [namespace]
```

8. 删除参数

```
rosparam delete
```

（六）Bag 相关操作

1. 录制所有 Topic 的变化

```
rosbag record -a
```

2. 记录某些 Topic

```
rosbag record-0 subset <topic1> <topic2>
```

3. 查看 Bag 信息

```
rosbag info <bagfile_name>
```

4. 回放

```
rosbag play (-r 2) <bagfile_name>
```

三、 RViz 可视化工具的使用

1. URDF

URDF 是 Unified Robot Description Format 的首字母缩写，直译为统一（标准化）机器人描述格式，可以以一种 XML 的方式描述机器人的部分结构，如底盘、摄像头、激光雷达、机械臂及不同关节的自由度等。该文件可以被 C++内置的解释器转换成可视化的机器人模型，是 ROS 中实现机器人仿真的重要组件。

2. RViz

RViz 是 ROS 中一款强大的三维可视化工具。它的主要功能是以三维方式显示 ROS 消息，可以将数据进行可视化表达。例如，可以显示机器人模型，可以无须编程就能表达激光测距仪（LRF）的传感器到障碍物的距离，RealSense、Kinect 或 Xtion 等三维距离传感器的点云数据（PCD），从相机获取的图像值等。以“ros－［ROS_DISTRO］－desktop－full”命令安装 ROS 时，RViz 会默认被安装。

如果 RViz 没有安装，可调用以下命令自行安装：

```
sudo apt install ros-[ROS_DISTRO]-rviz
```

任务实施

URDF 集成 RViz 基本流程如下：

步骤 1：创建功能包，并导入依赖项。

首先用 vscode 打开 demo01 工作空间，在 src 文件夹中单击鼠标右键创建一个名称为 rviz_test 的功能包，并导入 roscpp、rospy、urdf、xacro 依赖项，如图 3-31 所示。

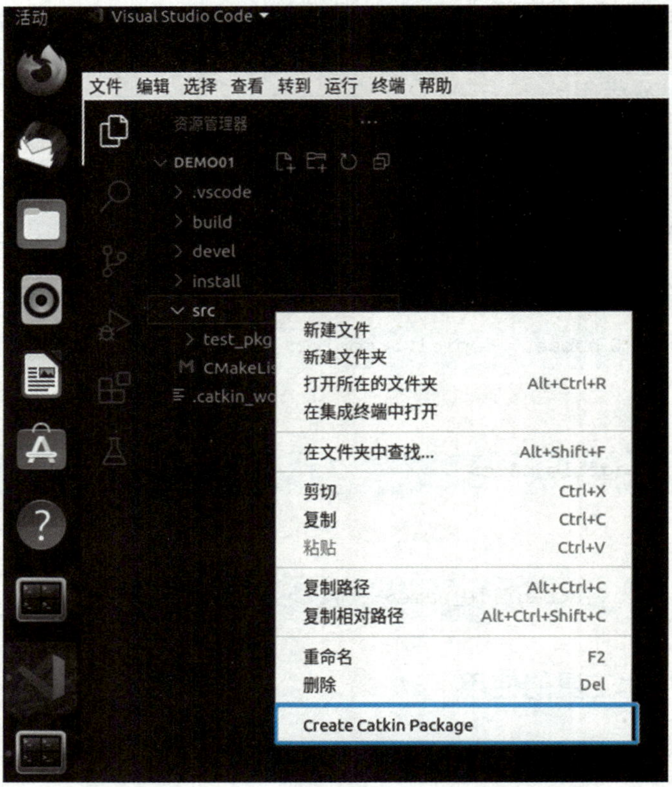

图 3-31 创建功能包

步骤 2：在 rviz_test 功能包下新建三个文件夹（见图 3-32）。

config：配置文件；

launch：存储 launch 启动文件；

urdf：存储 urdf 文件的目录。

步骤 3：编写 urdf 文件。

新建一个子级文件夹 urdf，在该文件夹中添加一个 urdf 文件，在其中编写代码（见图 3-33）。

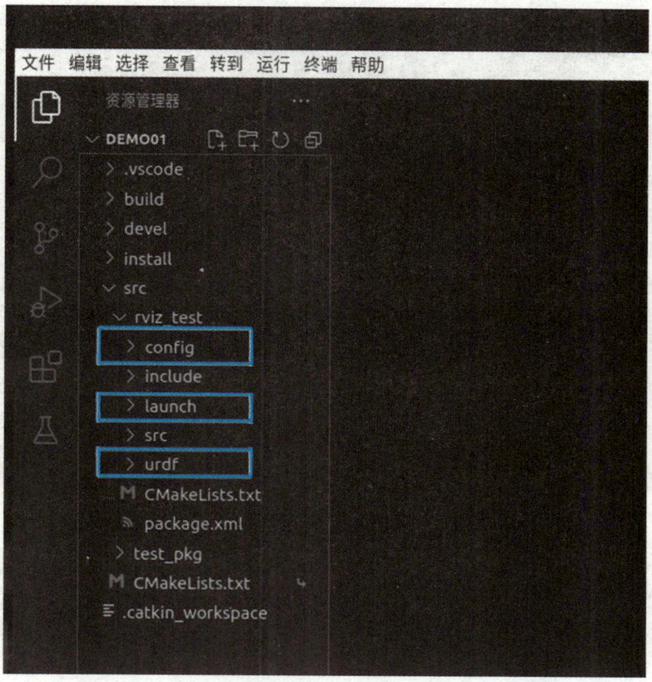

图 3-32 新建三个文件夹

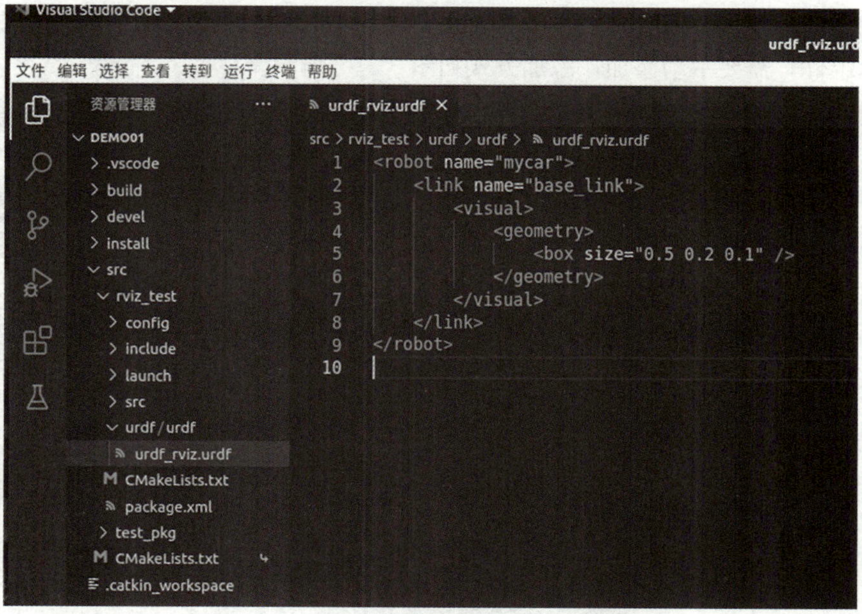

图 3-33 在 urdf 文件中编写代码

步骤 4：在 launch 文件中集成 urdf 与 RViz。

在 launch 目录下新建一个 launch 文件，该 launch 文件需要启动 RViz，并导入 urdf 文件，RViz 启动后可以自动载入解析 urdf 文件，并显示机器人模型，核心问题是如何导入 urdf 文件。在 ROS 中，可以将 urdf 文件的路径设置到参数服务器，使用的参数名是 robot_description，示例代码如图 3-34 所示。

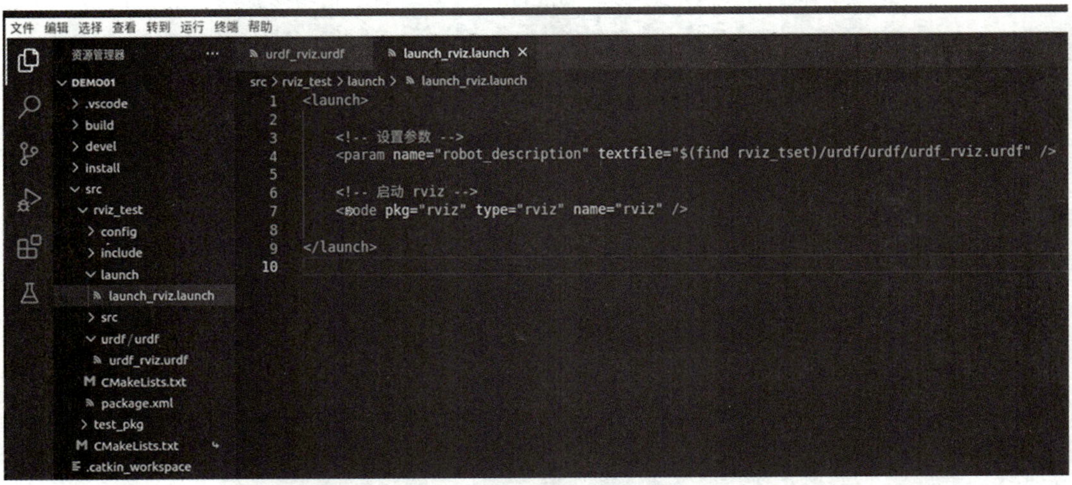

图 3 - 34　在 launch 文件中编写代码

步骤 5：在 RViz 中显示机器人模型。

打开终端输入命令启动 launch 文件：

```
roslaunch rviz_test launch_rviz
```

RViz 启动后，会发现并没有盒装的机器人模型，这是因为默认情况下没有添加机器人显示组件，需要手动添加，添加方式如图 3 - 35 所示。

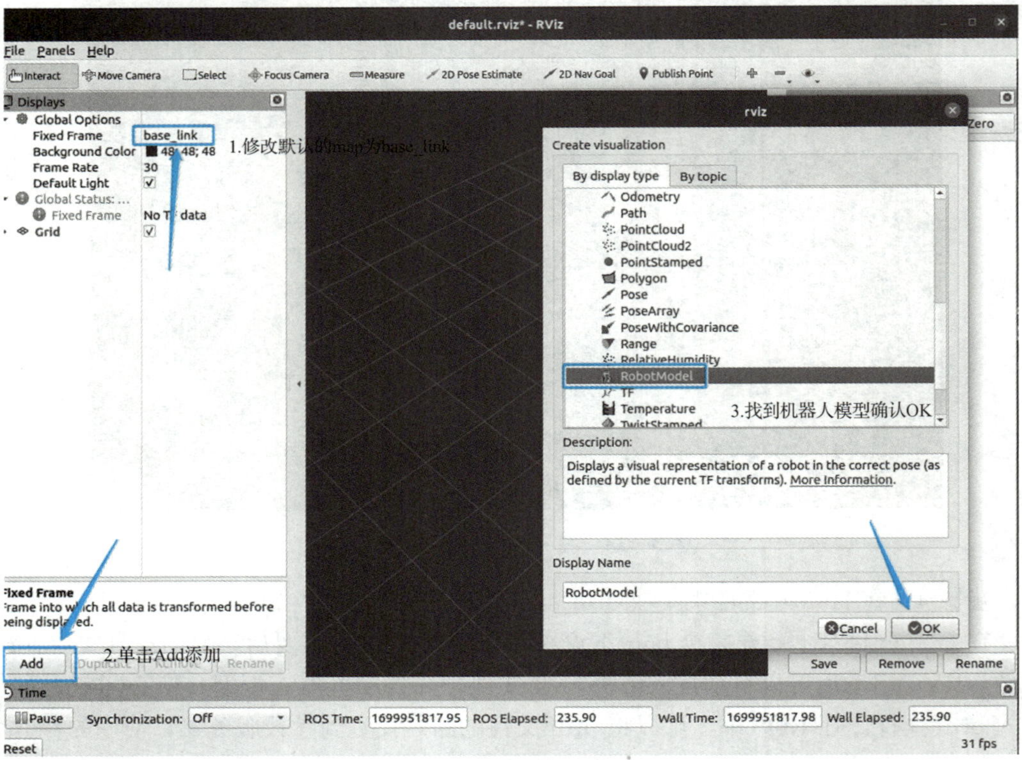

图 3 - 35　在 RViz 中添加机器人模型

微悦读

瞭望："智"胜汽车革命下半场

科技发达国家积极推动网联化布局，车联网竞争逐步加剧，全球智能网联汽车进入技术快速创新、产业加速发展的关键时期。在全球汽车革命的"上半场"——电动化，我们已经占据先机。而面对决定胜负的"下半场"——智能化，我们能否乘胜追击、稳坐鳌头？

测试车辆进行自动驾驶主动安全功能测试

自动驾驶是全球汽车产业乃至科技竞争的制高点，也是人工智能的重要应用场景。锚定这一前沿赛道，国内外自动驾驶企业持续加快布局，着力抢占全球自动驾驶产业高地。

从技术层面看，实现汽车全自动驾驶有单车智能和车路云协同两种方式。单车智能方面，当前全球多个国家已实现 L3 级自动驾驶功能的前装产品应用，并积极推进 L4 级示范应用，自动驾驶出租车、公交车、物流配送等示范项目蓬勃开展。但经过多年技术发展和实践验证，人们发现传统单车智能路线并不能很好地满足城市大规模自动驾驶需求。在单车智能基础上，通过路侧设备弥补单车性能局限，利用云端协同决策提升效率并减少单车间的博弈，能实现多维信息的全面协同，提高安全性和可靠性，有望实现超越人类的自动驾驶乃至无人驾驶。

路线逐渐清晰，科技发达国家积极推动网联化布局，车联网竞争逐步加剧，全球智能网联汽车进入技术快速创新、产业加速发展的关键时期。例如，美国由单车智能路线逐渐转向探索基于新一代通信技术的车路协同应用路线，提出 C-V2X（一种基于蜂窝网络的车联网通信技术）部署草案；欧洲探索智能化基础设施对智能驾驶的支持作用，明确提出基于数字化基础设施支撑的网联式协同自动驾驶（ISAD）。

我国也积极推动车路云一体化，从顶层设计层面高度重视智能网联汽车产业发展，确立了车路云一体化发展战略，车路云一体化技术体系已初步搭建。近年来，国内车路云产业化加速，智能网联汽车示范区先行测试，确定了一批车路云一体化应用试点城市，加速车联网产业化进程。基础设施建设方面，我国在 5G 网络、高速公路、智慧城市等领域的投资强度与执行效率领先全球，为车路云一体化所必需的高速、低延迟通信网络及智能道路设施奠定了基础。工业和信息化部数据显示，截至 2024 年上半年，我国已经发放测试牌照超过 7 700 张，测试里程超过 1.2 亿千米，各地智能化路侧单元（RSU）部署超过 8 700 套，多地开展云控基础平台建设。

资料来源：扈永顺．瞭望："智"胜汽车革命下半场．2024－09－09，新华社．

项目小结

本项目主要围绕 ROS1 系统展开。任务一和任务二重点讲解了 ROS1 系统的安装，包括确定合适版本、按步骤操作及解决安装过程中的问题。任务三则聚焦于 Ubuntu 及 ROS1 常用命令的使用，涵盖 Ubuntu 的文件管理等命令及 ROS1 的节点、话题和服务相关命令。通过本项目的学习，学生可以掌握 ROS1 系统的安装与基本命令操作，为智能汽车开发中运用 ROS 奠定基础。这些知识和技能有助于提高开发效率，解决实际问题，推动智能汽车开发的顺利进行；同时，也为后续更深入的 ROS 应用和开发提供支撑。

思考练习

作业 1：ROS 系统安装与配置验证

理论与实践结合：按照本项目学习的内容，独立完成 ROS 操作系统的安装和配置。确保 ROS 环境变量设置正确，并验证系统安装的有效性。

提交内容：安装与配置过程的详细记录，包括每个步骤的命令执行和结果截图，以及遇到的问题和解决方案。

作业 2：节点创建与话题通信实践

实际操作：在 ROS 工作空间中创建一个新的功能包，编写两个简单的 ROS 节点，实现话题通信功能，一个节点发布消息，另一个节点订阅消息并进行处理。

提交内容：功能包创建和节点编写的过程记录，包含代码文件及注释说明，话题通信的测试结果截图或视频。

作业 3：ROS 工具使用与调试

综合应用：利用 rqt 和 RViz 工具对 ROS 系统进行调试，分别演示如何使用这些工具可视化节点状态和话题数据，调试节点之间的通信问题。

提交内容：调试过程的详细报告，包含工具使用的步骤、调试发现的问题、解决方法，以及调试过程中的截图或视频。

作业 4：ROS 环境下的系统优化

理论与实践结合：对已安装的 ROS 系统进行性能优化，调整系统参数以提高节点的执行效率。特别关注参数设置如何影响系统性能，并进行优化前后的对比分析。

提交内容：优化过程的报告，包括优化前后的性能数据、调整的参数和优化的效果分析。

注意事项

1. 所有操作应在虚拟机或实验环境中进行，确保系统安全和数据完整。

2. 提交的作业需包含详细的步骤描述和结果分析，图片和视频应清晰易读。

3. 认真对待每一个实践环节，确保对 ROS 系统有全面的理解，并能够独立操作和解决问题。

项目四

使用 ROS 控制底盘

学习目标

知识目标

1. 了解底盘驱动节点的控制逻辑，包括如何接收和处理电机转速数据、计算车速和角速度等。

2. 熟悉底盘控制参数的标定与调整方法，掌握如何通过调试和标定优化小车的操控性能。

3. 理解小车里程计的工作原理，包括位姿和速度的获取方式，以及 ROS 的标准里程计数据类型。

4. 掌握使用键盘和命令行工具控制底盘的方法，了解相关指令的作用和执行效果。

能力目标

1. 能够独立开发和测试 ROS 底盘驱动节点，实现对小车底盘的基本控制功能。

2. 具备调整底盘控制参数的能力，根据小车的实际运行情况优化操控性能。

3. 能够完成小车里程计的校准，准确测量小车在指定路径上的实际行驶距离与里程计测量数据的差异，并调整校准参数提高精度。

4. 熟练使用键盘和命令行工具控制小车底盘，完成一系列预设的动作指令，如绕方形路径行驶等，并准确分析小车响应的准确性和控制的稳定性。

素养目标

1. 培养对 ROS 系统控制智能小车底盘的深入理解和应用能力，提高解决实际问题的能力。

2. 培养创新思维和团队合作精神，在实践中能够协作完成底盘控制的相关任务。

3. 具备严谨的态度和规范操作意识，确保在底盘控制过程中的安全性和稳定性。

4. 培养学习能力和自我提升意识，能够及时跟进 ROS 技术在底盘控制方面的发展和更新，不断完善自己的知识和技能。

建议学时

10 学时。

项目情境

小李同学在智能汽车研发团队中，负责小车底盘的控制与调试工作。在实际开发过程中，需要使用 ROS 系统来精确控制小车底盘的运动，使其能够按照预定的指令行驶，并具备良好的操控性能和导航精度。

具体来说，小李需要了解底盘驱动节点的工作原理，能够编写和调试相关代码，以实现对小车底盘电机转速的准确控制，从而计算出小车的速度和角速度。同时，他还需要掌握底盘控制参数的标定和调整方法，通过实际测试和数据分析，优化小车的操控性能，使其在不同场景下都能稳定、安全地行驶。此外，小李还需要深入理解小车里程计的工作原理和数据结构，能够对里程计进行校准，确保其测量数据的准确性。在实际操作中，他需要通过实际行驶测试，对比小车的实际行驶距离和里程计的测量数据，找出误差来源，并通过调整校准参数来提高里程计的精度。

最后，小李还需要掌握使用键盘和命令行工具来控制小车底盘的运动，能够根据不同的任务需求，准确地发送指令，使小车能够按照预定的路径和动作行驶。同时，他还需要通过对小车响应的分析，不断优化控制指令的准确性和稳定性，提高小车的操控性能。

通过这些工作，能够为智能汽车的底盘控制提供可靠的技术支持，确保小车在各种复杂环境下都能安全、高效地行驶。

任务一　底盘驱动节点的设计

案例导入

在智能汽车的研发过程中，底盘驱动节点的设计是实现车辆精确控制的关键环节。某智能汽车项目组在进行车辆测试时，发现小车底盘的运动控制不够精准，无法准确执行预定的指令。

工程师张师傅安排你负责对底盘驱动节点进行优化设计。具体任务包括深入了解底盘驱动节点的控制逻辑，分析当前节点设计中存在的问题；根据车辆的运动需求，重新设计底盘驱动节点的程序架构，确保能够准确接收和处理电机转速数据，计算出准确的车速和角速度；同时，要优化节点的代码实现，提高程序的运行效率和稳定性。

通过学习本任务，应能够掌握底盘驱动节点的设计方法，提升对智能汽车底盘控制的理解和应用能力，为解决实际问题提供有力支持。建议本任务学时为 4 学时。

知识介绍

一、底盘驱动节点的控制逻辑

本任务以四驱滑移底盘作为学习的载体，底盘由 4 个电机分别驱动 4 个车轮，4 个电机的转速数据通过霍尔编码器计数的形式传到底盘控制板上，底盘控制板通过串口数据传输到上位机，通过软件计算和解析串口数据，根据每个电机的转速和方向，计算出小车的速度和角速度，打包成 ROS 的标准里程计格式数据并发布出去；同时可以接收其他节点的控制数据，并打包成串口数据下发给底盘控制板。节点模块的内部逻辑关系如图 4-1 所示。

上位机通过 USB-Type-C 线与底盘控制板进行通信，先调用需要库的头文件，这些库提前安装在系统上，对串口进行初始化，定义串口的端口和波特率，并与底盘进行连接，判断是否连接成功。如果连接不成功，继续初始化；如果连接成功，判断串口缓存是否有数据，如果有数据，就按照需要的字节数提取数据，然后解析数据，计算车速和角速度，打包成 ROS 里程计节点并发布。程序接收底盘数据的流程如图 4-2 所示。

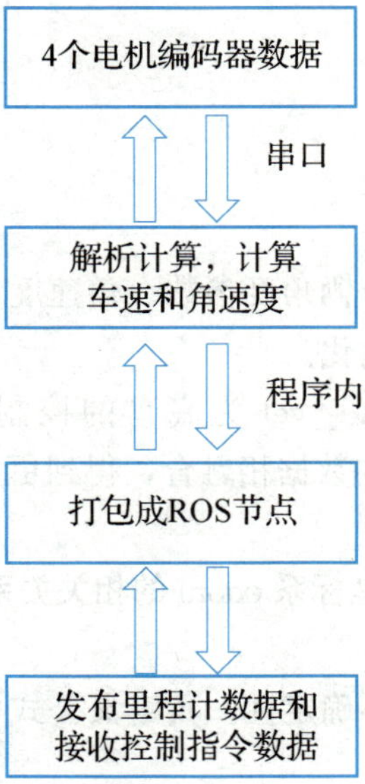

图 4-1　节点模块的内部逻辑关系

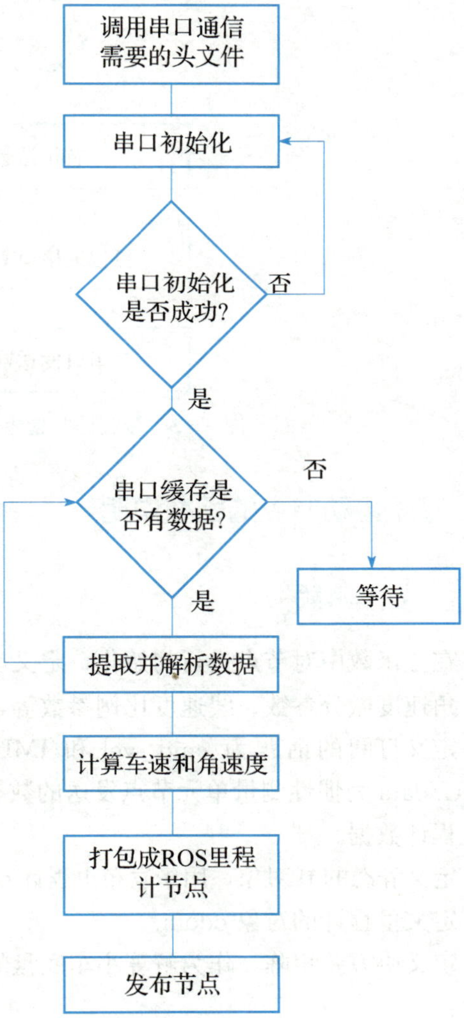

图 4-2　程序接收底盘数据的流程

程序还可以接收其他节点的控制指令，把控制指令分解，并转换成字节的形式，打包成串口数据帧，通过串口发送给底盘控制器，从而控制独立四驱小车按照规定的指令动作。

接收控制指令并通过串口下发的程序流程如图 4-3 所示。

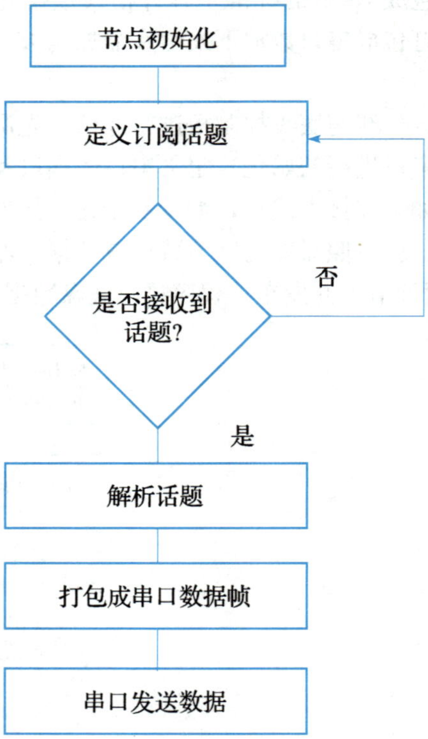

图 4-3 接收控制指令并通过串口下发的程序流程

二、底盘驱动节点的函数说明

(一) 主函数

在主函数中对节点进行初始化，定义串口端口参数、车辆角度参数、角速度比例参数、角速度微分参数、线速度比例参数等，对串口进行初始化。

定义订阅的话题为/cmd_vel 和/IMU/data，其中/cmd_vel 为底盘的控制指令，/IMU/data 为惯性测量单元节点发送的数据，用于与底盘的数据相融合，得到更加准确的里程计数据。

定义静态的 tf 对象，用于发布里程计 odom 相对于底盘坐标系 odom 的相关关系数据。

定义里程计的对象 odom。

定义协方差矩阵，作为解算小车底盘的速度和姿态的不确定性。其定义公式如下式所示：

$$C=(c_{ij})_{n\times n}=\begin{pmatrix} c_{11} & c_{12} & \cdots & c_{1n} \\ c_{21} & c_{22} & \cdots & c_{2n} \\ \vdots & \vdots & & \vdots \\ c_{n1} & c_{n2} & \cdots & c_{nn} \end{pmatrix}$$

其中

$$c_{ij}=\mathrm{Cov}(X_i,X_j),i,j=1,2,\cdots,n$$

根据车辆数据设置底盘的位置和姿态的协方差矩阵为

$$C=\begin{pmatrix} 0.01 & 0 & 0 & 0 & 0 & 0 \\ 0 & 0.01 & 0 & 0 & 0 & 0 \\ 0 & 0 & 9\,999 & 0 & 0 & 0 \\ 0 & 0 & 0 & 9\,999 & 0 & 0 \\ 0 & 0 & 0 & 0 & 9\,999 & 0 \\ 0 & 0 & 0 & 0 & 0 & 0.01 \end{pmatrix}$$

在主函数中获取串口数据发来的按照行接收 20 字节的数据，并保存在缓存中。比较实际发送的数据与接收的数据，如果与底盘发送的数据字节数一致，说明接收的数据是正确的，并把数据显示在终端。

定义车身的速度值，车身的速度值等于 4 个车轮速度的平均值，并转换成每秒转数，其公式如下：

$$v=(v_1+v_2+v_3+v_4)/4$$

定义小车底盘里程计的计算公式，其公式如下：

$$\begin{cases} \mathrm{d}x/\mathrm{d}t=v_x\cos\theta-v_y\sin\theta \\ \mathrm{d}y/\mathrm{d}t=v_x\sin\theta+v_y\cos\theta \end{cases}$$

主函数的主要代码（C++）如下所示：

```
    int main(int argc, char **argv)
    {
        ros::init(argc, argv, "base_controller");   //初始化串口节点
        ros::NodeHandle n;                           //定义节点进程句柄
        ros::NodeHandle private_node("~");
        private_node.param<std::string>("port_name", port_name_, std::string("/dev/
ttyUSB0"));
        private_node.param<int>("baud_rate", baud_rate_, 115200);
        private_node.param<int>("angular_temp_k", angular_temp_k_, 1);
        private_node.param<double>("angular_z_vel_k", angular_z_vel_k_, 1.0);
        private_node.param<double>("d_angular_velocity", d_angular_velocity_, 0.0);
        private_node.param<double>("linear_x_k", linear_x_k_, 1.0);
        //string port("/dev/Stm32");                 //小车串口号
        //unsigned long baud=115200;                 //小车串口波特率
        serial::Serial my_serial(port_name_, baud_rate_, serial::Timeout::sim-
pleTimeout(1000));
        ros::Subscriber sub=n.subscribe("/cmd_vel", 20, callback);
        //订阅/cmd_vel 主题
        ros::Subscriber IMUsub=n.subscribe("/IMU/data", 20, IMUcallback);
        ros::Publisher odom_pub=n.advertise< nav_msgs::Odometry>("odom", 20);
        //定义要发布的/odom 主题
```

```
    static tf::TransformBroadcaster odom_broadcaster;        //定义 tf 对象
    geometry_msgs::TransformStamped odom_trans;
    //创建一个 tf 发布需要使用的 TransformStamped 类型消息
    nav_msgs::Odometry odom;                                  //定义里程计对象
    //定义 covariance 矩阵,作用为解决位姿和速度的不同测量的不确定性
    float covariance[36] =  {0.01, 0,    0,     0,     0,     0,
                             0,  0.01, 0,     0,     0,     0,
                             0,  0,    99999, 0,     0,     0,
                             0,  0,    0,     99999, 0,     0,
                             0,  0,    0,     0,     99999, 0,
                             0,  0,    0,     0,     0,     0.01};
    //载入 covariance 矩阵
    for(int i = 0; i < 36; i++)
    {
        odom.pose.covariance[i] = covariance[i];
    }

    ros::Rate loop_rate(100);                                 //设置周期休眠时间
    while(ros::ok())
    {
        rec_buffer =my_serial.readline(20,"\n");
        //获取串口发送来的数据
        const char * receive_data=rec_buffer.data();
        //保存串口发送来的数据
        if(rec_buffer.length()==16)
        //串口接收的数据长度正确就处理并发布里程计数据消息
        {
            FL_speed_current.data[0]=receive_data[3];
            FL_speed_current.data[1]=receive_data[4];
        FR_speed_current.data[0]=receive_data[5];
        FR_speed_current.data[1]=receive_data[6];

            RL_speed_current.data[0]=receive_data[7];
            RL_speed_current.data[1]=receive_data[8];
            RR_speed_current.data[0]=receive_data[9];
            RR_speed_current.data[1]=receive_data[10];

           ROS_INFO("FL_speed_current %d",FL_speed_current.d);
           ROS_INFO("FR_speed_current %d",FR_speed_current.d);
           ROS_INFO("RL_speed_current %d",RL_speed_current.d);
           ROS_INFO("RR_speed_current %d",RR_speed_current.d);
    //计算车速与转角
           float average_rps_x;
           float average_rps_y;
           float average_rps_a;
    //convert average revolutions per minute to revolutions per second
           average_rps_x = ((float)(FL_speed_current.d + FR_speed_current.d +
RL_speed_current.d + RR_speed_current.d) / 4.0) / 60; // RPS
```

```
            linear_x =average_rps_x *  pi* d* linear_x_k_; // m/s
            linear_y =0;
        //convert average revolutions per minute to revolutions per second
          average_rps_a = ((float)(-FL_speed_current.d + FR_speed_current.d - RL_
speed_current.d + RR_speed_current.d) / 2.0) / 60;
          angular_z_vel = 0.71000*(average_rps_a *pi*d) / D;
            for(int i=0;i<2;i++)      //提取 x、y 坐标,方向,线速度,角速度
            {
                FL_speed_current.data[0]=receive_data[3];
                position_x.data[i]=receive_data[i];
                position_y.data[i]=receive_data[i+4];
                 orientian.data[i]=receive_data[i+8];
                vel_linear.data[i]=receive_data[i+12];
                 vel_angular.data[i]=receive_data[i+16];
            }
            //计算里程计
           ros::Time current_time = ros::Time::now();
           vel_dt_ = (current_time - last_vel_time_).toSec();
           last_vel_time_ = current_time;
           double delta_heading = angular_z_vel* vel_dt_; //radians
           double delta_x = (linear_x*cos(heading_) -linear_y *sin(heading_))*
vel_dt_; //m
           double delta_y = (linear_x*sin(heading_) + linear_y*cos(heading_))
* vel_dt_; //m
            //calculate current position of the robot
           x_pos_ += delta_x;
           y_pos_ += delta_y;
           heading_ += delta_heading;
             odom_quat = tf::createQuaternionmsgFromYaw(heading_);
             odom_trans.header.stamp = current_time;
             //发布坐标变换的父子坐标系
             odom_trans.header.frame_id ="odom";
             odom_trans.child_frame_id ="base_link";
             //tf 位置数据:x,y,z,方向
             odom_trans.transform.translation.x = x_pos_;
             odom_trans.transform.translation.y = y_pos_;
             odom_trans.transform.translation.z = 0.0;
             odom_trans.transform.rotation = odom_quat;
             //发布 tf 坐标变化
             odom_broadcaster.sendTransform(odom_trans);
             //载入里程计时间戳
             odom.header.stamp = ros::Time::now();
             //里程计的父子坐标系
             odom.header.frame_id ="odom";
             odom.child_frame_id ="base_link";
             //里程计位置数据:x,y,z,方向
             odom.pose.pose.position.x = x_pos_;
             odom.pose.pose.position.y = y_pos_;
```

```
            odom.pose.pose.position.z = 0.0;
            odom.pose.pose.orientation = odom_quat;
            //载入线速度和角速度
            odom.twist.twist.linear.x = linear_x;
            odom.twist.twist.linear.y = linear_y;
            odom.twist.twist.angular.z = angular_z_vel;
            //发布里程计
            odom_pub.publish(odom);
            //程序周期性调用
        ros::spinOnce();  //callback 函数必须处理所有问题时,才可以用到
       loop_rate.sleep();
        }
    }
    return 0;
}
```

（二）订阅/cmd_vel 回调函数

void callback（const geometry_msgs::Twist& cmd_input）函数，订阅/cmd_vel 回调函数，主要是对接收到的控制指令进行处理，把速度控制和角速度控制指令分别提取出来，并乘以相关系数，系数的作用主要是方便指令数据的修正。然后把小车的速度分为左、右轮的速度，并分成字节的形式，分别填入一个符合串口数据传输的数组中。通过启动串口发送功能，把控制指令发送给底盘控制板，从而控制底盘动作。

该函数的代码（C++）如下所示：

```
void callback(const geometry_msgs::Twist& cmd_input)
{
//配置串口
    serial::Serial my_serial(port_name_,baud_rate_,serial::Timeout::simple-
Timeout(1000));
  //获取/cmd_vel 的角速度,rad/s
    angular_temp = cmd_input.angular.z*angular_temp_k_;
  //获取/cmd_vel 的线速度.m/s
    linear_temp = cmd_input.linear.x;
    //将转换好的小车速度分为左、右轮速度
    left_speed_data = linear_temp - 0.5f*angular_temp*D;
    right_speed_data = linear_temp + 0.5f*angular_temp*D;
    //存入数据到要发布的左、右轮速度消息
    left_speed_data_rpm.d=left_speed_data/(d*pi)*60;     //转换成 rpm
    right_speed_data_rpm.d=right_speed_data/(d*pi)*60;   //转换成 rpm
    speed_data[9]=left_speed_data_rpm.data[1];
    speed_data[10]=left_speed_data_rpm.data[0];
    speed_data[5]=speed_data[9];
        speed_data[6]=speed_data[10];
        speed_data[3]=right_speed_data_rpm.data[1];
        speed_data[4]=right_speed_data_rpm.data[0];
        speed_data[7]=speed_data[3];
```

```
            speed_data[8]=speed_data[4];
             ROS_INFO_STREAm("Writing tospeed_data");
           //写入帧头
            speed_data[0]=0xfe;
            speed_data[1]=0xef;
            speed_data[2]=0x08;
            uint8_t  SumCheck=0;                              //校验和
    int8_t  j=  10;
    for(;j>=0;j--)
        {
    SumCheck  +=  speed_data[j];                            //计算校验和
    }
    speed_data[11]=  SumCheck;                              //校验和
            //在写入串口的左、右轮速度数据后加入"/r/n"
            //写入数据到串口
             ROS_INFO_STREAm(speed_data);
          my_serial.write(speed_data,12);
    }
```

（三）void IMUcallback() 函数

该函数主要实现对 IMU 数据的订阅，将 IMU 的数据与车辆里程计的数据进行融合，得到更加准确的里程计数据。从函数中可以看出，主要利用了 IMU 的 z 轴的角速度数据。

该函数的代码（C++）如下所示：

```
    void  IMUcallback(const  sensor_msgs::IMU&  IMUmsg)
    {
angular_z_vel=angular_z_vel_k_*(IMUmsg.angular_velocity.z+d_angular_velocity_);

    }
```

（四）int Conversion_Quaternion_to_Euler() 函数

该函数的主要作用是把四元数的数据转换成欧拉角的数据，首先定义了双精度的 4 个双精度变量 q_0，q_1，q_2，q_3 用于存储四元数的 4 个数值。通过下面公式可以进行计算：

$$\begin{bmatrix}\alpha\\ \beta\\ \gamma\end{bmatrix}=\begin{bmatrix}\arctan2[2(q_0q_1+q_2q_3),1-2(q_1^2+q_2^2)]\\ \arcsin[2(q_0q_2-q_1q_3)]\\ \arctan2[2(q_0q_3+q_1q_2),1-2(q_2^2+q_3^2)]\end{bmatrix}$$

该函数的代码（C++）如下所示：

```
    int  Conversion_Quaternion_to_Euler(Quat_t  *quat,  Euler_t  *euler)
    {
       double  q0,  q1,  q2,  q3;
```

```
    q0 = quat->w;
    q1 = quat->x;
    q2 = quat->y;
    q3 = quat->z;
    euler->Pitch = (float)(asin(-2 * q1 * q3 + 2 * q0* q2)* 57.3);
//pitch
  euler->Roll = (float)(atan2(2 * q2 * q3 + 2 * q0 * q1, -2 * q1 *
q1 - 2 * q2* q2 + 1)* 57.3);
    euler->Yaw = (float)(atan2(2 * (q1*q2 + q0*q3), +1.0-2.0*(q2*q2 +
q3*q3)));
    return 0;
  }
```

（五）union floatData() 函数

该定义的结构体函数，主要用来实现 char 数组与 float 之间的数据类型转换，程序中主要利用该函数把浮点类型的数据，如小车的位置、速度和角速度数据，转换成字节类型的数据，方便以串口的形式传输。

```
union floatData
{
        float d;
        unsigned char data[4];
}position_x,position_y,orientation,vel_linear,vel_angular;
```

（六）union shortintData() 函数

该定义的结构体函数，主要用来实现 char 数组和 float 之间的数据类型转换，主要用于把接收到的字节类型的数据转化为浮点类型的数据，方便数据的复现，从而得到真实的数据。

```
union shortintData
{
        short int d;
        unsigned char data[2];
}right_speed_data_rpm,left_speed_data_rpm,FL_speed_current,FR_speed_cur-
rent,RL_speed_current,RR_speed_current;
```

任务实施

微课视频

底盘控制

一、使用 ROS 系统命令控制底盘动作

步骤 1：首先打开一个新终端，输入小车底盘节点指令：

```
roslaunch base_controller base_controller.launch
```

步骤 2：接着再打开一个新终端，输入键盘控制小车运动的节点命令（见图 4-4）：

```
rosrun teleop_twist_keyboard teleop_twist_keyboard.py
```

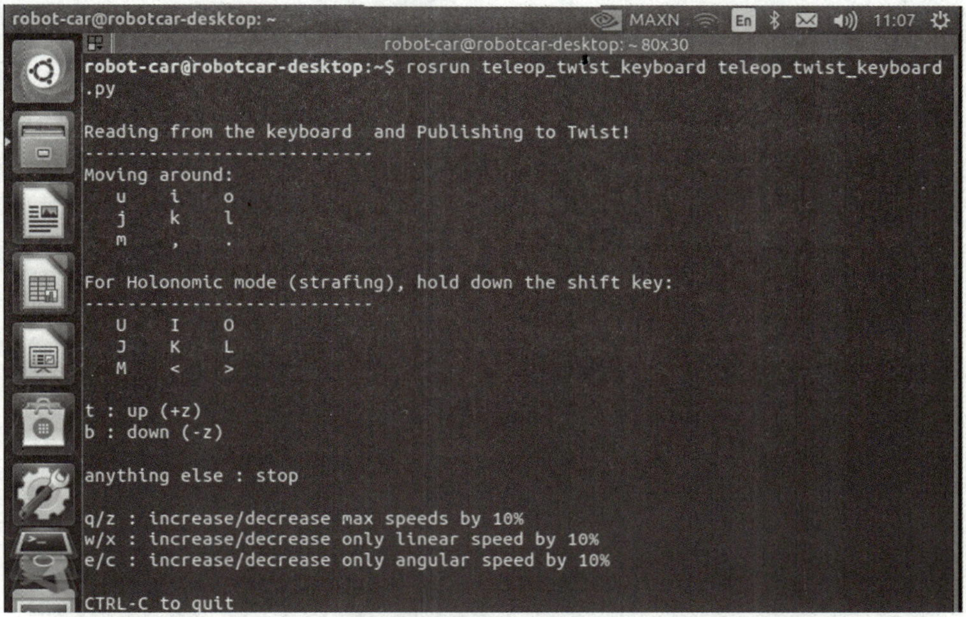

图 4-4　键盘控制小车运动的节点命令

可以在终端中看到相应的按键功能提示，如表 4-1 所示。

表 4-1　键盘按键功能

键盘按键	功能
i	前进
,	后退
j	左转
l	右转
Ctrl+C	关闭节点

二、使用命令行控制底盘动作

步骤 1：在桌面单击鼠标右键打开终端或者用键盘组合键“Ctrl+Alt+T”打开终端。输入指令：

```
roslaunch  base_controller  base_controller.launch
```

打开智能小车的底盘驱动节点。

步骤 2：启动完成后按“Ctrl+Shift+T”组合键打开一个新的终端输入指令：

```
rostopic pub /cmd_vel geometry_msgs/Twist "linear:
  x: 0.5
```

```
    y: 0.0
    z: 0.0
  angular:
    x: 0.0
    y: 0.0
    z: 0.0"
```

通过终端直接发布话题控制小车底盘，其中 linear x 的值为小车的前进/后退值（前正后负）、angular z 的值为小车的左转/右转值（左正右负），如图 4-5 所示。使用键盘控制车辆运动之前，注意先将智能小车架起来确保实训过程安全。

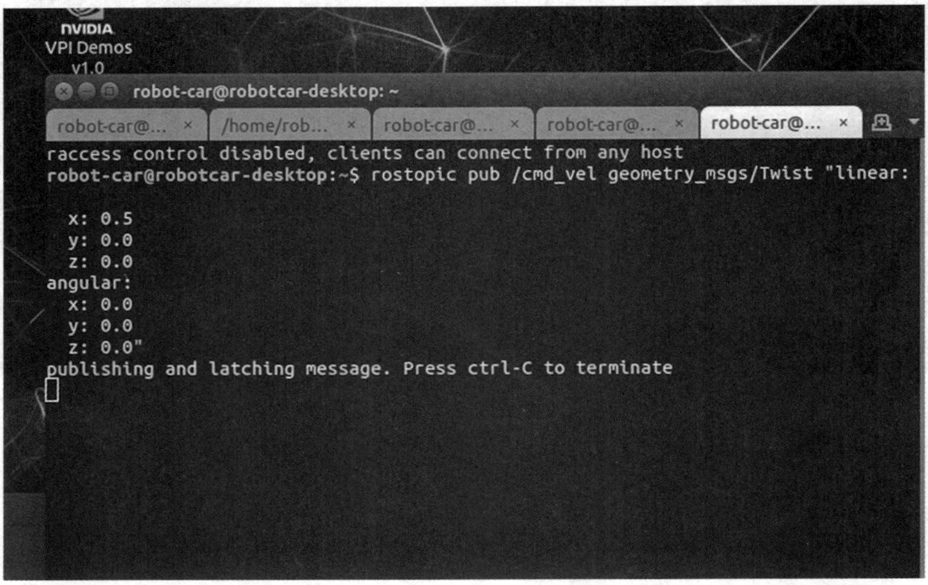

图 4-5　通过终端直接发布话题控制小车底盘

微悦读

中国汽车自主品牌的崛起

近年来，中国汽车自主品牌得到了显著的发展。例如，吉利汽车通过收购沃尔沃等一系列举措，提升了自身的技术实力和品牌影响力，推出了博瑞、帝豪等多款受到市场欢迎的车型；长城汽车专注于 SUV 领域，打造出哈弗系列等畅销车型；比亚迪在新能源汽车领域发力，凭借先进的电池技术和丰富的产品线，成为全球新能源汽车的领军企业之一，其生产的电动汽车销量在国内外市场都位居前列。这些自主品牌的崛起，改变了中国汽车市场的格局，也在国际市场上展现了中国汽车的实力。

如今中国汽车自主品牌已经不断走出国门，热销世界各国。2023 年中国汽车出口市场迎来热潮，奇瑞、长城已经成为出口的宠儿。国产车在国际市场崛起，技术创新与产品升级是关键，提升国际影响力，为全球消费者提供优质出行选择。国产车已然成为国人的骄傲。

任务二 底盘控制参数的标定与调整

案例导入

在智能汽车的实际应用中，精准的底盘控制参数对于车辆的性能和安全性至关重要。某智能汽车在测试过程中，发现底盘的操控性能不理想，如转向灵敏度不足、加速度和减速度不匹配等。

工程师王师傅要求你对底盘控制参数进行标定和调整，以优化小车的操控性能。具体任务包括通过调试和标定，找出底盘转向灵敏度、加速度和减速度等参数的不足之处；根据实际使用场景和车辆性能要求，对这些参数进行精细调整，以提高小车的稳定性和操控性；同时，需要使用相关工具和方法，对调整后的参数进行验证和测试，确保小车在各种工况下都能表现出良好的性能。

通过本任务的学习，应能够掌握底盘控制参数的标定和调整技巧，提升智能汽车的操控性能和驾驶体验。建议本任务学时为 2 学时。

知识介绍

在智能汽车领域，底盘控制参数的标定与调整非常重要。本任务基于 Ubuntu 18.04 系统及 ROS Melodic 版本展开，首先要创建包含特定目录结构的工作空间，如通过一系列命令创建并初始化工作空间、进行编译，还要编辑相关文件使系统能识别工作空间；接着创建底盘控制功能包，其包含的文件对构建和管理功能包意义重大；然后处理底盘驱动节点代码，包括复制、修改相关文件以确保正确编译。运行底盘驱动节点后，利用消息发布控制台调试底盘，通过修改控制界面参数值控制小车运动来测试调整参数。此外，由于底盘与工控机串口通信存在端口命名不稳定问题，需进行端口绑定，通过查看接口信息、编辑规则文件、重新加载端口等操作，实现稳定命名，为底盘控制参数标定调整提供稳定的硬件连接基础，最终实现底盘性能优化与可靠运行。

任务实施

一、创建无人驾驶小车工作空间

本任务智能小车是在 Ubuntu 18.04 系统下安装的，对应 ROS 的版本为 Melodic。首先打开工控机，进入系统。

步骤 1：在 home 目录下创建工作空间，如图 4-6 所示。

步骤 2：编译工作空间，如图 4-7 所示。

```
mkdir -p ~/catkin_ws/src
cd ~/catkin_ws/src
catkin_init_workspace
```

图 4 - 6　创建工作空间

```
cd ~/catkin_ws/
catkin_make
```

图 4 - 7　编译工作空间

编译后，会生成 build 和 devel 文件夹，如图 4 - 8 所示。

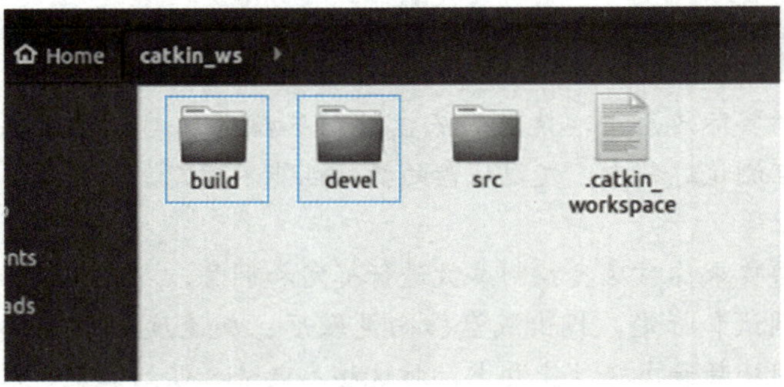

图 4 - 8　生成 build 和 devel 文件夹

步骤 3：编译完成后，使用 sudo gedit ～/. bashrc 编辑 . bashrc 文件，把 source ～/catkin_ws/devel/setup. bash 添加到文件最后一行，如图 4 - 9 所示。

```
# enable programmable completion features (you don't need to enable
# this, if it's already enabled in /etc/bash.bashrc and /etc/profile
# sources /etc/bash.bashrc).
if ! shopt -oq posix; then
  if [ -f /usr/share/bash-completion/bash_completion ]; then
    . /usr/share/bash-completion/bash_completion
  elif [ -f /etc/bash_completion ]; then
    . /etc/bash_completion
  fi
fi
# >>> fishros initialize >>>
 source /opt/ros/melodic/setup.bash
# <<< fishros initialize <<<
 source ~/catkin_ws/devel/setup.bash
```

图 4 - 9　编辑 . bashrc 文件

步骤 4：进入 src 目录下，创建底盘控制功能包，包名为 base_controller，使用以下命令创建底盘节点功能包，结果如图 4 - 10 所示。

```
catkin_create_pkg base_controller std_msgs rospy roscpp
```

```
sundx55@ubuntu:~/catkin_ws/src$ catkin_create_pkg base_controller std_msgs rospy
roscpp
Created file base_controller/package.xml
Created file base_controller/CMakeLists.txt
Created folder base_controller/include/base_controller
Created folder base_controller/src
Successfully created files in /home/sundx55/catkin_ws/src/base_controller. Please
 adjust the values in package.xml.
```

图 4 - 10　创建底盘控制功能包

创建后，生成 base_controller 文件夹，如图 4 - 11 所示。

步骤 5：进入 base_controller 文件夹，可以看到如图 4 - 12 所示的文件。

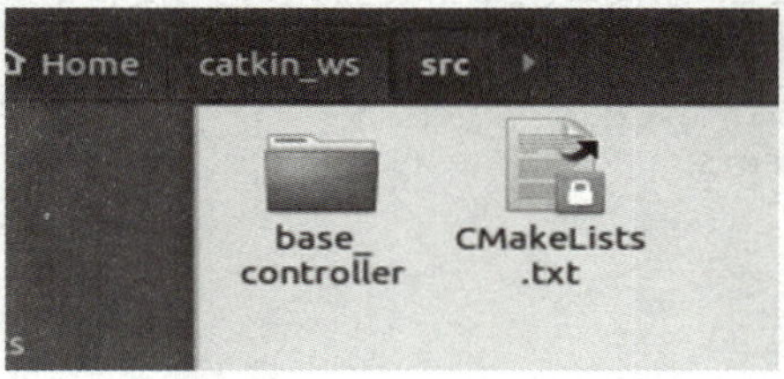

图 4 - 11　生成 base_controller 文件夹

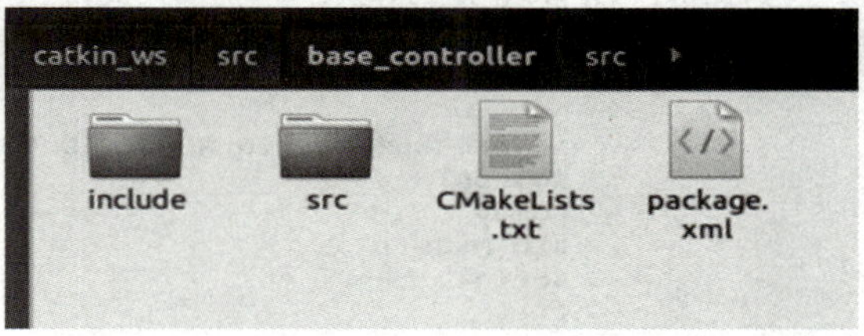

图 4 - 12　进入 base_controller 文件夹

二、使用消息发布控制台调试底盘

步骤 1：把上一小节中设计的代码保存为 cpp 文件，复制到 src 文件夹中，如图 4 - 13 所示。

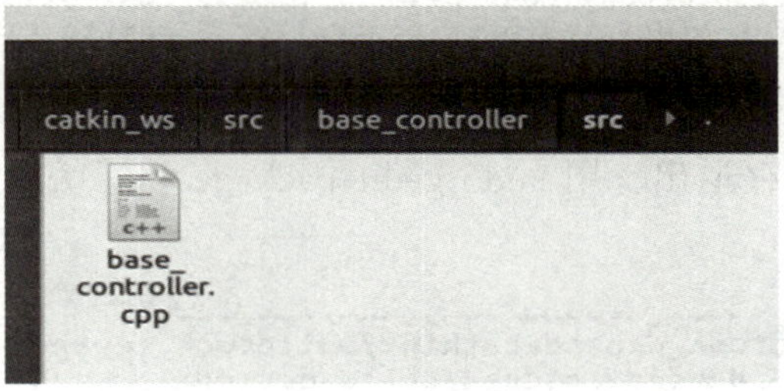

图 4 - 13　代码保存

步骤 2：重新编译工作空间，这时会发现不能正确编译，生成可执行文件，如图 4 - 14 所示。

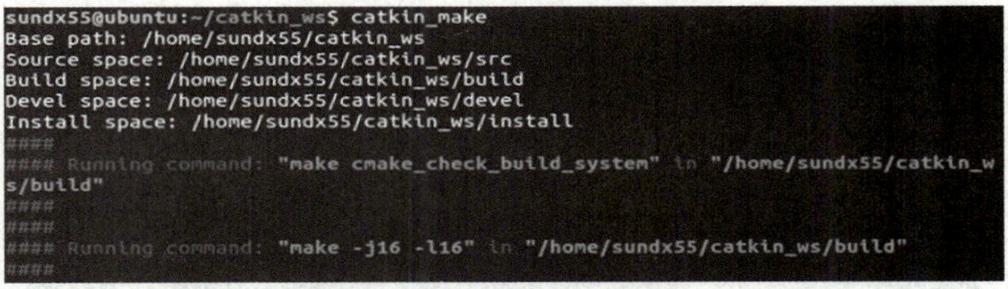

图 4 - 14　重新编译工作空间

这是因为在设计底盘驱动节点的时候，有一些依赖没有包含到编译规则里面，修改如图 4 - 15 所示的文件。

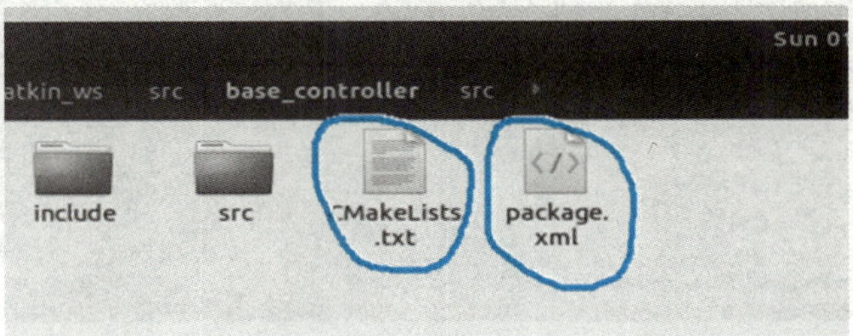

图 4 - 15　文件修改

步骤 3：以管理员的权限对这两个文件进行修改，先修改 CMakeLists. txt 文件，如图 4 - 16 所示。

```
find_package(catkin REQUIRED COMPONENTS
  roscpp
  rospy
  std_msgs
  serial
  tf
)
catkin_package(
   CATKIN_DEPENDS roscpp rospy std_msgs
)
###########
## Build ##
###########
include_directories(
# include
  ${catkin_INCLUDE_DIRS}
  ${serial_INCLUDE_DIRS}
)
add_executable(base_controller src/base_controller.cpp)
target_link_libraries(base_controller ${catkin_LIBRARIES})
```

图 4 - 16　修改 CMakeLists. txt 文件

步骤 4：修改后保存退出。用 sudo gedit package. xml 编辑文件进行相应的修改，如图 4 - 17 所示。

```
<buildtool_depend>catkin</buildtool_depend>
<build_depend>roscpp</build_depend>
<build_depend>rospy</build_depend>
<build_depend>std_msgs</build_depend>
<build_export_depend>roscpp</build_export_depend>
<build_export_depend>rospy</build_export_depend>
<exec_depend>roscpp</exec_depend>
<exec_depend>rospy</exec_depend>
<exec_depend>std_msgs</exec_depend>
```

图 4 - 17　用 sudo gedit package. xml 编辑文件进行相应的修改

步骤 5：修改后保存退出。修改完成后，重新编译工作空间。

步骤 6：运行底盘驱动节点，先在终端输入 roscore 命令，启动主节点管理器，如图 4 - 18 所示。

```
robot-car@robotcar-desktop:~$ roscore
... logging to /home/robot-car/.ros/log/8fa36c20-d3e0-11ee-b84b-64d69af03363/roslaunch-robotcar-desktop-14819.log
Checking log directory for disk usage. This may take a while.
Press Ctrl-C to interrupt
Done checking log file disk usage. Usage is <1GB.

started roslaunch server http://robotcar-desktop:46781/
ros_comm version 1.14.13


SUMMARY
========

PARAMETERS
 * /rosdistro: melodic
 * /rosversion: 1.14.13

NODES

auto-starting new master
process[master]: started with pid [14833]
ROS_MASTER_URI=http://robotcar-desktop:11311/
```

图 4 - 18　启动主节点管理器

步骤 7：使用命令 rosrun base_controller base_controller 启动底盘驱动节点，如图 4－19 所示。注意：必须用 USB 转 Type-C 线先连接工控机和底盘，否则会出现错误。

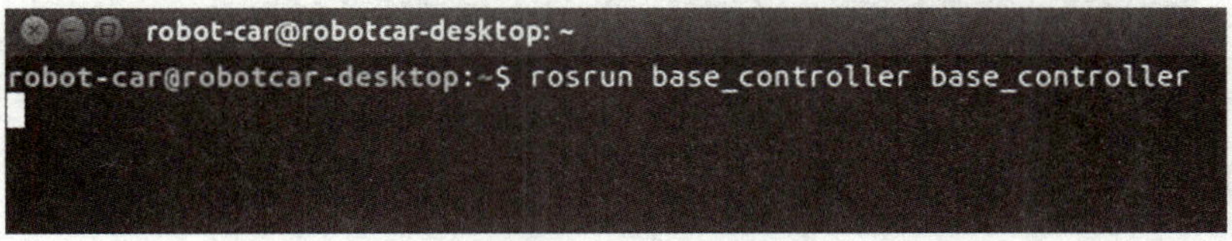

图 4－19　启动底盘驱动节点

步骤 8：在新终端中采用 rostopic list 命令查看节点发出或者订阅的话题，如图 4－20 所示。

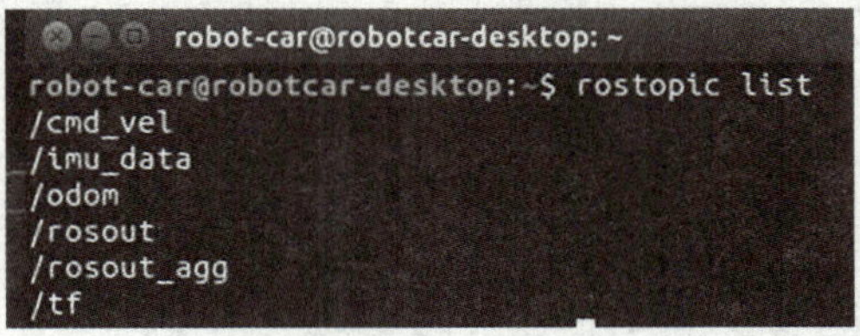

图 4－20　查看节点发出或者订阅的话题

步骤 9：在新终端输入 rosun rqt_publisher rqt_publisher 命令，打开消息发布控制界面，如图 4－21 所示。

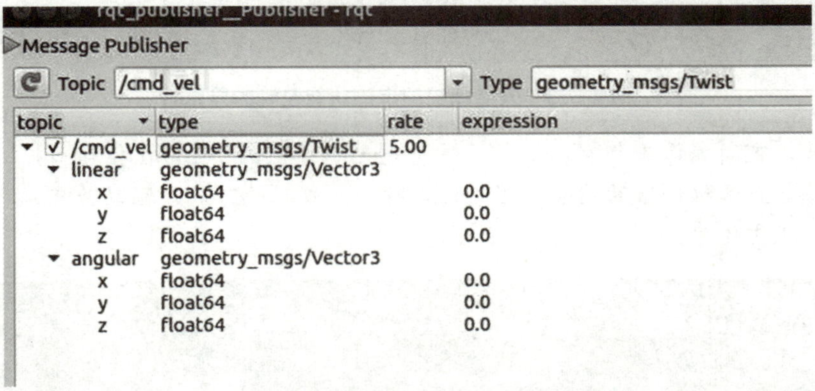

图 4－21　打开消息发布控制界面

步骤 10：通过修改 linear 的 x 值控制小车的速度，观察控制的速度方向是否与实际的速度方向一致，如果不一致则需要修改底盘控制参数。

步骤 11：通过修改 angular 的 z 值控制车辆的转向方向，观察车辆的控制方向是否与实际的方向一致（左转为正，右转为负），如不一致则需要调整车辆的控制参数。

技能拓展

在步骤 3～步骤 5 中修改 CMakeLists. txt 文件编译后，如果出现如图 4－22 所示的 CMake Error 错误，错误表示缺少串口功能包，则应先安装相应的串口功能包。

```
CMake Error at /opt/ros/melodic/share/catkin/cmake/catkinConfig.cmake:83 (find_package):
  Could not find a package configuration file provided by "serial" with any
  of the following names:

    serialConfig.cmake
    serial-config.cmake
```

图 4-22　出现 CMake Error 错误

此时新开一个终端，在终端中采用如下命令安装：

```
sudo apt-get install ros-melodic-serial
```

安装时的界面如图 4-23 所示。

```
sundx55@ubuntu:~/catkin_ws$ sudo apt-get install ros-melodic-serial
Reading package lists... Done
Building dependency tree
Reading state information... Done
The following NEW packages will be installed:
  ros-melodic-serial
0 upgraded, 1 newly installed, 0 to remove and 47 not upgraded.
Need to get 38.5 kB of archives.
After this operation, 144 kB of additional disk space will be used.
Get:1 http://mirrors.tuna.tsinghua.edu.cn/ros/ubuntu bionic/main amd64 ros-melodic-serial
 amd64 1.2.1-0bionic.20200801.023456 [38.5 kB]
Fetched 38.5 kB in 0s (101 kB/s)
Selecting previously unselected package ros-melodic-serial.
(Reading database ... 246661 files and directories currently installed.)
Preparing to unpack .../ros-melodic-serial_1.2.1-0bionic.20200801.023456_amd64.deb ...
Unpacking ros-melodic-serial (1.2.1-0bionic.20200801.023456) ...
Setting up ros-melodic-serial (1.2.1-0bionic.20200801.023456) ...
```

图 4-23　安装相应的串口功能包时的界面

安装后，重新编译工作空间之前，注意先把工作空间下 build 和 devel 文件夹删除，然后再编译。正常编译后的结果如图 4-24 所示，表明此时底盘驱动节点编译完成，节点已经可以正常使用。

```
-- +++ processing catkin package: 'base_controller'
-- ==> add_subdirectory(base_controller)
-- Using these message generators: gencpp;geneus;genlisp;gennodejs;genpy
-- Configuring done
-- Generating done
-- Build files have been written to: /home/sundx55/catkin_ws/build
####
#### Running command: "make -j16 -l16" in "/home/sundx55/catkin_ws/build"
####
Scanning dependencies of target base_controller
[ 50%] Building CXX object base_controller/CMakeFiles/base_controller.dir/src/base_controller.cpp.o
[100%] Linking CXX executable /home/sundx55/catkin_ws/devel/lib/base_controller/base_controller
[100%] Built target base_controller
```

图 4-24　正常编译后的结果

微课视频

串口绑定

三、 ROS 串口绑定

由于底盘和一些传感器（如 IMU、激光雷达等），很多通过 USB 串口的形式与工控机相连接，进行数据的通信。然而，在默认状态下，端口是根据插入 USB 的顺序，用 ttyUSB0、ttyUSB1…来命名。这种方式下，当 USB 接头被插拔以后，端口的名称就会变化。当运行设备的驱动软件时，就会报错，端口找不到。通过端口绑定，可以把端口的名称进行重命名，名称可以根据见名知意的方式命名，方便观看端口和使用，并且不会因为插拔端口而改变。本任务的底盘驱动控制板为 STM32F1 系列，因为可以把底盘的端口命名为 Stm32，具体操作方法如下：

步骤 1：用底盘的通信线（USB 转 Type-C）把底盘控制板和工控机连接起来，其余的 USB 线先不要插。

步骤 2：使用 lsusb 命令查看接口信息，如图 4-25 所示。

```
robot-car@robotcar-desktop: ~
robot-car@robotcar-desktop:~$ lsusb
Bus 002 Device 002: ID 0bda:0411 Realtek Semiconductor Corp.
Bus 002 Device 001: ID 1d6b:0003 Linux Foundation 3.0 root hub
Bus 001 Device 003: ID 8087:0a2b Intel Corp.
Bus 001 Device 005: ID 1a86:7523 QinHeng Electronics HL-340 USB-Serial adapter
Bus 001 Device 012: ID 0604:0305 Jean Co., Ltd
Bus 001 Device 011: ID 1ea7:0066
Bus 001 Device 010: ID 214b:7250
Bus 001 Device 002: ID 0bda:5411 Realtek Semiconductor Corp.
Bus 001 Device 001: ID 1d6b:0002 Linux Foundation 2.0 root hub
```

图 4-25　查看接口信息

步骤 3：从图 4-25 可以看到，有 9 个设备信息，有时候很难判断底盘的串口信息具体是哪一个。这时候可以采用拔掉底盘 USB 端口线，再使用 lsusb 命令进行查看，如图 4-26 所示。

```
robot-car@robotcar-desktop:~$ lsusb
Bus 002 Device 002: ID 0bda:0411 Realtek Semiconductor Corp.
Bus 002 Device 001: ID 1d6b:0003 Linux Foundation 3.0 root hub
Bus 001 Device 003: ID 8087:0a2b Intel Corp.
Bus 001 Device 012: ID 0604:0305 Jean Co., Ltd
Bus 001 Device 011: ID 1ea7:0066
Bus 001 Device 010: ID 214b:7250
Bus 001 Device 002: ID 0bda:5411 Realtek Semiconductor Corp.
Bus 001 Device 001: ID 1d6b:0002 Linux Foundation 2.0 root hub
```

图 4-26　使用 lsusb 命令查看串口信息

从图 4-26 中可以看出，显示出的设备变成了 8 个，通过对比可知，底盘控制板的串口信息为如图 4-27 所示的第 4 个。

```
robot-car@robotcar-desktop: ~
robot-car@robotcar-desktop:~$ lsusb
Bus 002 Device 002: ID 0bda:0411 Realtek Semiconductor Corp.
Bus 002 Device 001: ID 1d6b:0003 Linux Foundation 3.0 root hub
Bus 001 Device 003: ID 8087:0a2b Intel Corp.
Bus 001 Device 005: ID 1a86:7523 QinHeng Electronics HL-340 USB-Serial adapter
Bus 001 Device 012: ID 0604:0305 Jean Co., Ltd
Bus 001 Device 011: ID 1ea7:0066
Bus 001 Device 010: ID 214b:7250
Bus 001 Device 002: ID 0bda:5411 Realtek Semiconductor Corp.
Bus 001 Device 001: ID 1d6b:0002 Linux Foundation 2.0 root hub
```

图 4-27　底盘控制板的串口信息

步骤 4：在/etc/udev/rules.d 文件夹中，新建一个文件 usb.rules，并添加底盘控制板的端口信息，把端口重命名为 Stm32，如图 4-28 所示。

idVendor 表示设备的生产商 ID；idProduct 表示该生产商生产的产品编号；MODE：＝“0777”表示端口权限，777 表示最高权限；SYMLINK＋＝“Stm32”表示把端口重命名为 Stm32。

图 4-28　把端口重命名为 Stm32

步骤 5：文件保存后，把底盘的 USB 端口插回工控机，用以下命令重新加载以下端口，或者重启工控机。

```
service udev reload
service udev restart
```

步骤 6：此时在终端下，可以用以下命令查看端口是否存在，验证一下是否已经绑定端口成功。

```
ls /dev/Stm32
```

显示如图 4-29 所示的结果，说明端口绑定成功。

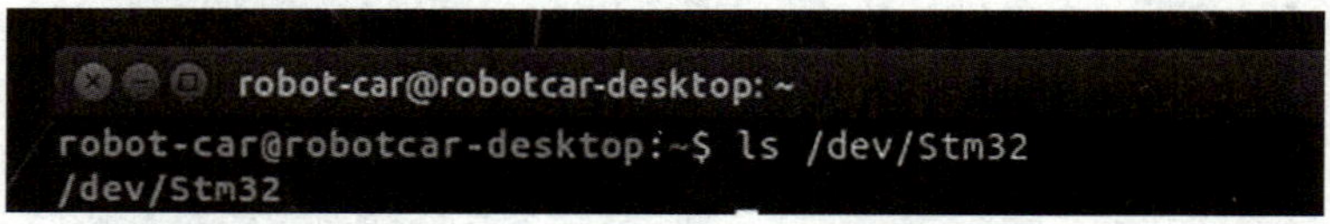

图 4-29　端口绑定成功

任务三　小车里程计的校准

案例导入

在智能汽车的导航和控制中，小车里程计的准确性直接影响着车辆的定位和行驶路径的规划。某智能汽车在行驶过程中，发现里程计的数据与实际行驶距离存在较大偏差，导致导航系统出现错误的引导。

工程师赵师傅安排你负责对小车里程计进行校准。具体任务包括了解里程计的工作原理和数据获取方式，分析里程计误差的来源；通过实际测量和数据对比，找出里程计与实际行驶距离的差异，并进行相应的校准操作；同时，需要对校准后的里程计进行精度测试，确保其能够准确反映小车的实际位置和行驶状态。

通过本任务的学习，能够掌握小车里程计的校准方法，提高智能汽车的导航精度和行驶安全性。建议本任务学时为 4 学时。

知识介绍

里程计是一种利用从移动传感器获得的数据来估计物体位置随时间的变化而改变的装置。该装置被用于许多机器人系统来估计机器人相对于初始位置移动的距离。

常用的里程计定位方法有轮式里程计（Wheel Odometry）、视觉里程计及视觉惯性里程计。本任务主要讲述轮式里程计。

一、轮式里程计的原理

我们用一个例子来解释轮式里程计的原理，假设有一辆马车，你想知道驾驶马车从 A 地到 B 地有多远。现在已知马车车轮的周长，然后在车轮上安装一种驾驶时可以统计车轮所转圈数的装置，通过马车车轮的周长、从 A 地到 B 地所用的时间和所得的车轮圈数，就能计算得出两地之间的路程。

二、轮式里程计的数据获取

轮式里程计包含两个方面的信息：一方面是速度（前进速度和转向速度），另一方面是位姿（位置和姿态）。这两个方面该怎么获取呢?

（1）采用编程器电机获取：编码器每转一圈会触发固定数量的 ticks 值（通常会有几百或者几千个），从而记录对应车轮转了多少圈。加上预先知道的车轮的直径和轮间距，编码器就可以把记录的数据转化为车轮行驶的距离，或者用弧度数（rad）表示的车轮转动角度。

（2）前进速度：左、右轮的平均速度，可通过电机的编码器获取。编码器能记录一定时间内转过的弧度数，根据这个值算出每个车轮的前进速度。

（3）转向速度：根据左、右轮在给定时间内的弧度差计算得到。

（4）位置的获取：根据上面的前进速度推算出位置。

（5）姿态的获取：根据上面的转向速度推算出转角。

三、 ROS 的标准里程计数据类型

里程计的消息类型是 nav_msgs/Odometry，使用以下命令查看：

```
rosmsg show nav_msgs/Odometry
```

得到完整的数据结构如图 4-30 所示，其中主要包含两个内容：一个是 Pose，另一个是 Twist。

（1）Pose：机器人当前位置坐标，包括机器人的 x、y、z 三轴位置与方向参数，以及用于校正误差的协方差矩阵，里面有位置信息和姿态信息。

其中位置信息由 position（x，y，z）三个向量描述，而方向参数用 orientation（x，y，z，w）四个向量描述。

```
std_msgs/Header header
  uint32 seq
  time stamp
  string frame_id
string child_frame_id
geometry_msgs/PoseWithCovariance pose
  geometry_msgs/Pose pose
    geometry_msgs/Point position
      float64 x
      float64 y
      float64 z
    geometry_msgs/Quaternion orientation
      float64 x
      float64 y
      float64 z
      float64 w
  float64[36] covariance
geometry_msgs/TwistWithCovariance twist
  geometry_msgs/Twist twist
    geometry_msgs/Vector3 linear
      float64 x
      float64 y
      float64 z
    geometry_msgs/Vector3 angular
      float64 x
      float64 y
      float64 z
  float64[36] covariance
```

图 4-30　里程计数据结构

传感器提供的姿态角，称为欧拉角。pitch、yaw、roll 分别表示俯仰角、偏航角和横滚角。从欧拉角到四元数的转换有相应的公式可以计算。

（2）Twist：机器人当前的运动状态，包括 x、y、z 三轴的线速度与角速度，以及用于校正误差的协方差矩阵。

知识视界

里程计是测量行程的装置。在轮式自主导航系统中，里程计是一个重要组成部分，可以获取载体运动的距离和速度信息，关系到载体定位和导航任务的实现。据史书记载，远在东汉时期，张衡就发明了以齿轮传动著称的记里鼓车，这是我国最早的纯机械式里程计。汽车早期使用的里程计和记里鼓车一样，均采用纯机械零件设计。随着电子器件及技术的发展与应用，里程计由纯机械式发展为机械-电子式、纯电子式。近年来，随着图像处理技术的发展和计算机性能的快速提升，里程计由机器视觉实现成为可能。视觉里程计（Visual Odometer，VO）指通过机器视觉技术处理相关图像序列，实现实时估计移动载体位姿（位置和姿态）变化的计量仪。它不但能得到里程信息，还能得到位姿信息。VO 被广泛应用于各种自主导航机器人上，其中最有名的应用是美国“勇气”号和“机遇”号火星探测器，以及特斯拉自动驾驶技术（见图 4-31）。

图 4-31　特斯拉自动驾驶技术

资料来源：李传立，尚俊娜，李芳．里程计技术发展综述［J］．软件导刊，2019，18（12）：6-10.

任务实施

微课视频

静态误差调整

一、里程计静态误差的消除

步骤 1：输入底盘指令，启动实训车辆底盘驱动节点（见图 4-32）：

```
roslaunch base_controller base_controller.launch
```

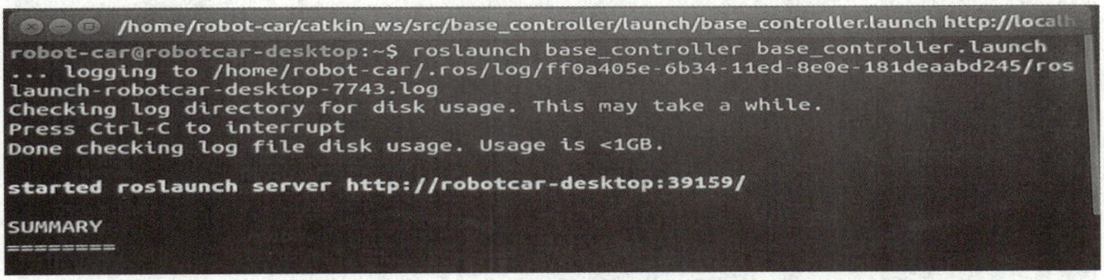

图 4-32　启动实训车辆底盘驱动节点

步骤 2：继续输入指令，创建名为 odom_out.bag 的记录包（见图 4-33）：

```
rosbag record -O ~/odom_out.bag /odom
```

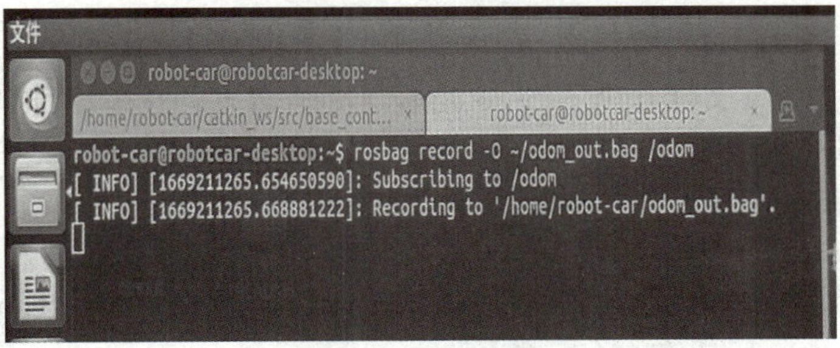

图 4-33　创建记录包

步骤 3：等待 10 秒后，即可按“Ctrl+C”组合键先停止记录节点再停止底盘控制节点，停止后可运行以下命令：

```
rostopic echo -b ~/odom_out.bag -p /odom >~/odom_out.csv
```

该命令主要是把记录数据的 bag 文件转换为 csv 文件（见图 4-34）。

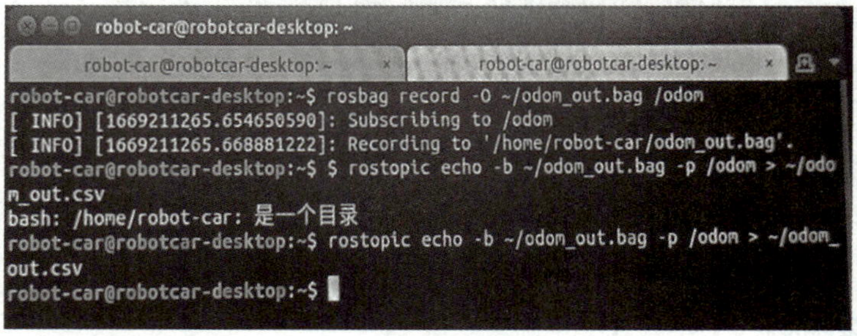

图 4-34　文件格式转换

运行成功后会在主目录下生成对应的 bag 及 csv 文件（见图 4-35）。

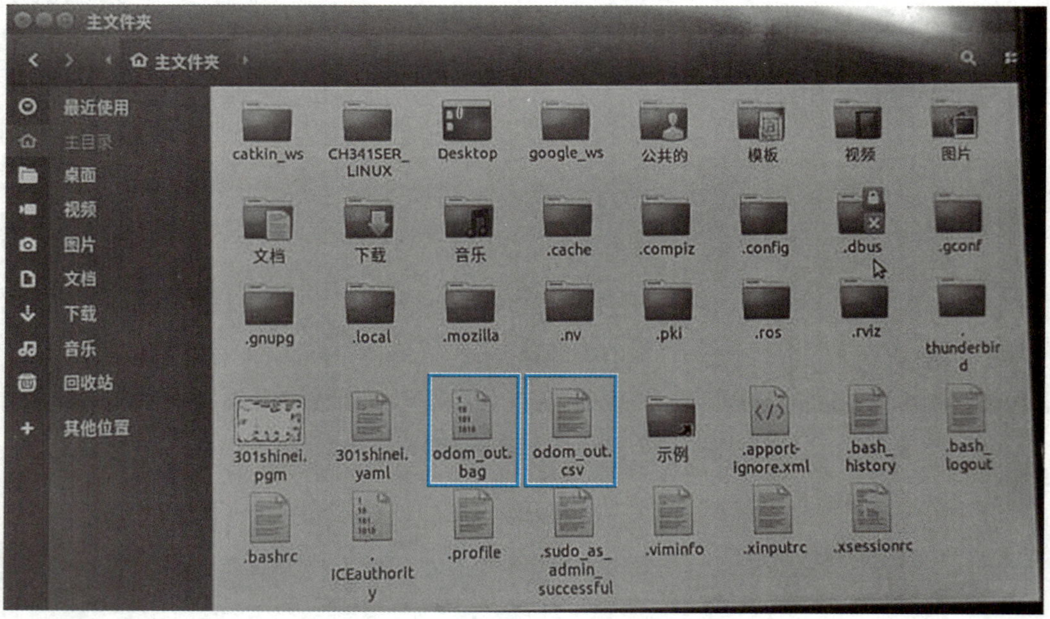

图 4-35　生成对应的 bag 及 csv 文件

步骤 4：右击 csv 文件并用“LibreOffice Calc”打开，在弹出窗口的右下角单击“确定”按钮。弹出表格后右滑找到“field. twist. twist. angular. z”（见图 4-36）。

步骤 5：用鼠标左键选中该列数据并往下拉（数据越多误差越小）。选择好数据后，会自动生成平均数并拍照记录（见图 4-37）。

步骤 6：把误差平均值添加到路径：home/catkin_ws/src/base_controller/launch/base_controller. launch 中（见图 4-38）。

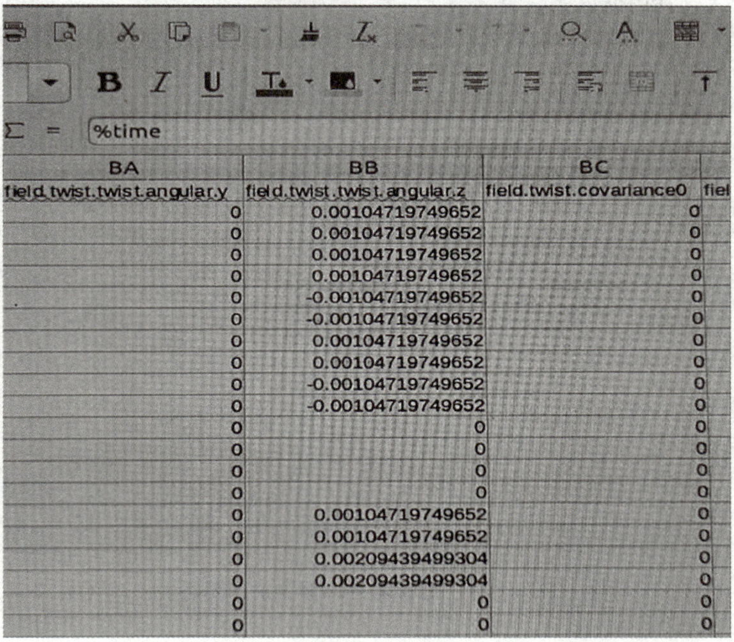

图 4－36 找到“field. twist. twist. angular. z”

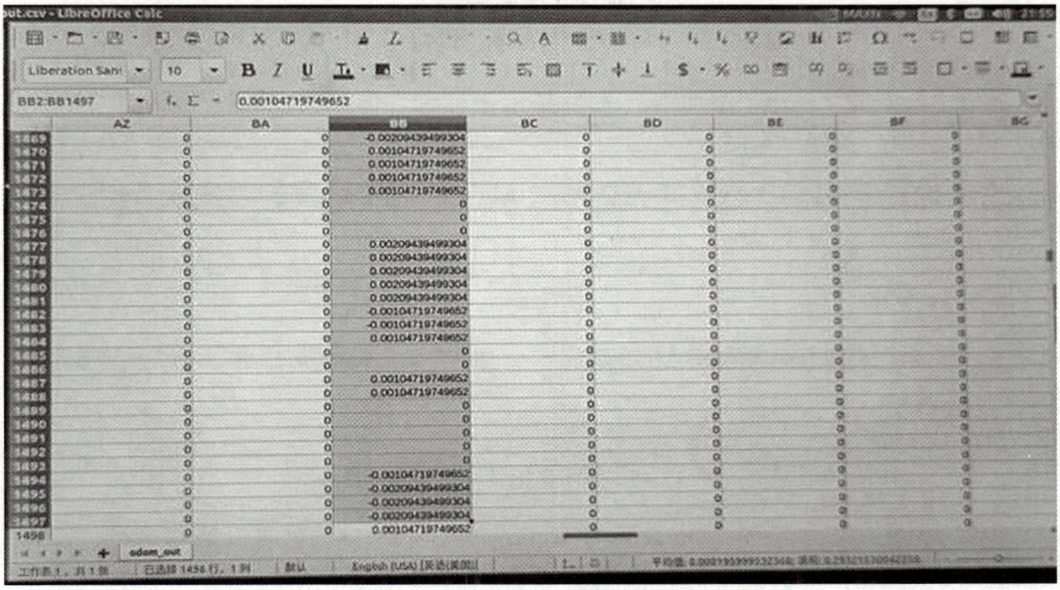

图 4－37 自动生成平均数并拍照记录

步骤 7：保存修改后，检查误差校正情况，输入底盘驱动节点命令后，重启终端，输入“rviz”进入可视化界面，在 RViz 中设置固定参考系 Fixed Frame 为 odom（见图 4－39）。

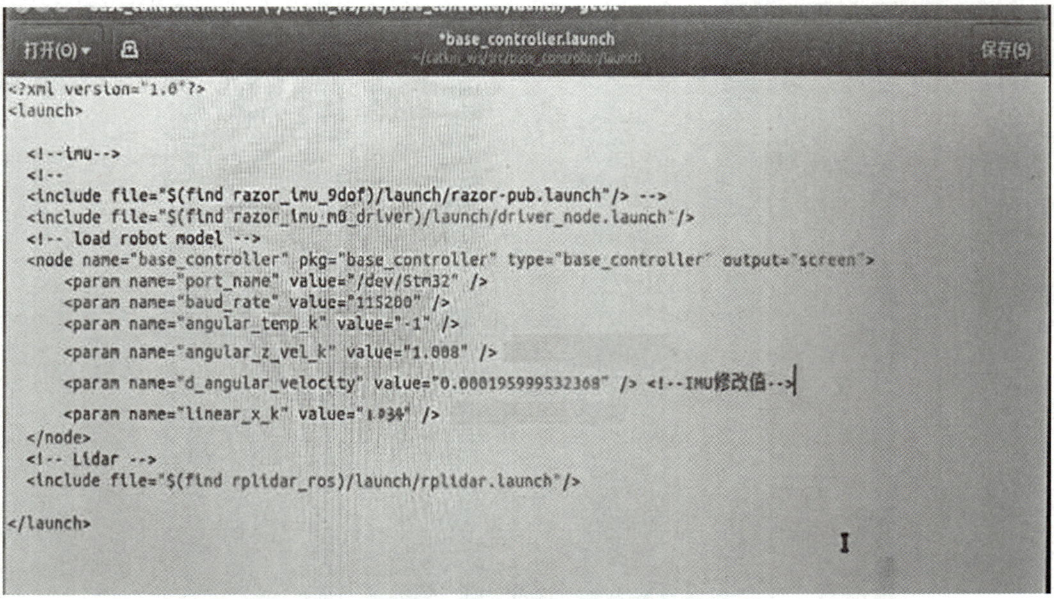

```
<?xml version="1.0"?>
<launch>

  <!--imu-->
  <!--
  <include file="$(find razor_imu_9dof)/launch/razor-pub.launch"/> -->
  <include file="$(find razor_imu_m0_driver)/launch/driver_node.launch"/>
  <!-- load robot model -->
  <node name="base_controller" pkg="base_controller" type="base_controller" output="screen">
      <param name="port_name" value="/dev/Stm32" />
      <param name="baud_rate" value="115200" />
      <param name="angular_temp_k" value="-1" />
      <param name="angular_z_vel_k" value="1.008" />
      <param name="d_angular_velocity" value="0.000195999532368" /> <!--IMU修改值-->
      <param name="linear_x_k" value="1.034" />
  </node>
  <!-- Lidar -->
  <include file="$(find rplidar_ros)/launch/rplidar.launch"/>

</launch>
```

图 4-38　把误差平均值添加到路径

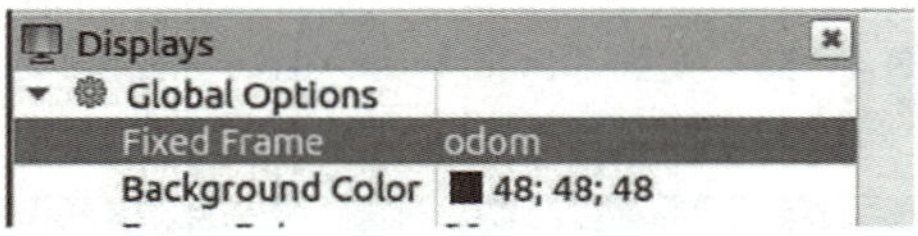

图 4-39　修改 Fixed Frame

步骤 8：单击“Add”添加“Axes”显示坐标轴，再单击“Add”添加“Odometry”显示航向角数据（见图 4-40）。

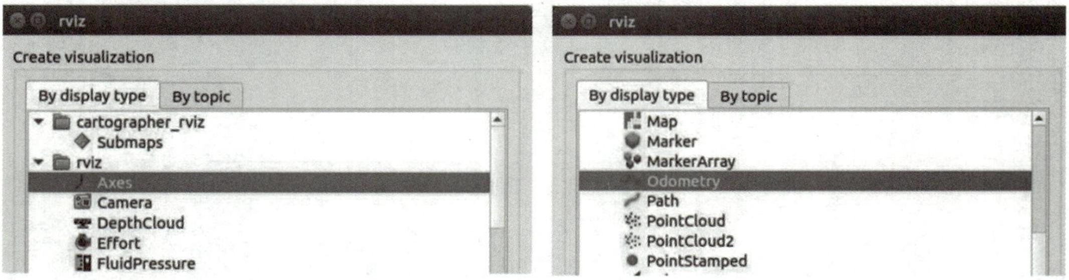

图 4-40　显示坐标轴和航向角数据

步骤 9：在“Odometry”中设置“Topic”为“/odom”航向角话题，将“Keep”设置为“1”，取消“Covariance”的勾选（见图 4-41）。

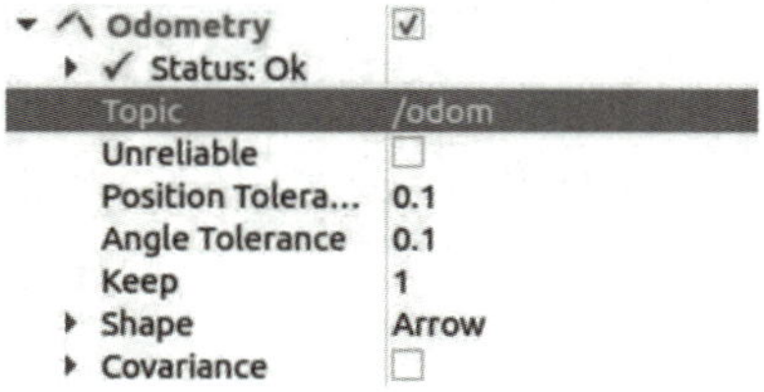

图 4-41　设置“Odometry”

此时就可以看到在 RViz 中的航向角数据（见图 4－42）。

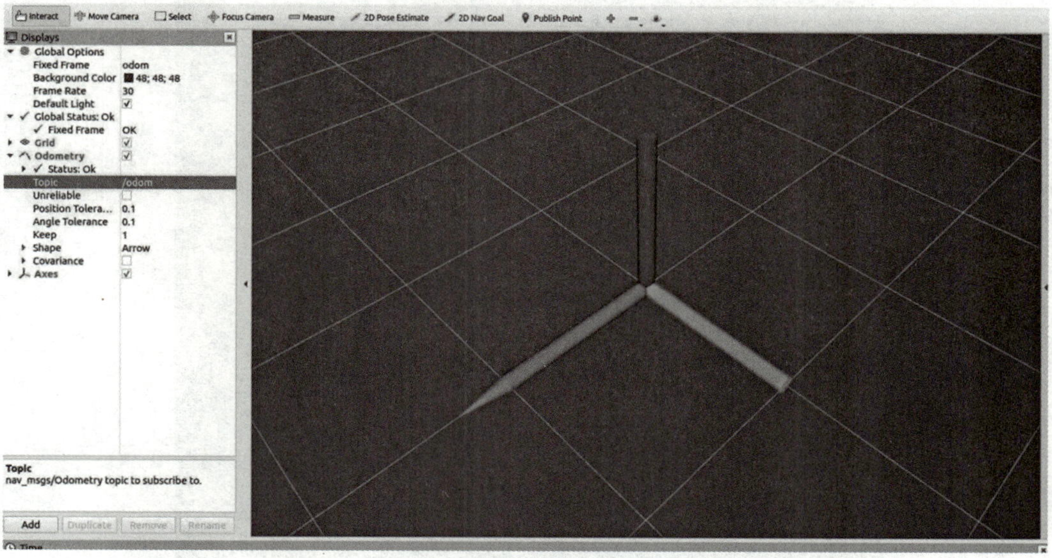

图 4－42 航向角显示界面

步骤 10：静置小车，观察 odom 指针长时间（3 分钟）不偏移则标定完成。

二、里程计动态误差的消除

步骤 1：将小车摆放在直线合适的起点位置，在小车正前方 1 米处选定一个基准线或者障碍物，如图 4－43 所示。

图 4－43 障碍物摆放

微课视频

线速度标定

步骤 2：输入底盘驱动节点命令后，重新打开一个终端，输入查看里程计话题数据的命令（见图 4－44）：rostopic echo /odom。

步骤 3：使用遥控器控制小车行进到前方标志好的距离 1 米的线，然后查看终端的里程计信息，在终端中，[position：x] 就是车辆直行的距离，终端显示（position：x：0.966595351696）的单位是米（见图 4－45）。

```
heying@heying: ~
/home/heying/c...  /home/heying/c...  heying@heying: ~  heying@heying: ~
---
header:
  seq: 1339611
  stamp:
    secs: 1650521449
    nsecs: 714779611
  frame_id: "odom"
child_frame_id: "base_link"
pose:
  pose:
    position:
      x: 0.0
      y: 0.0
      z: 0.0
    orientation:
      x: 0.0
      y: 0.0
      z: 0.0
      w: 1.0
  covariance: [0.009999999776482582, 0.0, 0.0, 0.0, 0.0, 0.0, 0.0, 0.009999999
776482582, 0.0, 0.0, 0.0, 0.0, 0.0, 0.0, 99999.0, 0.0, 0.0, 0.0, 0.0, 0.0, 0.0
, 99999.0, 0.0, 0.0, 0.0, 0.0, 0.0, 0.0, 99999.0, 0.0, 0.0, 0.0, 0.0, 0.0, 0.0
, 0.009999999776482582]
twist:
  twist:
    linear:
      x: 0.0
      y: 0.0
      z: 0.0
    angular:
      x: 0.0
      y: 0.0
      z: 0.0
  covariance: [0.0, 0.0, 0.0, 0.0, 0.0, 0.0, 0.0, 0.0, 0.0, 0.0, 0.0, 0.0, 0.0
, 0.0, 0.0, 0.0, 0.0, 0.0, 0.0, 0.0, 0.0, 0.0, 0.0, 0.0, 0.0, 0.0, 0.0, 0.0, 0
.0, 0.0, 0.0, 0.0, 0.0, 0.0, 0.0, 0.0]
---
```

图 4-44　查看里程计话题数据

```
---
header:
  seq: 2840
  stamp:
    secs: 1650504966
    nsecs:    5117337
  frame_id: "odom"
child_frame_id: "base_link"
pose:
  pose:
    position:
      x: 0.966595351696
      y: 0.0
      z: 0.0
    orientation:
      x: 0.0
      y: 0.0
      z: 0.0
      w: 1.0
```

图 4-45　小车实际行进距离

步骤 4：用小车实际里程除以实训车显示屏中 x 轴值，算出二者的比值为 1.034。

计算完成后将结果修改到路径/home/catkin_ws/src/base_controller/launch/base_controller.launch（见图 4-46）。

步骤 5：结果修改以后，可以重新启动流程，重新直线行走，对比查看两次的误差范围。

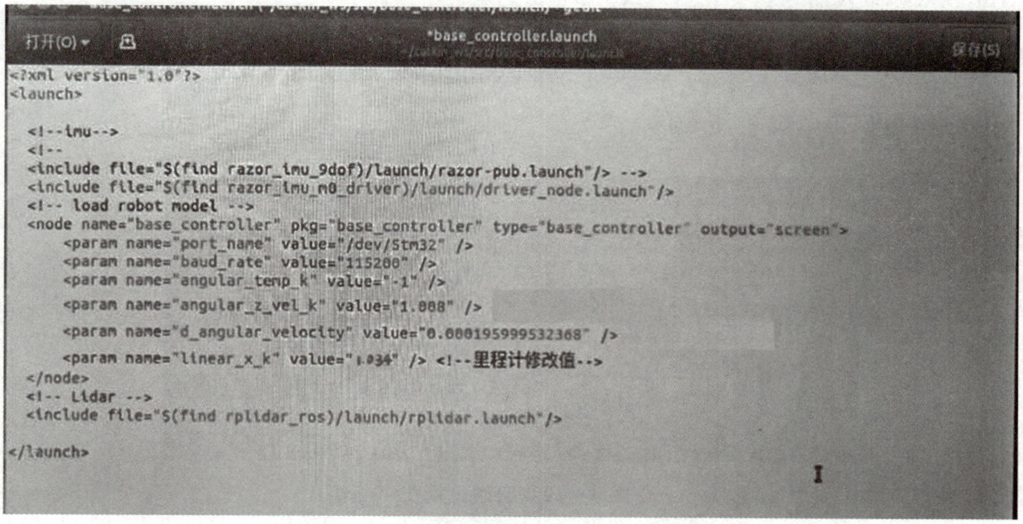

```
<?xml version="1.0"?>
<launch>

  <!--imu-->
  <!--
  <include file="$(find razor_imu_9dof)/launch/razor-pub.launch"/> -->
  <include file="$(find razor_imu_m0_driver)/launch/driver_node.launch"/>
  <!-- load robot model -->
  <node name="base_controller" pkg="base_controller" type="base_controller" output="screen">
      <param name="port_name" value="/dev/stm32" />
      <param name="baud_rate" value="115200" />
      <param name="angular_temp_k" value="-1" />
      <param name="angular_z_vel_k" value="1.008" />
      <param name="d_angular_velocity" value="0.000195999532368" />
      <param name="linear_x_k" value="1.034" /> <!--里程计修改值-->
  </node>
  <!-- Lidar -->
  <include file="$(find rplidar_ros)/launch/rplidar.launch"/>

</launch>
```

图 4-46　将结果修改到路径

三、里程计角速度的标定

步骤 1：打开小车的总电源开关和 Jetson Nano 主机电源开关，将小车摆放在直线合适位置；利用参照物将小车平行放置，如图 4-47 所示。

图 4-47　将小车平行放置

微课视频

角速度标定

步骤 2：输入命令：

```
roslaunch base_controller  base_controller.launch
```

启动小车底盘驱动节点，如图 4-48 所示。

```
robot-car@robotcar-desktop:~$ roslaunch base_controller base_controller.launch
... logging to /home/robot-car/.ros/log/ff0a405e-6b34-11ed-8e0e-181deaabd245/roslaunch-robotcar-desktop-7743.log
Checking log directory for disk usage. This may take a while.
Press Ctrl-C to interrupt
Done checking log file disk usage. Usage is <1GB.

started roslaunch server http://robotcar-desktop:39159/

SUMMARY
========
```

图 4-48　启动小车底盘驱动节点

步骤 3：输入命令：

```
rviz
```

启动可视化，如图 4－49 所示。

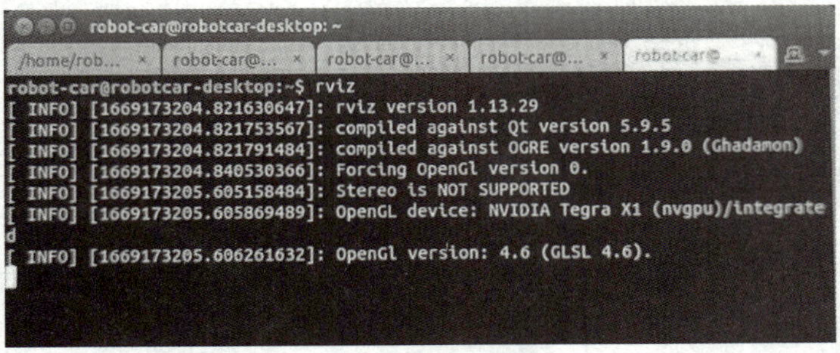

图 4－49　启动可视化

步骤 4：在 RViz 中设置固定参考系 Fixed Frame 为“odom”，如图 4－50 所示。

步骤 5：单击“Add”添加“Axes”显示坐标轴，如图 4－51 所示。

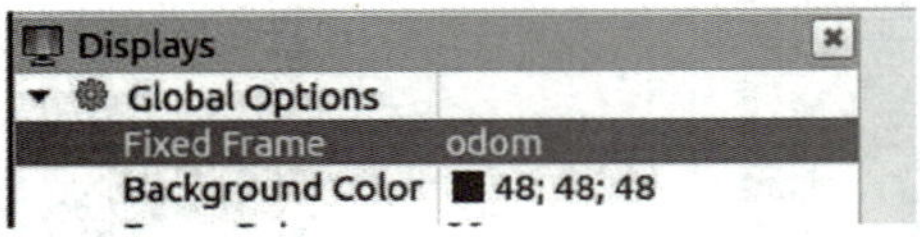

图 4－50　设置固定参考系

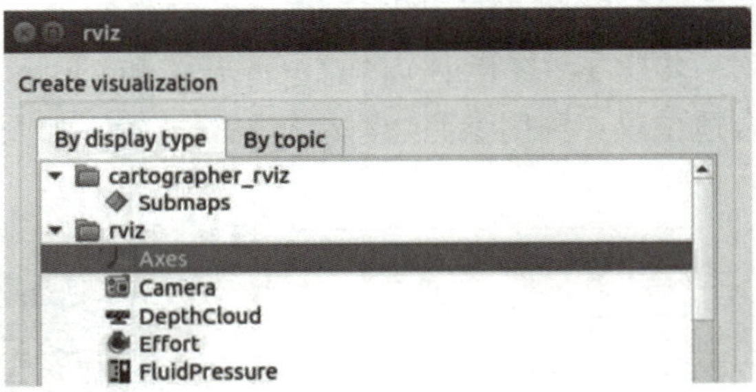

图 4－51　显示坐标轴

步骤 6：单击“Add”添加“Odometry”显示航向角数据，如图 4－52 所示。

步骤 7：在“Odometry”中设置“Topic”为“/odom”航向角话题，将“Keep”设置为“1”，取消“Covariance”的勾选，如图 4－53 所示。

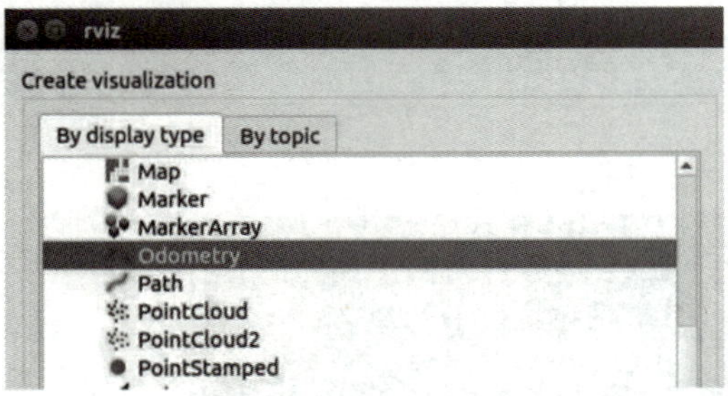

图 4－52　显示航向角数据

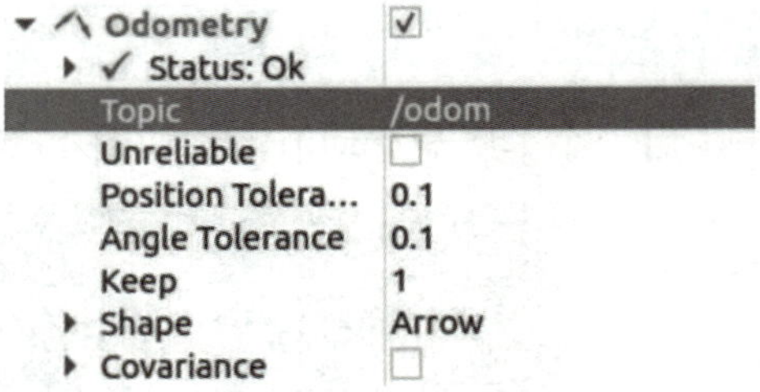

图 4－53　设置“Odometry”

此时就可以看到在 RViz 中的航向角数据，如图 4－54 所示。

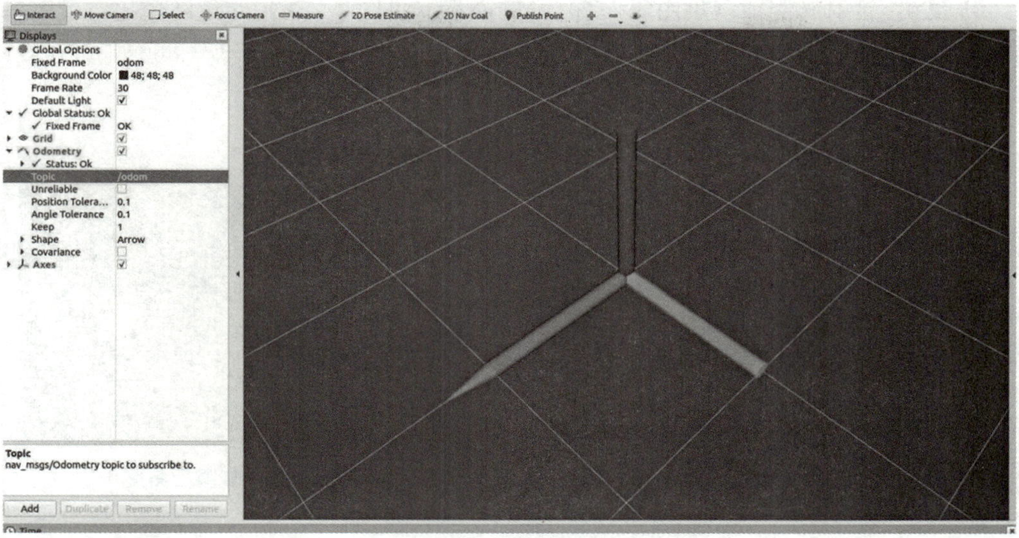

图 4-54　航向角数据

步骤 8：使用无线遥控器控制小车原地左转或右转一圈，转完一圈后让小车与平行线平行，然后查看图像方向箭头是否对准，如图 4-55、图 4-56 所示。

图 4-55　让小车与平行线平行

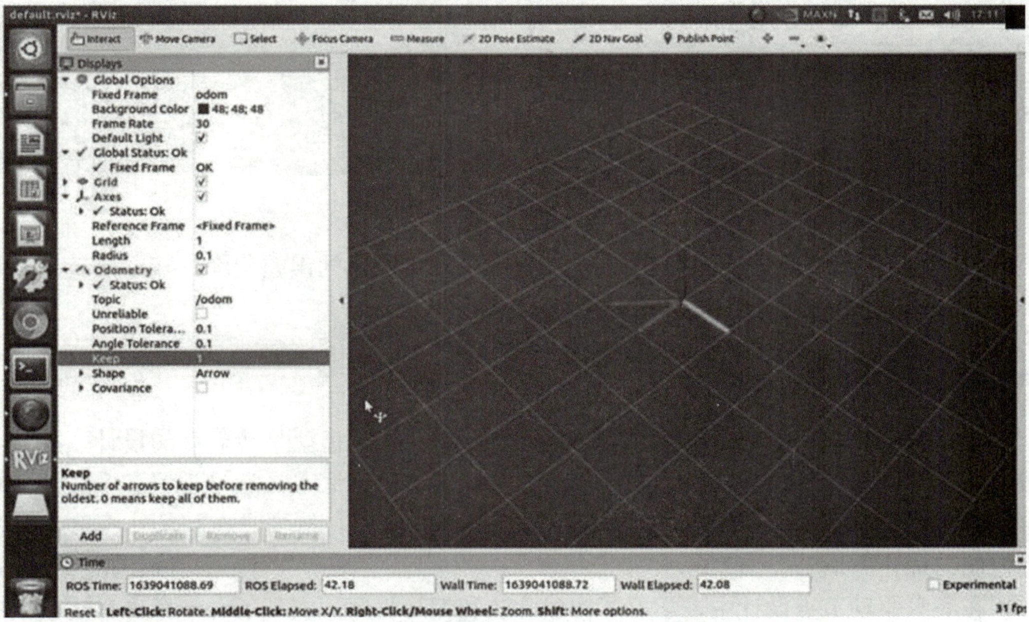

图 4-56　查看图像方向箭头是否对准

步骤 9：计算转圈前（见图 4-57）与转圈后（见图 4-58）的角度变化，可以录屏后将两者的角度进行对比，用量角器等测量此处的角度约等于 3°，360/(360－3)≈1.008，则数值取 1.008。

转圈前：

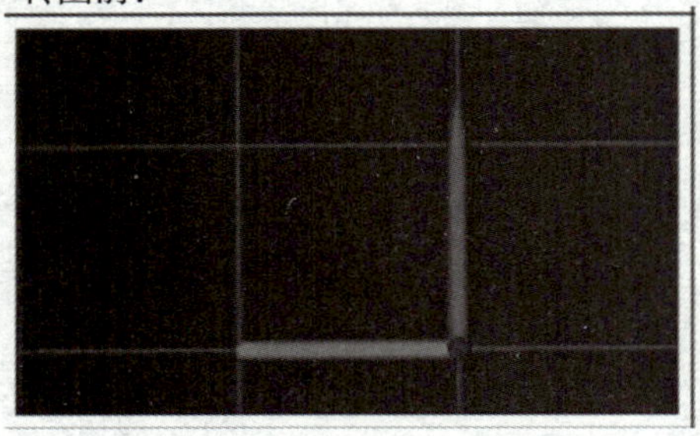

图 4-57　转圈前角度

转圈后：

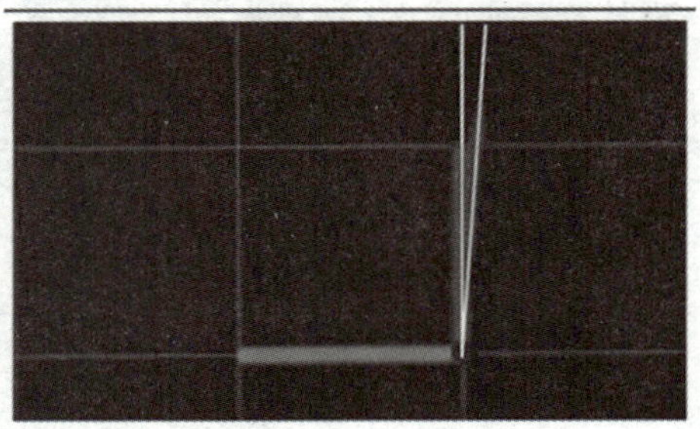

图 4-58　转圈后角度

步骤 10：计算完成后将结果修改到路径：/home/catkin_ws/base_controller/launch/base_controller.launch，如图 4-59 所示。

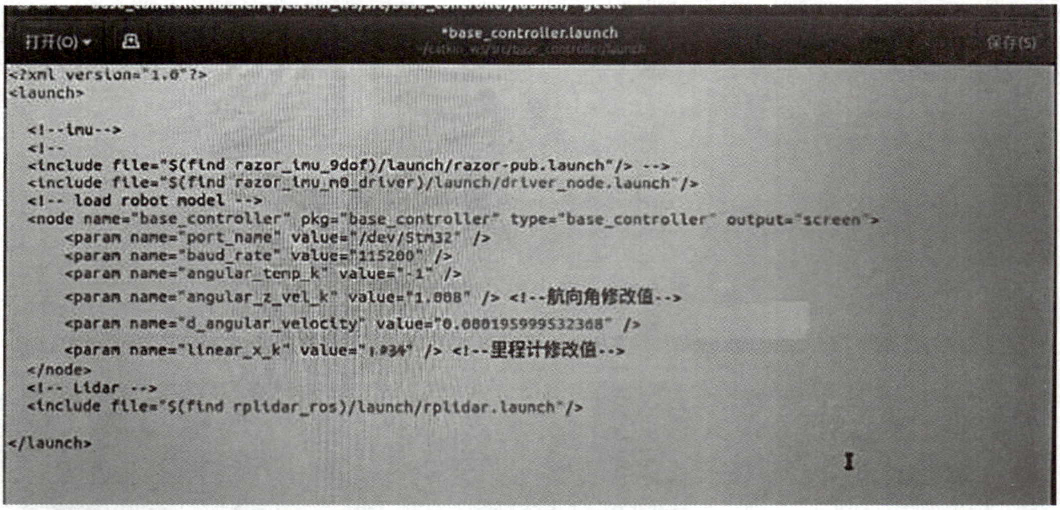

图 4-59　修改结果到相应路径

然后重新启动流程，重新原地旋转，查看并对比两次的误差范围，实际的旋转角度（360°）与里程计显示角度相差 3°以内，说明标定完成。

项目小结

本项目主要学习使用 ROS 控制智能小车底盘，包括底盘驱动节点的设计、控制参数的标定与调整、里程计的校准及使用键盘和命令行控制底盘。通过学习和实践相关内容，学生可以掌握 ROS 系统在实际机器人控制中的应用，特别是在智能小车底盘的精确控制与优化方面。

在底盘驱动节点设计中，学习了构建方法和编写程序，实现了对小车底盘运动的控制。在控制参数标定与调整中，优化了小车的操控性能。里程计校准提高了导航精度和动态控制性能。使用键盘和命令行控制底盘，可以增强对 ROS 系统实时性和灵活性的理解。总之，通过本项目的学习，学生可以系统掌握相关技术，为智能小车的自主导航奠定基础，提高在复杂环境下开发和部署导航系统的能力。

思考练习

作业 1：底盘驱动节点的开发与测试

理论与实践结合：根据本项目学习的内容，独立开发一个 ROS 底盘驱动节点，实现对小车底盘的基本控制功能，包括前进、后退、左转和右转。

提交内容：开发过程的详细记录，包括代码编写、节点启动命令和测试结果截图或视频，说明每个控制功能的实现方法和测试效果。

作业 2：控制参数的优化与调整

实际操作：基于小车的实际运行情况，调整底盘控制参数（如转向灵敏度、加速度等），以优化小车的操控性能。记录优化前后的参数变化及其对小车行为的影响。

提交内容：优化过程的报告，包括每次调整的参数值、优化前后的对比数据、调整对小车性能的影响分析，以及对进一步优化的建议。

作业 3：里程计校准与精度分析

综合应用：完成小车里程计的校准，测量小车在指定路径上的实际行驶距离与里程计测量数据的差异。分析误差来源并调整校准参数以提高精度。

提交内容：校准过程的详细记录，包含实际行驶路径与测量数据的对比图，误差分析及校准后的精度评估报告。

作业 4：键盘和命令行控制实践

理论与实践结合：使用键盘和命令行工具控制小车底盘，完成一系列预设的动作指令。记录每个指令的执行效果和小车的响应情况。

提交内容：实践过程的视频记录，包含每个控制指令的执行步骤和效果展示，分析小车响应的准确性和控制的稳定性。

注意事项

1. 所有作业需在确保小车及周围环境安全的情况下进行操作，避免发生碰撞或损坏。

2. 提交的报告和视频应清晰展示操作过程和结果，说明操作步骤和遇到的问题。

3. 作业内容应具有独立性和原创性，引用的资料需注明出处，确保学术诚信。

项目五

激光雷达及IMU的数据读取与标定

学习目标

知识目标

1. 了解激光雷达的工作原理，包括其测距方式和数据采集过程。

2. 熟悉激光雷达的参数设置，如相对位置标定和扫描方向标定的方法。

3. 掌握使用RViz可视化激光雷达点云数据的步骤和原理。

4. 理解激光雷达在智能小车路径规划和导航中的重要作用。

5. 掌握IMU（惯性测量单元）数据的读取方法，了解其在智能小车中的作用。

6. 熟悉IMU数据的标定过程，包括零偏校正和噪声滤波的原理和方法。

7. 理解IMU和底盘数据融合的原理，以及通过扩展卡尔曼滤波器（EKF）进行位姿估计。

能力目标

1. 能够正确运行激光雷达驱动节点，查看和分析激光雷达接收到的数据。

2. 能够准确进行激光雷达的参数标定，包括相对位置和扫描方向的标定。

3. 能够熟练使用RViz工具展示激光雷达点云数据，实现数据的可视化。

4. 能够将激光雷达数据应用于小车的路径规划和导航，提高小车的自主导航能力。

5. 能够使用ROS准确读取IMU的原始数据，并进行零偏校正和静态误差消除。

6. 能够运用EKF对IMU的加速度和角速度数据进行噪声滤波处理，提高数据稳定性。

7. 能够使用EKF将IMU数据与底盘里程计数据相融合，进行小车的位姿估计，并验证融合结果的准确性。

素养目标

1. 培养对传感器数据处理的严谨态度，确保数据的准确性和可靠性。

2. 提高解决实际问题的能力，通过对激光雷达和IMU数据的处理和分析，优化小车的导航性能。

3. 增强团队合作意识，在激光雷达的安装、标定和应用过程中，能与团队成员有效沟通和协作。

4. 培养创新精神，不断探索和尝试新的方法和技术，提高智能小车的环境感知和导航能力。

建议学时

6 学时。

项目情境

小李同学在智能汽车研发团队中，负责激光雷达系统的集成与应用。在智能汽车的行驶过程中，激光雷达能够实时感知周围环境，为车辆的路径规划和导航提供重要的信息。而 IMU 作为关键的传感器，其数据的准确性和稳定性对车辆的导航和控制十分重要。

小李需要了解激光雷达和 IMU 的工作原理和性能特点，掌握其与车辆系统的连接和配置方法。同时，他还需要对激光雷达进行参数标定，以确保其测量数据的准确性和可靠性。此外，小李还需要使用相关工具和软件（如 RViz）可视化激光雷达和 IMU 数据，以便更直观地理解和分析环境信息。

在实际操作中，小李需要面对各种挑战，如激光雷达数据的噪声处理、与其他传感器数据的融合等。他需要通过实验和调试，优化系统的性能和算法，提高车辆的自主导航能力和安全性。通过这些工作，小李将为智能汽车的环境感知和决策提供重要的支持。

任务一 运行激光雷达驱动节点并查看数据

案例导入

在智能汽车的环境感知系统中，激光雷达起着十分重要的作用。某智能汽车项目组在进行测试时，发现激光雷达的数据读取出现异常，无法准确感知周围环境。

工程师张师傅安排你负责检查激光雷达的硬件连接，并运行激光雷达驱动节点查看数据。具体任务包括确认智能小车激光雷达的硬件连接无误，使用正确的指令启动激光雷达驱动节点；通过相关工具查看激光雷达节点发出的话题及接收到的数据，分析数据的准确性和完整性；如果发现数据异常，需要及时排查问题并解决，确保激光雷达能够正常工作，为车辆的环境感知提供可靠的数据支持。

通过本任务的学习，掌握激光雷达驱动节点的运行和数据查看方法，提高对智能汽车环境感知系统的理解和处理能力。建议本任务学时为 2 学时。

知识介绍

激光雷达（LiDAR）是一种利用激光束进行探测和测距的技术，在智能汽车领域发挥着十分重要的作用。

其工作原理基于激光的发射、反射和接收。通过发射激光脉冲，激光雷达能够测量激光脉冲从发射到返回所需的时间，利用光速恒定的原理，计算出目标物体与激光雷达之间的距离。激光雷达不仅可以获取目标物体的距离信息，还能通过扫描技术获取目标物体的方位和高度信息，从而构建出周围环境的三维点云图像（见图 5－1）。

图 5－1　激光雷达扫描的三维点云图像

在智能汽车中，激光雷达主要用于环境感知和障碍物检测。它能够实时监测车辆周围的道路状况、交通标志、行人及其他车辆等信息，为车辆的自动驾驶系统提供关键的决策依据。在车辆行驶过程中，激光雷达可以精确地检测到前方的障碍物，并及时将信息传递给车辆控制系统，以便采取相应的制动或避让措施，确保行车安全。

激光雷达具有高精度、高分辨率和远距离探测等优点，在复杂环境下仍能准确感知周围情况。它不受光照条件的影响，无论是白天还是黑夜，都能稳定工作，为车辆提供可靠的环境信息。与其他传感器（如摄像头、毫米波雷达等）相比，激光雷达在距离测量和空间分辨率方面具有独特的优势，能够提供更详细、准确的环境信息，有效弥补其他传感器的不足，共同为智能汽车的安全行驶保驾护航。

任务实施

步骤 1：检查智能小车激光雷达的硬件连接，确认无误后通过右击桌面打开终端或者按“Ctrl＋Alt＋T”组合键打开终端，输入命令：

```
roslaunch  lslidar_x10_driver  lslidar_x10_net.launch
```

此时若出现 lslidar x10 without　error，则代表激光雷达驱动节点正常启动，如图 5－2、图 5－3 所示。

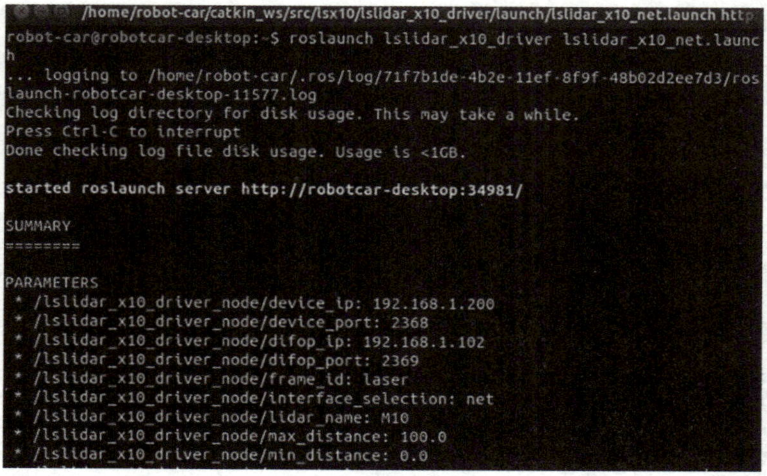

图 5－2　打开终端

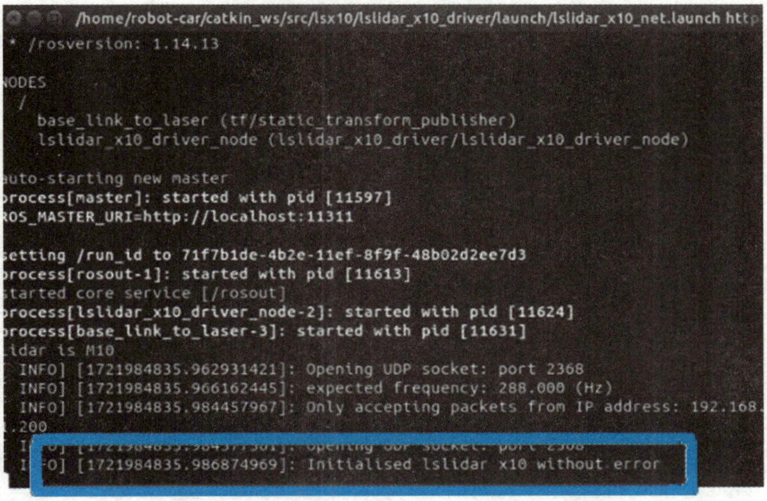

图 5-3 激光雷达驱动节点正常启动

步骤 2：按“Ctrl+Shift+T”组合键打开一个新的终端，输入命令：

```
rostopic  list
```

查看当前正在运行的所有节点发出的话题，其中激光雷达节点发出的话题为/scan，如图 5-4 所示。

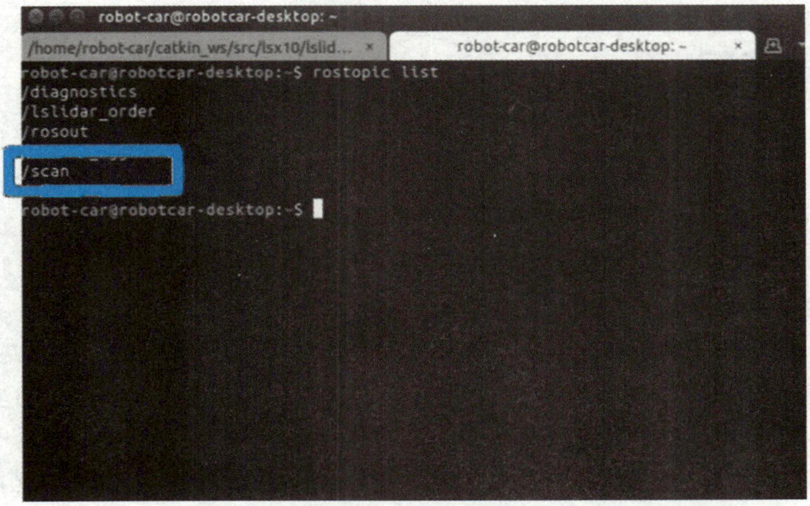

图 5-4 激光雷达节点发出的话题

微课视频

运行激光雷达驱动节点

步骤 3：最后输入命令：

```
rostopic  echo  /scan
```

查看激光雷达接收到的数据，如图 5-5 所示。

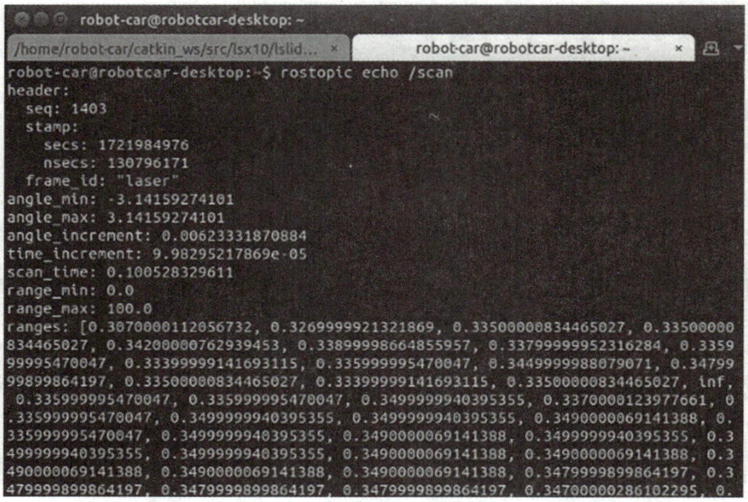

图 5-5　查看激光雷达接收到的数据

任务二　激光雷达的参数标定

案例导入

在智能汽车的实际应用中，激光雷达的准确标定是确保其正常工作和提供精确环境感知的关键。某智能汽车在测试过程中发现，激光雷达的测量结果与实际环境存在偏差，影响了车辆的导航和避障性能。

工程师王师傅要求你对激光雷达进行参数标定，包括相对位置标定和扫描方向标定。具体任务包括使用卷尺测量激光雷达中心在智能小车中心的相对位置，并将测量结果修改到相应的配置文件中；启动激光雷达驱动节点和相关可视化程序，通过在 RViz 中观察激光雷达的扫描图像，判断扫描方向是否正确；如果发现扫描方向与实际情况不符，需要将激光雷达旋转相应的角度，并更新配置文件中的参数；重新启动节点检查激光雷达扫描方向是否正确，确保激光雷达标定完成后能够准确感知周围环境。

通过本任务的学习，掌握激光雷达参数标定的方法，提高智能汽车的环境感知精度和可靠性。建议本任务学时为 2 学时。

知识介绍

一、激光雷达坐标系的类型

激光雷达是一种利用激光束扫描周围环境并测量距离和方向的传感器。它通常由一个发射激光束的激光发射器和一个接收激光反射信号的激光接收器组成。激光雷达坐标系是用于描述激光雷达测量数据的空间参考系，比较常用的是笛卡儿直角坐标系和球坐标系。

（一）笛卡儿直角坐标系

笛卡儿直角坐标系是最常见的激光雷达坐标系类型。它由三个互相垂直的坐标轴组成：X 轴、Y 轴和 Z 轴。通常，X 轴和 Y 轴定义了水平平面，Z 轴表示垂直方向。x、y、z 和 ω 是激光雷达输出的主要参数，其中 x、y 和 z 是空间坐标，用于表示检测到的物体在三维空间中的位置，而 ω 则是物体的旋转速度。通过扫描周围环境，激光雷达可以在短时间内获取大量的距离和方向信息。它能够高精度地测量物体到雷达的距离，并可以生成三维点云图。笛卡儿直角坐标系如图 5－6 所示。

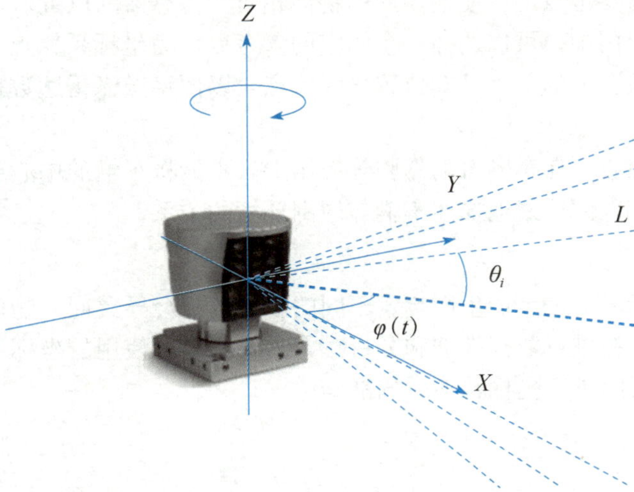

图 5－6 笛卡儿直角坐标系

（二）球坐标系

球坐标系由三个参数组成：径向距离 r、极角 θ 和方位角 φ。径向距离 r 表示点到原点的距离；极角 θ 是点与 Z 轴正方向的夹角；方位角 φ 是点在 XY 平面上的投影与 X 轴正方向的夹角。球坐标系如图 5－7 所示。

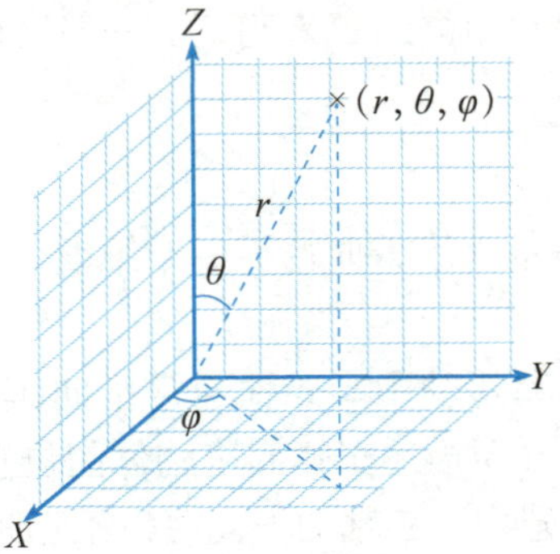

图 5－7 球坐标系

二、激光雷达坐标系原点和坐标轴方向

在激光雷达中，坐标系原点和坐标轴方向的确定对于准确描述物体的位置和运动至关重要。以下是对这两个方面的详细介绍。

（一）坐标系原点

1. 选择依据

激光雷达坐标系原点的选择通常基于具体的应用需求和方便性考虑。以下是一些常见的选择依据。

（1）激光雷达传感器中心：将原点设置在激光雷达传感器的几何中心是一种常见的选择。这样可以直接以传感器为参考点，方便描述周围物体相对于传感器的位置。

（2）特定参考点：在某些应用中，可以选择一个固定的参考点作为坐标系原点。例如，在地图构建中，可以选择地图上的一个已知位置作为原点，以便将激光雷达数据与地图进行匹配。

（3）车辆中心或其他主体中心：在车辆自动驾驶等应用中，可能将车辆的中心或其他主体的中心作为坐标系原点，以便更好地描述车辆与周围环境的关系。

2. 影响因素

坐标系原点的选择会对坐标值的表示产生影响。不同的原点选择会导致同一物体在坐标系中的坐标值不同。因此，在进行数据处理和分析时，需要明确所使用的坐标系原点，并确保在不同系统或应用之间进行坐标转换时的准确性。

（二）坐标轴方向

1. *X* 轴方向

X 轴通常表示水平方向的一个维度。在不同的应用场景中，*X* 轴的具体方向可能有所不同。

（1）车辆应用：在车辆自动驾驶中，*X* 轴通常指向车辆的前进方向。这样可以方便描述车辆前方物体的位置和运动。

（2）地图构建：在地图构建中，*X* 轴的方向可以根据地图的坐标系定义来确定。例如，在地理坐标系中，*X* 轴常指向经度方向。

X 轴的正方向和负方向通常根据约定来确定。一般来说，正方向表示前进、向右或向东等方向，负方向则相反。

2. *Y* 轴方向

Y 轴与 *X* 轴垂直，通常表示水平方向的另一个维度。在不同的应用中，*Y* 轴的方向也会有所不同。

（1）车辆应用：在车辆自动驾驶中，*Y* 轴通常指向车辆的左侧。这样可以与 *X* 轴一起构成车辆的平面坐标系，方便描述车辆周围物体的位置。

（2）地图构建：在地图构建中，*Y* 轴的方向可以根据地图的坐标系定义来确定。例如，在地理坐标系中，*Y* 轴通常指向纬度方向。

Y 轴的正方向和负方向也通常根据约定来确定。一般来说，正方向表示向上、向北或向右等方向，负方向则相反。

3. Z 轴方向

Z 轴代表垂直方向。在激光雷达中，Z 轴正方向通常朝上，负方向朝下。这样可以方便地描述物体在垂直方向上的高度信息。在一些特殊应用中，Z 轴的方向可能会根据具体需求进行调整。例如，在某些地下探测应用中，Z 轴可能指向下方，以表示深度信息。

4. 坐标轴方向的一致性

在使用激光雷达数据时，确保坐标轴方向的一致性非常重要。不同的系统或应用可能采用不同的坐标轴方向约定，因此在进行数据交换和融合时，需要进行坐标轴方向的转换，以保证数据的准确性和一致性。

总之，激光雷达的坐标系原点和坐标轴方向的确定需要根据具体的应用需求进行选择，并确保在不同系统和应用之间的一致性。正确理解和使用坐标系原点和坐标轴方向，可以更好地处理和分析激光雷达数据，实现各种应用目标。

三、激光雷达坐标系的转换

激光雷达坐标系的转换在实际应用中非常重要，它可以将激光雷达数据从一个坐标系转换到另一个坐标系，以便更好地进行数据处理和分析。

（一）转换的必要性

1. 多传感器融合

在许多应用中，需要将激光雷达数据与其他传感器（如摄像头、IMU 等）的数据进行融合。不同传感器通常使用不同的坐标系，因此需要进行坐标系转换，以确保数据的一致性和准确性。

2. 不同应用场景的需求

不同的应用场景可能需要使用不同的坐标系。例如，在自动驾驶中，可能需要将激光雷达数据从传感器坐标系转换到车辆坐标系或世界坐标系，以便进行路径规划和决策。

3. 数据处理和分析

在进行数据处理和分析时，有时需要将激光雷达数据转换到特定的坐标系下，以便更好地理解和解释数据。例如，将数据转换到地理坐标系，可以方便地与地图数据进行结合和分析。

（二）常见的坐标系转换类型

1. 传感器坐标系与世界坐标系的转换

传感器坐标系通常是以激光雷达传感器为中心的局部坐标系。世界坐标系则是一个全局坐标系，通常用于描述整个场景或环境。这种转换通常需要知道激光雷达传感器在世界坐标系中的位置和姿态。可以通过传感器的安装位置、车辆的定位信息或其他方式来确定传感器在世界坐标系中的位置和姿态，激光雷达坐标系与世界坐标系如图 5-8 所示。转换方法通常涉及旋转和平移操作，可以使用旋转矩阵和平移向量来表示传感器坐标系与世界坐标系的转换关系。

图 5-8 激光雷达坐标系与世界坐标系

2. 不同激光雷达坐标系之间的转换

当使用多个激光雷达进行数据采集时，需要将不同激光雷达的坐标系进行统一。这种转换通常需要知道各个激光雷达之间的相对位置和姿态关系，可以通过测量或校准的方式来确定这些关系。转换方法与传感器坐标系与世界坐标系的转换类似，也涉及旋转和平移操作。

3. 激光雷达坐标系与其他坐标系的转换

在某些应用中，可能需要将激光雷达数据转换到其他坐标系，如地理坐标系、局部平面坐标系等。这种转换通常需要知道两个坐标系之间的转换关系，可以通过地图投影、坐标变换公式或其他方式来确定转换关系。转换方法也涉及旋转和平移操作，以及可能的缩放操作。

技能拓展

坐标系转换注意事项

（1）精度和准确性：在进行坐标系转换时，需要注意转换的精度和准确性。不准确的转换会导致数据的错误解释和处理，影响应用的效果。

（2）数据的一致性：在进行多传感器融合或不同坐标系之间的转换时，需要确保数据的一致性。不同传感器的数据可能具有不同的精度和分辨率，需要进行适当的处理和调整，以保证数据的一致性。

（3）坐标系的定义和约定：在进行坐标系转换时，需要清楚地了解各个坐标系的定义和约定。不同的应用可能使用不同的坐标系定义和约定，需要进行适当的转换和调整，以确保数据的正确解释和处理。

（4）实时性要求：在一些实时应用中，坐标系转换需要满足一定的实时性要求。需要选择合适的转换方法和算法，以确保转换的速度和效率满足应用的要求。

总之，激光雷达坐标系的转换是一个复杂且重要的问题，需要根据具体的应用需求和情况进行选择和处理。正确进行坐标系转换可以提高数据的准确性和一致性，为各种应用提供更好的支持。

任务实施

一、激光雷达相对位置标定

步骤 1：激光雷达相对位置标定需要使用卷尺测量激光雷达的中心与智能小车中心的相对位置，如图 5－9、图 5－10、图 5－11 所示，分别测得 $X=0.0\text{m}$，$Y=0.0\text{m}$，$Z=0.25\text{m}$。

图 5－9 测量小车中心的相对位置 1

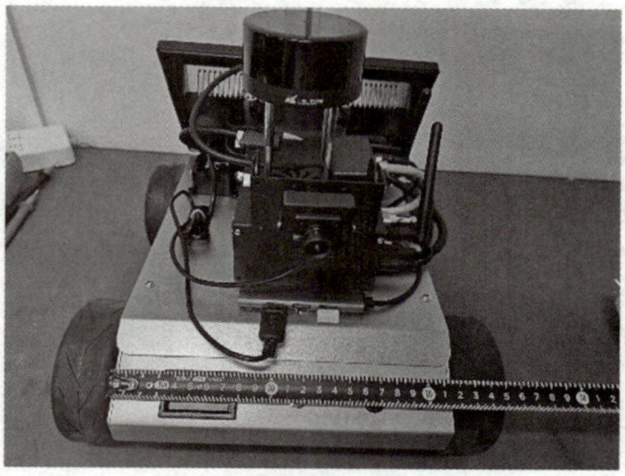

图 5－10 测量小车中心的相对位置 2

图 5－11 测量小车中心的相对位置 3

微课视频

激光雷达相对位置标定

步骤 2：将测量完成的结果修改到路径/home/catkin_ws/src/lsx10/lslidar_x10_driver/launch/lslidar_x10_net.launch 文件中。其中，args 的前三个值分别代表 X、Y、Z 值，如图 5－12 所示。

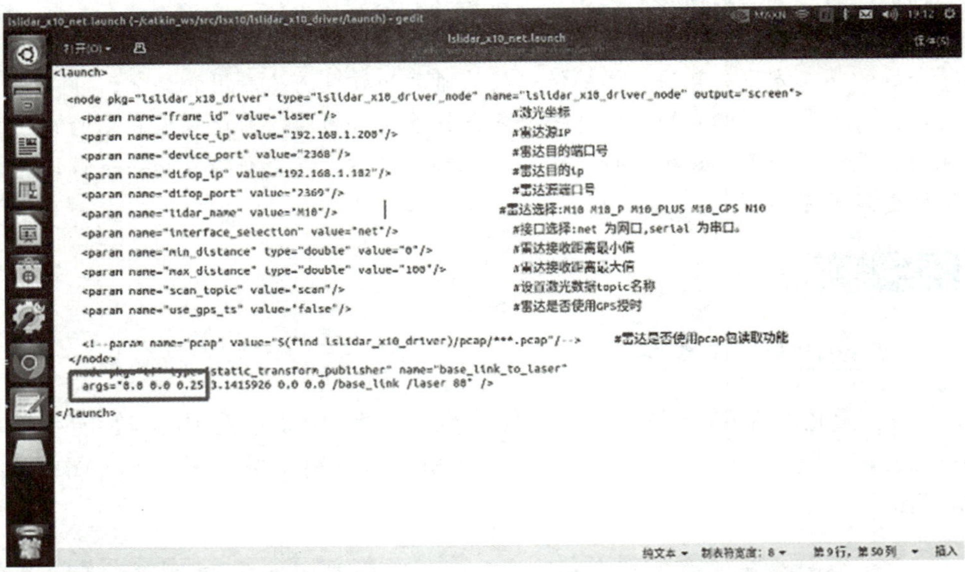

图 5－12　args 的前三个值

微课视频

激光雷达扫描方向标定

二、激光雷达扫描方向标定

步骤 1：首先启动激光雷达驱动节点，按“Ctrl＋Alt＋T”组合键打开终端，输入指令“rviz”，打开 RViz 可视化程序，如图 5－13 所示。

步骤 2：对 RViz 进行配置，将左上角固定参考系（Fixed Frame）的值修改为 base_link，如图 5－14 所示。

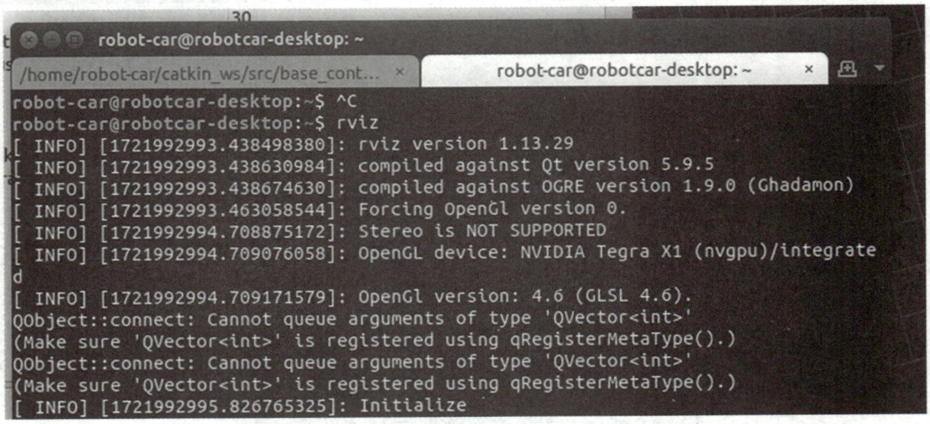

图 5－13　打开 RViz 可视化程序

步骤 3：在 RViz 左下角选择“add”，选中“By topic”添加激光雷达“LaserScan”，如图 5－15 所示，将 LaserScan 的话题（Topic）修改为“/scan”，如图 5－16 所示。

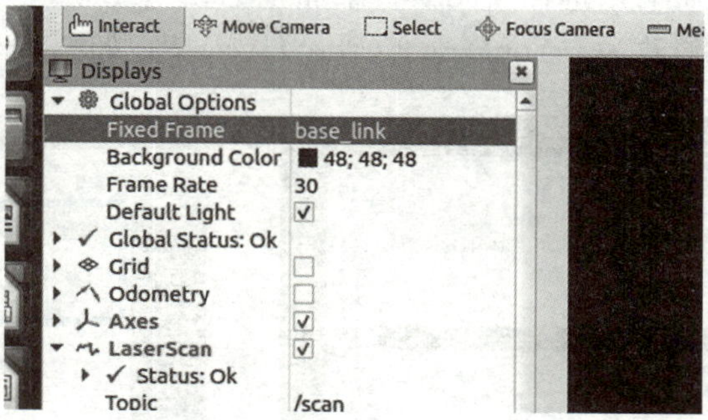

图 5-14 修改固定参考系的值

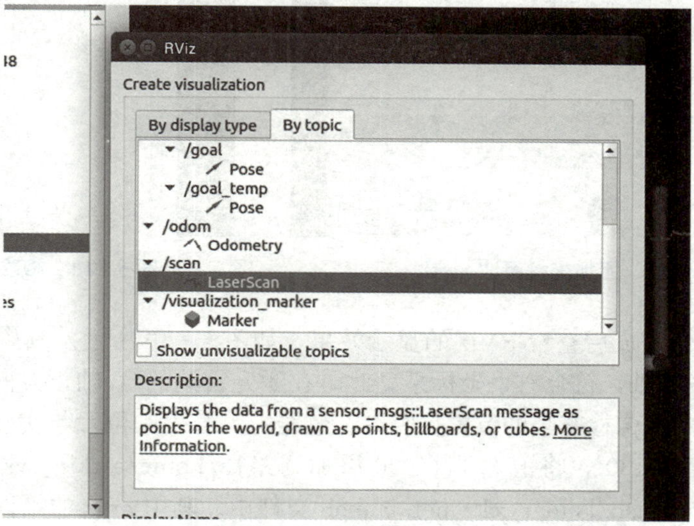

图 5-15 添加激光雷达“LaserScan”

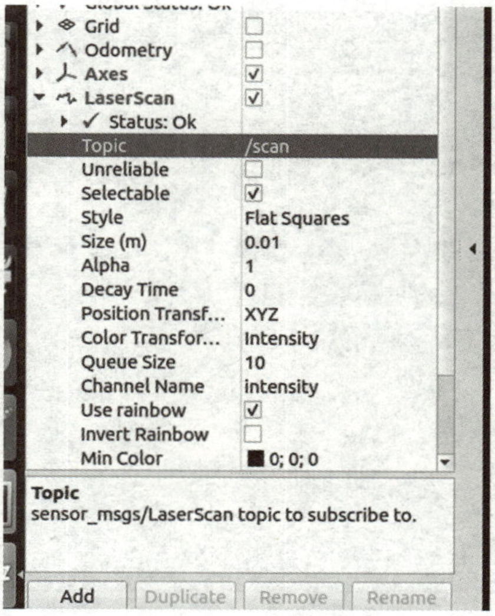

图 5-16 修改 LaserScan 的话题

步骤 4：在 RViz 左下角选择“add”，添加坐标系“Axes”，如图 5－17 所示。将 RViz 右上角“Type”修改为“TopDownOrtho（rviz）”，如图 5－18 所示。

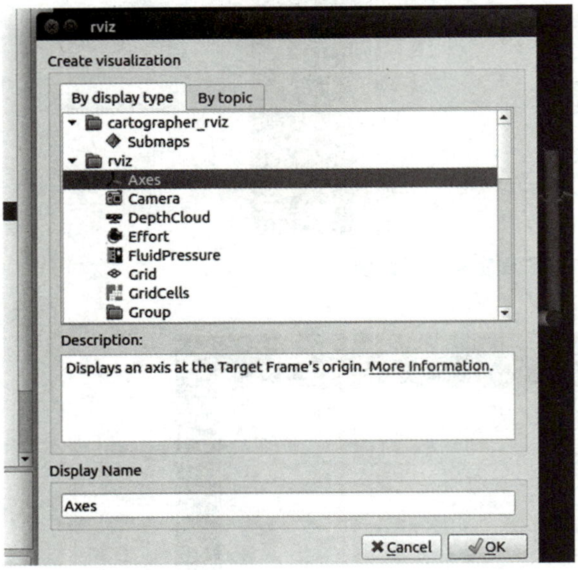

图 5－17　添加坐标系“Axes”

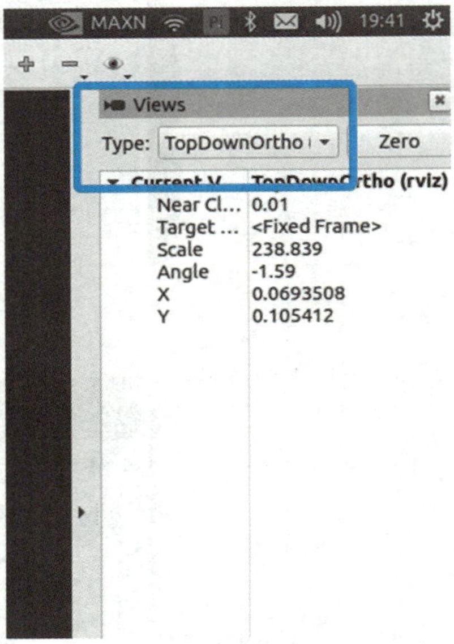

图 5－18　修改“Type”

步骤 5：配置完成后查看 RViz 的显示效果，如图 5－19 所示。其中红色线代表 X 轴、绿色线代表 Y 轴，符合右手坐标系。此时在激光雷达的 X 轴正方向即车头方向晃手，查看 RViz 的图像检查手的位置是否在红色线上，若手的位置与实际位置相反则需要将激光雷达旋转 180°，将值 3.1415926 添加到路径/home/catkin_ws/src/lsx10/lslidar_x10_driver/launch/lslidar_x10_net.launch 文件中。其中 args 的第四个值代表激光雷达的旋转角度，如图 5－20 所示。

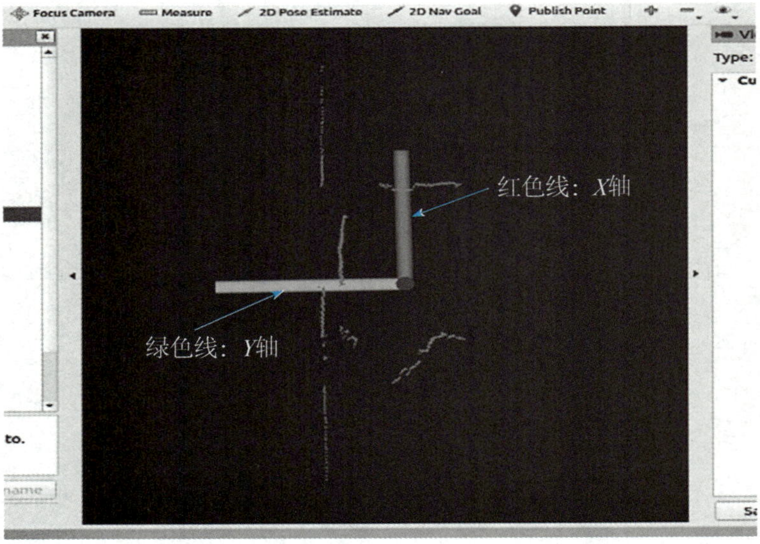

图 5－19　查看 RViz 的显示效果

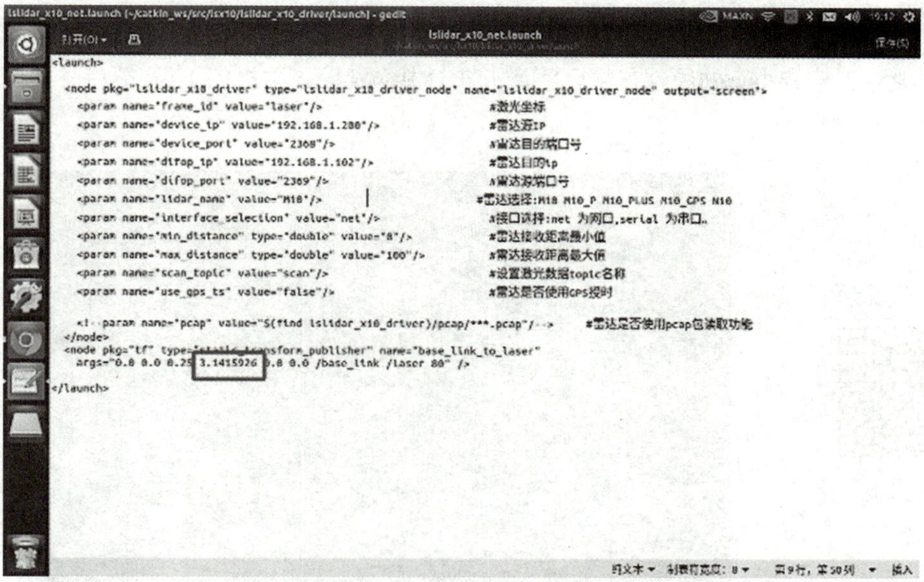

图 5－20　激光雷达的旋转角度

步骤 6：修改保存后重新启动节点，检查激光雷达扫描方向是否正确，若方向正确则激光雷达标定完成。

微悦读

东风技术中心管永超与发动机的故事

武汉楷模、东风技术中心管永超潜心自主研发发动机 13 年，以实现汽车强国为己任，先后突破多项技术壁垒，建立自主排放开发体系，将自主发动机的技术提升到世界水平。

“十三五”期间，汽车市场竞争淘汰赛日趋激烈，他主动扛起了东风自主战略机型 C15TDR 发动机的研发任务，对产品不断进行优化开发。

技术研发上，他坚持自主创新，导入 3 大技术包、15 项核心技术，其中双腔油底壳等 4 项原创技术实现行业首次量产应用；他坚持精益求精，活塞轻量化、紧耦合 cGPF 等多项设计方案经历 20 多轮精心优化，实现极致性能。

他牵头研发的 C15TDR 发动机综合性能达到行业同排量机型最优水平，先后获得天津汽研“能效之星”认证，获评 2020 年度“中国心”十佳发动机、第十七届人民之选匠心奖和央视汽车风云盛典“评委会年度特别奖”。

管永超以实际行动克服了种种困难，实现了不断前进和突破，正如他自己所说，“我们不断地解决困难，解决那些‘拦路虎’，才建立起了核心能力。我们其实还是比较感谢当时遇到的那些困难，没有那些困难，就没有我们的成长。”

三、使用 RViz 可视化激光雷达点云数据

步骤 1：检查小车的硬件连接，将激光雷达接入 Nano 主机的 USB 端口，如图 5－21 所示。

微课视频

激光雷达
数据可视化

图 5－21　将激光雷达接入 Nano 主机的 USB 端口

步骤 2：输入激光雷达启动命令，启动激光雷达，如图 5－22 所示。

```
roslaunch lslidar_x10_driver lslidar_x10_net.launch
```

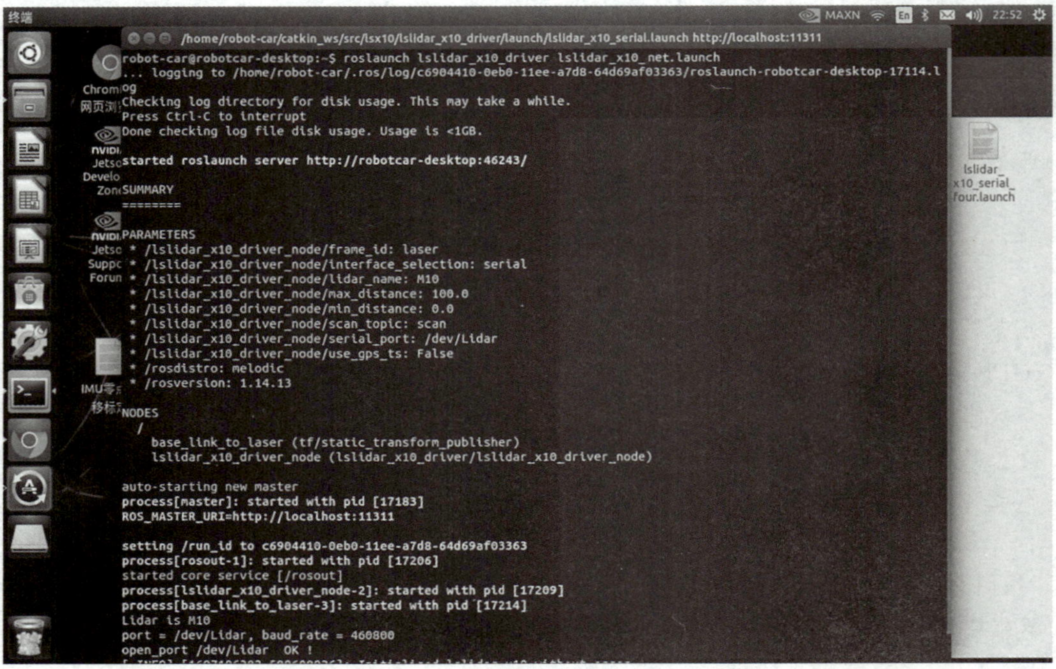

图 5－22　启动激光雷达

步骤 3：打开一个新的终端窗口，输入命令：

```
rosnode list
```

查看激光雷达节点，如图 5－23 所示。

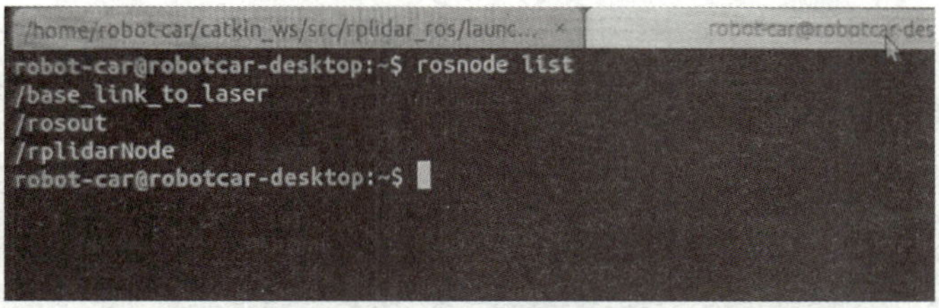

图 5－23　查看激光雷达节点

步骤 4：继续在终端中输入话题查看命令：

```
rostopic list
```

此时激光雷达话题为/scan，如图 5－24 所示。

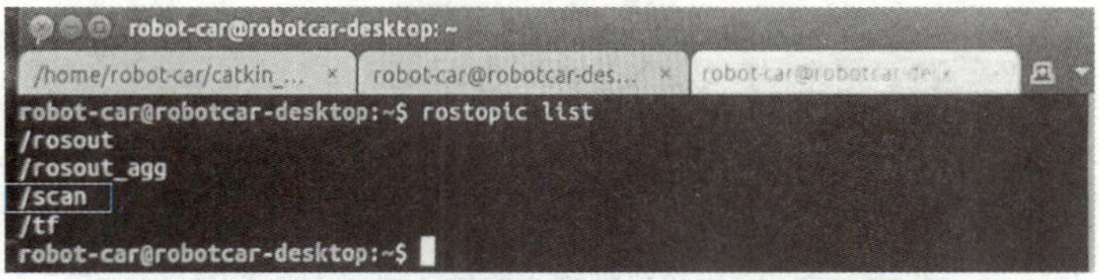

图 5－24　激光雷达话题为/scan

步骤 5：新打开一个终端，输入命令：

```
rostopic echo /scan
```

如图 5－25 所示，此时的激光雷达数据均为纯数字，不便进行可视化。

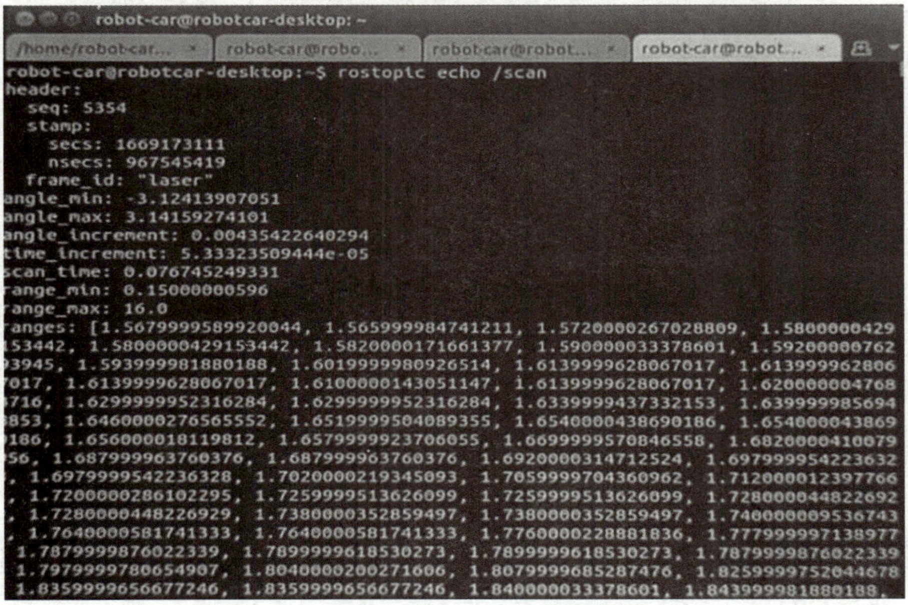

图 5－25　激光雷达数据显示

步骤 6：打开终端，输入命令：

```
rviz
```

启动 RViz，如图 5－26 所示，进行可视化设置。

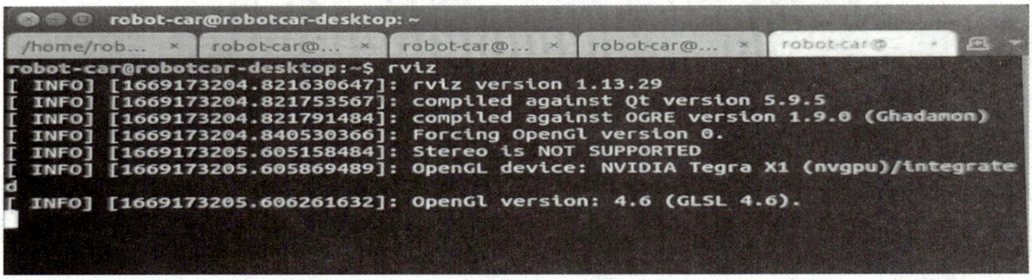

图 5－26　启动 RViz

步骤 7：在 RViz 中进行设置，在“By display type”中添加“LaserScan”，如图 5－27 所示。

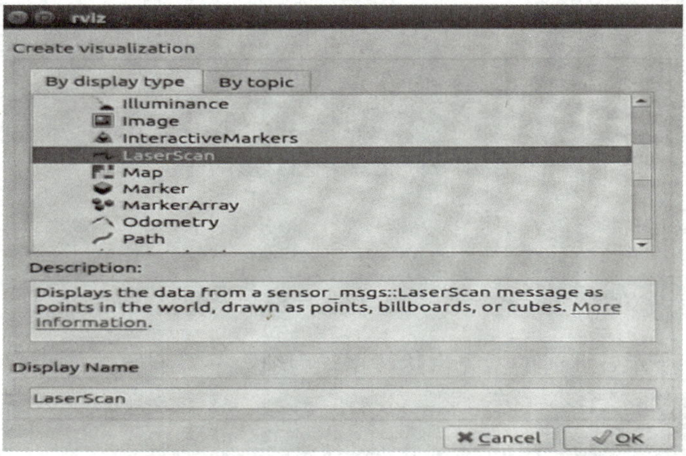

图 5－27　添加“LaserScan”

步骤 8：更改固定参考系 Fixed Frame 为激光雷达的 laser，如图 5－28 所示。

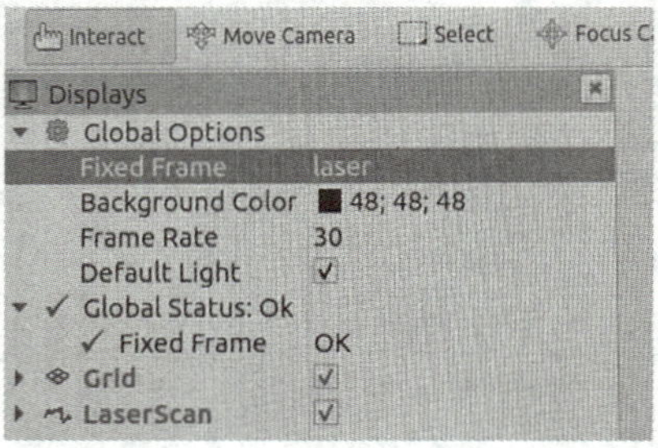

图 5－28　更改 Fixed Frame

步骤 9：单击 LaserScan 中的“Topic”，将话题名称更改为激光雷达的话题/scan，如图 5－29 所示。

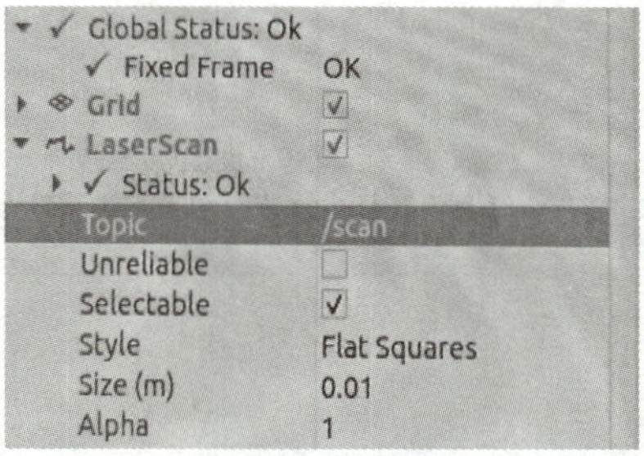

图 5-29 更改激光雷达的话题名称

步骤 10：添加“Axes”话题，如图 5-30 所示。

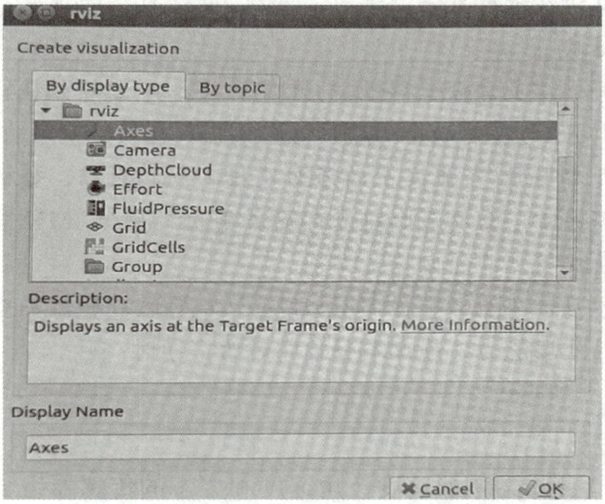

图 5-30 添加“Axes”话题

最终 RViz 中显示激光雷达的点云数据如图 5-31 所示。

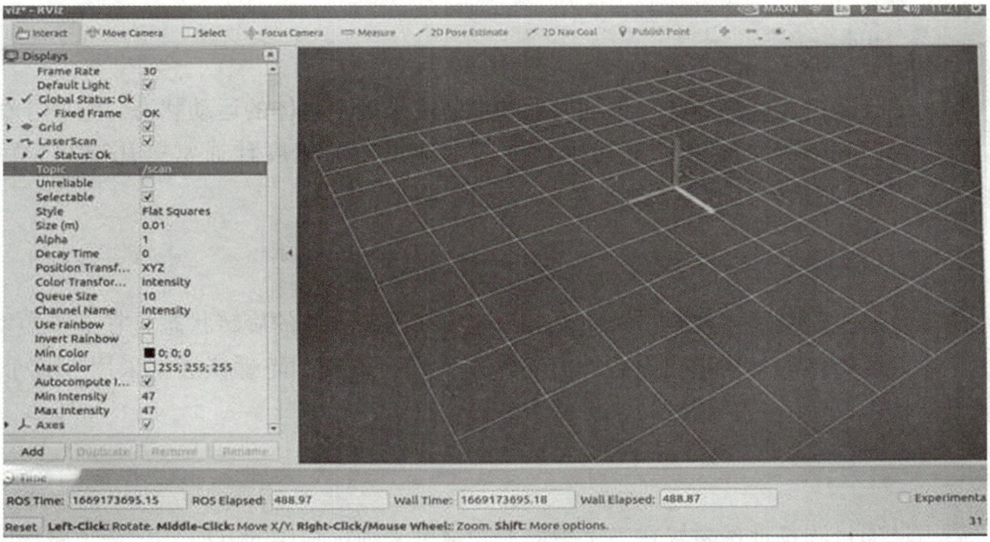

图 5-31 RViz 中显示激光雷达的点云数据

任务三 IMU 的数据读取与标定

案例导入

在智能汽车的研发过程中，准确获取 IMU 数据对于车辆的姿态控制和导航非常重要。某智能汽车项目组在进行系统测试时，发现 IMU 数据的读取存在问题，无法为车辆提供准确的姿态信息。

工程师李师傅安排你负责检查 IMU 的硬件连接，并运行 IMU 驱动节点查看数据。具体任务包括确认 IMU 与智能小车的硬件连接无误，使用正确的指令启动 IMU 驱动节点；通过相关工具查看 IMU 节点发出的话题及接收到的数据，分析数据的准确性和完整性；如果发现数据异常，需要及时排查问题并解决，确保 IMU 能够正常工作，为车辆的后续控制和导航提供可靠的数据支持。

通过本任务的学习，应能够掌握 IMU 驱动节点的运行和数据查看方法，提高对智能汽车传感器数据的处理能力。建议本任务学时为 2 学时。

知识介绍

IMU 是一种用于测量物体加速度、角速度和姿态的传感器组合。它通常由加速度计、陀螺仪和磁力计等组成，可以提供高精度的运动信息。

一、 IMU 的工作原理

（一）加速度计

加速度计通过测量物体在三个轴向上的加速度来确定物体的运动状态。它基于牛顿第二定律，即物体所受的力等于其质量乘以加速度。加速度计通常采用微机电系统（MEMS）技术制造，具有体积小、重量轻、成本低等优点。

（二）陀螺仪

陀螺仪通过测量物体在三个轴向上的角速度来确定物体的旋转状态。它基于角动量守恒定律，即物体的角动量在没有外力矩作用下保持不变。陀螺仪通常采用 MEMS 技术或光学技术制造，具有精度高、可靠性高等优点。

（三）磁力计

磁力计通过测量地球磁场在三个轴向上的强度来确定物体的方向。它基于磁场的特性，即磁场的方向和强度可以用来确定物体的方向。磁力计通常采用 MEMS 技术或霍尔效应技术制造，具有体积小、重量轻、成本低等优点。

IMU 传感器工作原理图如图 5-32 所示。

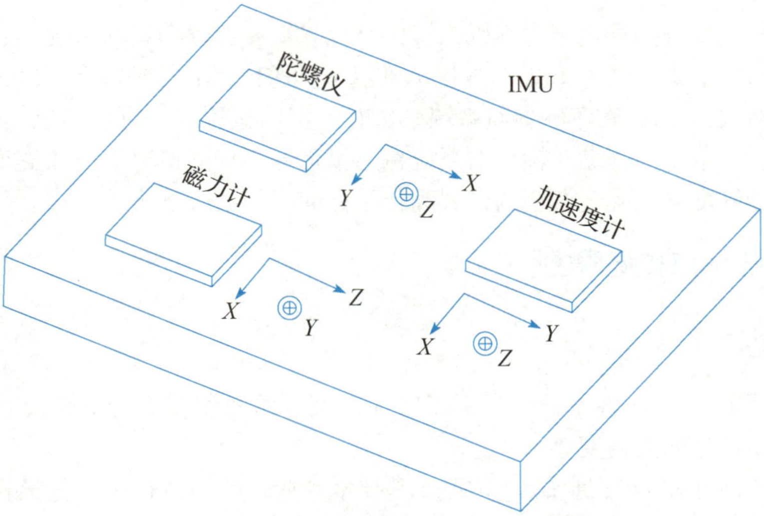

图 5-32 IMU 传感器工作原理图

二、 IMU 在汽车行业中的应用

（一）电子稳定控制系统（ESC）

ESC 是一种用于提高汽车行驶稳定性的系统。它通过传感器检测车辆的行驶状态，如车速、方向盘转角、横摆角速度等，并根据这些信息计算出车辆的理想行驶状态。IMU 在 ESC 中起着至关重要的作用。它可以提供车辆的加速度、角速度和姿态等信息，帮助 ESC 系统准确地判断车辆的行驶状态，并及时采取相应的控制措施，如制动、转向等，以提高车辆的行驶稳定性。

（二）自动驾驶系统

自动驾驶系统是一种能够实现汽车自主驾驶的系统。它通过传感器检测车辆周围的环境信息，如道路、车辆、行人等，并根据这些信息计算出车辆的行驶路径和速度。IMU 在自动驾驶系统中也起着重要的作用。它可以提供车辆的加速度、角速度和姿态等信息，帮助自动驾驶系统准确地判断车辆的行驶状态，并及时调整车辆的行驶路径和速度，以确保车辆的安全行驶。

（三）高级驾驶辅助系统（ADAS）

ADAS 是一种用于提高汽车驾驶安全性的系统。它通过传感器检测车辆周围的环境信息，如道路、车辆、行人等，并根据这些信息向驾驶人提供警告和辅助驾驶功能，如自动紧急制动、车道偏离预警、自适应巡航控制等。IMU 在 ADAS 中也有广泛的应用。它可以提供车辆的加速度、角速度和姿态等信息，帮助 ADAS 系统准确地判断车辆的行驶状态，以提高汽车驾驶的安全性。

（四）车辆导航系统

车辆导航系统是一种用于为驾驶人提供路线导航和位置信息的系统。它通过卫星定位系统（如 GPS、北斗等）和地图数据来确定车辆的位置和行驶方向，并为驾驶人提供最佳的行驶路线。IMU 在车辆导航系统中也有一定的应用。它可以提供车辆的加速度、角速度和姿态等信息，帮助车辆导航系统在卫星信号不佳的情况下（如隧道、地下停车场等）仍然能够准确地确定车辆的位置和行驶方向。

三、 IMU 的优点和局限性

（一）优点

（1）高精度：IMU 可以提供高精度的加速度、角速度和姿态等信息，能够满足汽车行业对运动信息的高精度要求。

（2）高可靠性：IMU 通常采用 MEMS 技术制造，具有体积小、重量轻、成本低等优点，同时也具有高可靠性和稳定性，能够在恶劣的环境下工作。

（3）自主性强：IMU 不依赖于外部信号源，能够在没有卫星信号或其他外部信号的情况下工作，具有较强的自主性和独立性。

（二）局限性

（1）误差积累：IMU 的测量结果会随着时间的推移而积累误差，需要通过其他传感器（如 GPS、车轮编码器等）进行校准和修正。

（2）易受干扰：IMU 容易受到外部磁场、振动和温度变化等因素的干扰，影响其测量精度和可靠性。

（3）成本较高：IMU 的成本相对较高，尤其是高精度的 IMU，这限制了其在一些低端汽车中的应用。

总之，IMU 作为一种重要的传感器，在汽车行业中有着广泛的应用前景。随着技术的不断进步和成本的不断降低，IMU 将在汽车行业中发挥越来越重要的作用。

微课视频

IMU 数据查看

任务实施

一、运行 IMU 驱动节点并查看数据

步骤 1：检查智能小车 IMU 的硬件连接，确认无误后右击桌面打开终端或者按“Ctrl+Alt+T”组合键打开主机终端。输入命令：

```
roslaunch  serial_imu  imu_msg.launch
```

此时若出现/dev/imu is opened 则代表 IMU 驱动节点正常启动，如图 5-33、图 5-34 所示。

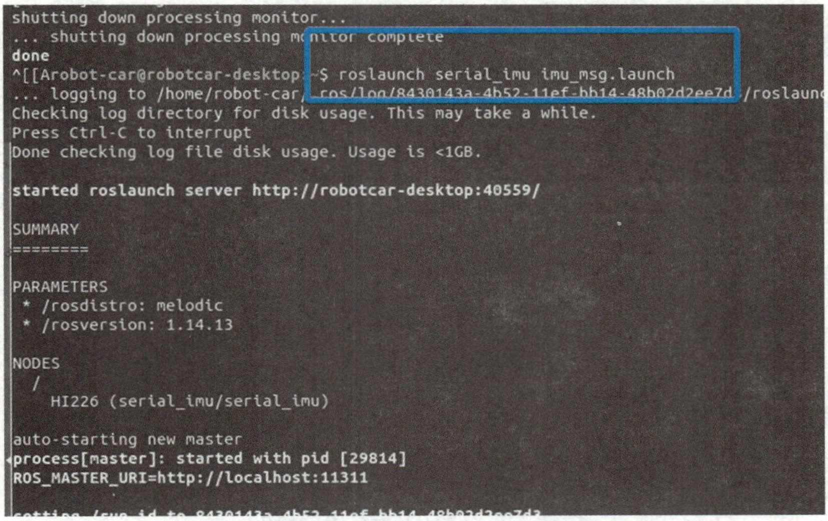

图 5-33 IMU 驱动节点正常启动界面 1

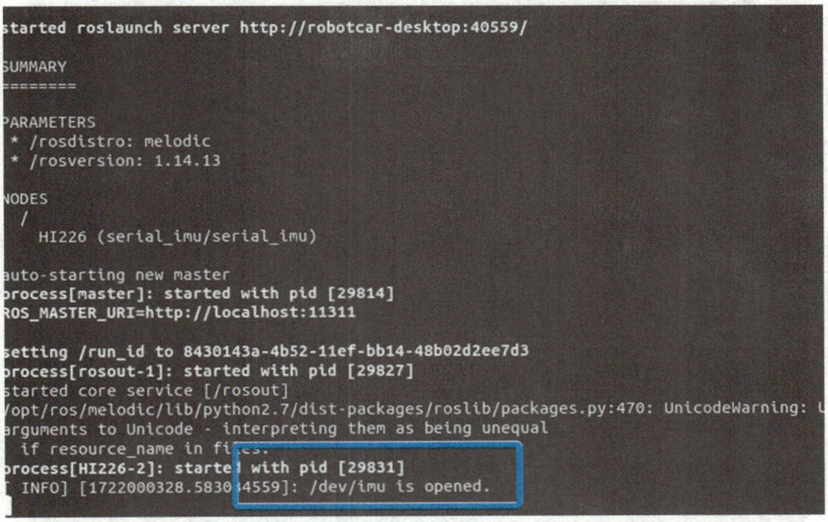

图 5-34 IMU 驱动节点正常启动界面 2

步骤 2：接下来按“Ctrl+Shift+T”组合键打开一个新的终端，输入命令：

```
rostopic list
```

可以查看当前正在运行的所有节点发出的话题，其中 IMU 节点发出的话题为/RPY 和/imu_data，如图 5-35 所示。

步骤 3：最后输入命令：

```
rostopic echo /imu_data
rostopic echo /RPY
```

查看 IMU 接收到的数据，如图 5-36、图 5-37 所示。

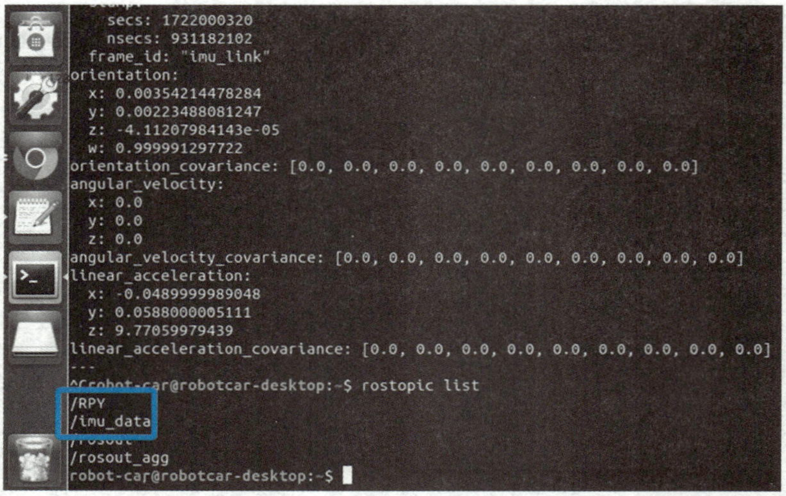

图 5-35　IMU 节点发出的话题

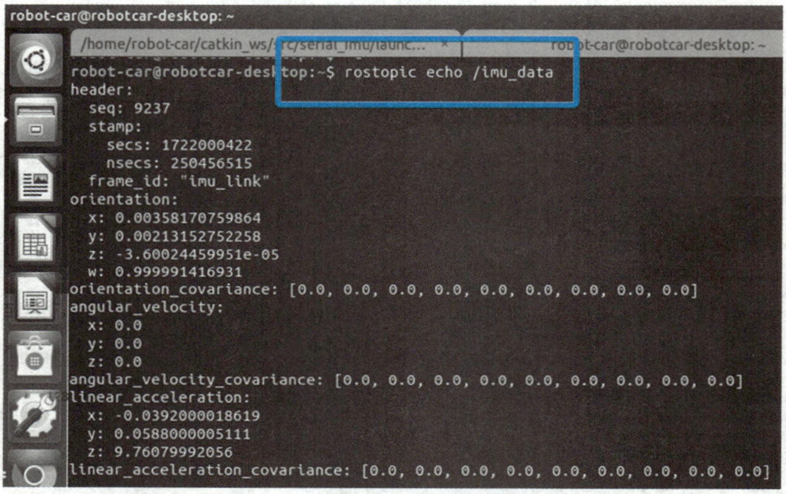

图 5-36　查看 IMU 接收到的数据 1

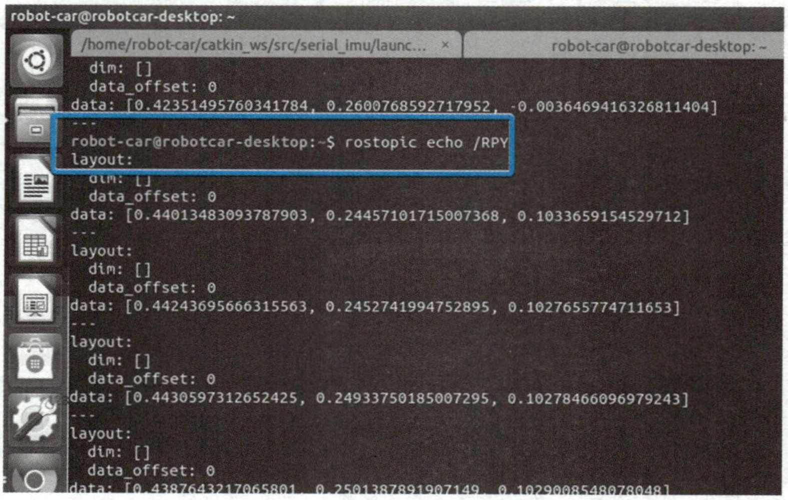

图 5-37　查看 IMU 接收到的数据 2

知识视界

IMU 的 ROS 驱动节点从 IMU 模块中读取数据并发布到话题/imu，其由相应厂商提供。在 xiihoo 机器人中，IMU 数据通过 xiihoo_imu 驱动发布。我们可以通过以下命令启动 IMU 的 ROS 驱动节点：

```
# 启动 IMU
Roslaunch xiihoo_imu.launch
```

IMU 的 ROS 驱动节点一旦启动，就可以从话题/imu 中订阅到 IMU 数据。其中，话题/imu 的消息类型为 sensor_msgs：：Imu。sensor_msgs：：Imu 的数据结构如下：

```
[sensor_msgs::Imu.msg]
# Raw Message Definition
Header header
Geometry_msgs/Quaternion orientation
Float64[9] orientation_convariance
Geometr_msgs/Vector3 angular_velocity
Float64[9] angular_velocity_covariance
Geometry_msgs/Vector3 linear_acceleration
Float64[9] linear_acceleration_covariance
```

资料来源：张虎．机器人 SLAM 导航核心技术与实战［M］．北京：机械工业出版社，2022.

二、使用 RViz 工具可视化 IMU 数据

（一）IMU 航向角数据可视化

步骤 1：右击桌面打开终端或者按“Ctrl＋Alt＋T”组合键打开终端。输入命令：

```
roslaunch  base_controller  base_controller.launch
```

打开智能小车的底盘驱动节点，如图 5－38 所示。

步骤 2：启动完成后，按“Ctrl＋Shift＋T”组合键打开一个新的终端，输入命令：

```
rviz
```

打开 RViz 可视化程序。

步骤 3：将 RViz 左上角固定参考系（Fixed Frame）值修改为“odom”，如图 5－39 所示。

步骤 4：在 RViz 左下角选择“Add”，添加坐标轴显示“Axes”，如图 5－40 所示。

步骤 5：在 RViz 左下角选择“Add”，添加航向角数据显示“Odometry”，如图 5－41 所示。

步骤 6：将“Odometry”的话题（Topic）修改为“/odom”航向角话题，将“Keep”设置为“1”，取消勾选“Covariance”，如图 5－42 所示，此时箭头就是 IMU 的航向角数据，如图 5－43 所示。

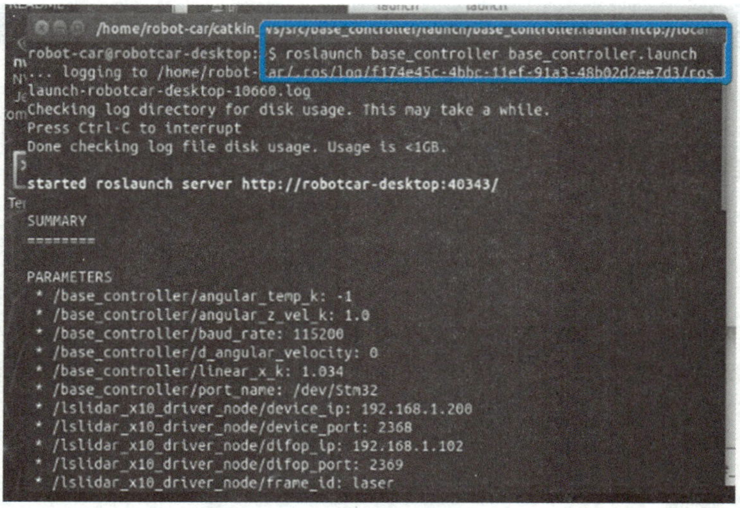

图 5-38　打开底盘驱动节点

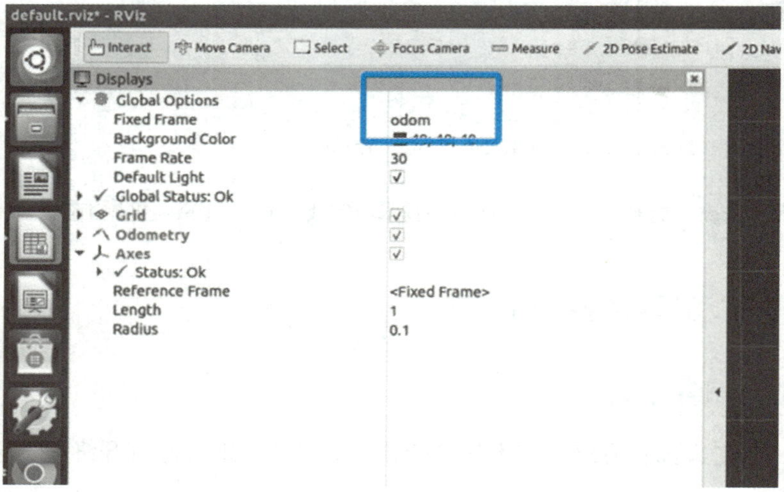

图 5-39　将固定参考系值修改为“odom”

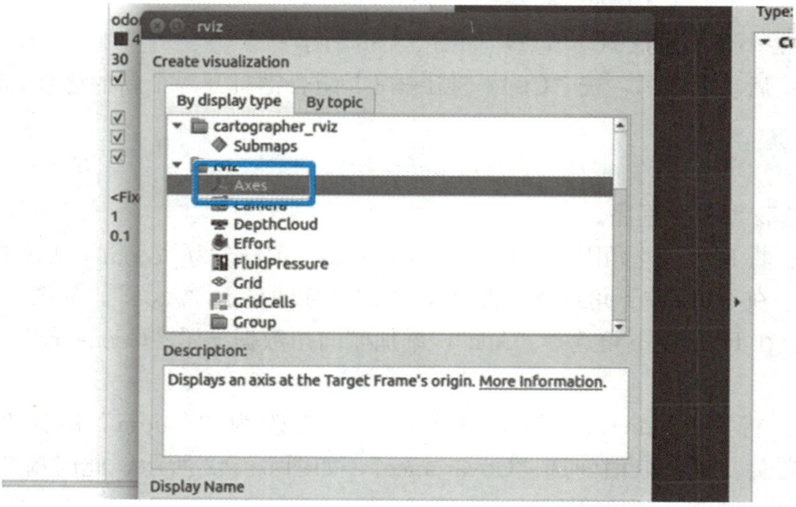

图 5-40　添加坐标轴显示“Axes”

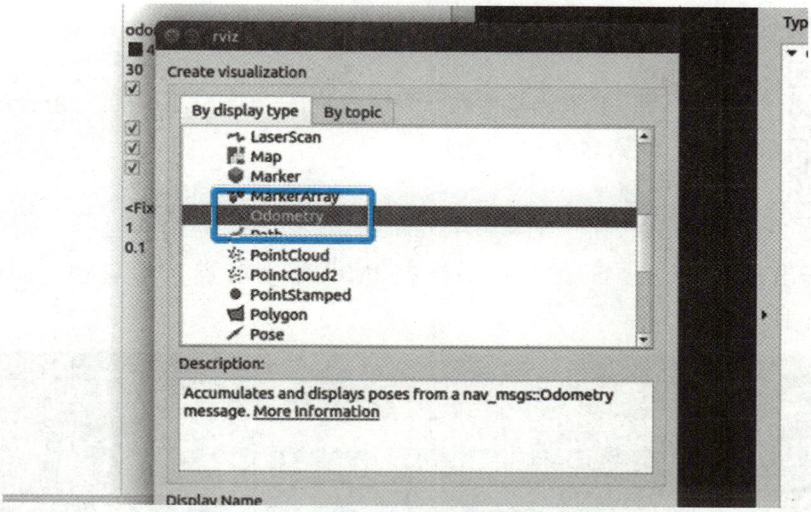

图 5-41 添加航向角数据显示“Odometry”

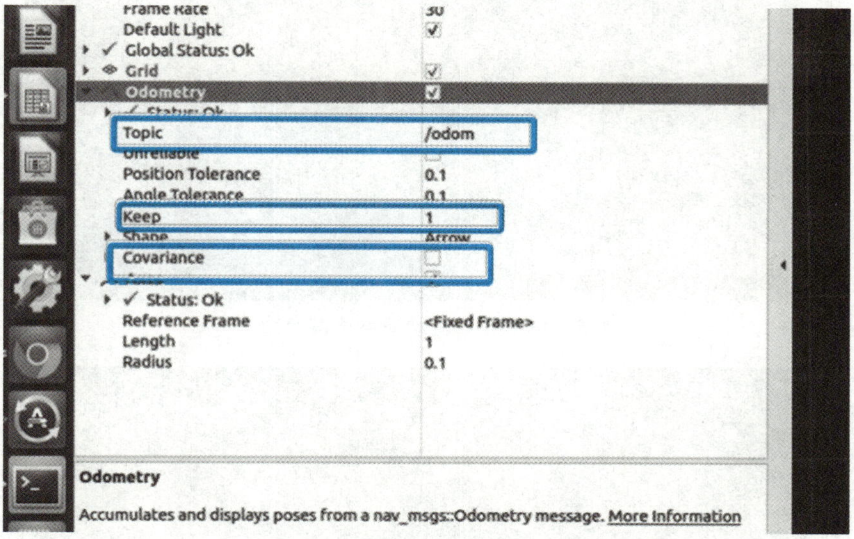

图 5-42 设置“Odometry”

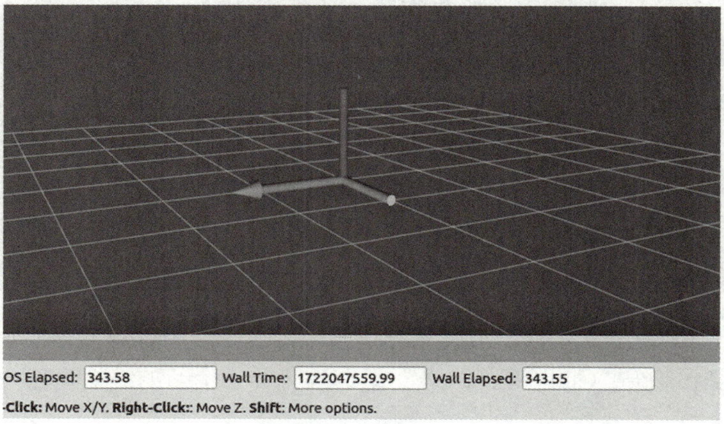

图 5-43 IMU 的航向角数据

微课视频

IMU 数据可视化

（二）IMU 位置数据可视化

步骤 1：右击桌面打开终端或者按“Ctrl+Alt+T”组合键打开主机终端，输入命令：

```
roslaunch  serial_imu  imu_msg.launch
```

此时若出现/dev/imu is opened 则代表 IMU 驱动节点正常启动，如图 5－44、图 5－45 所示。

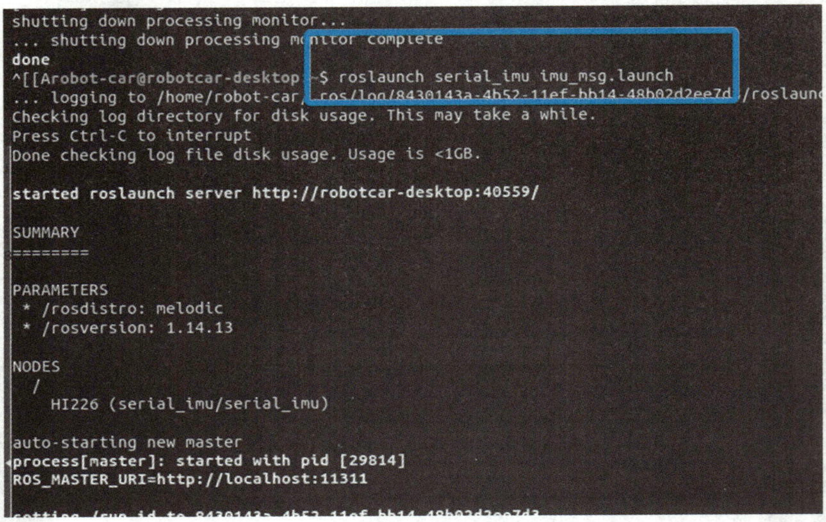

图 5－44　IMU 驱动节点正常启动 1

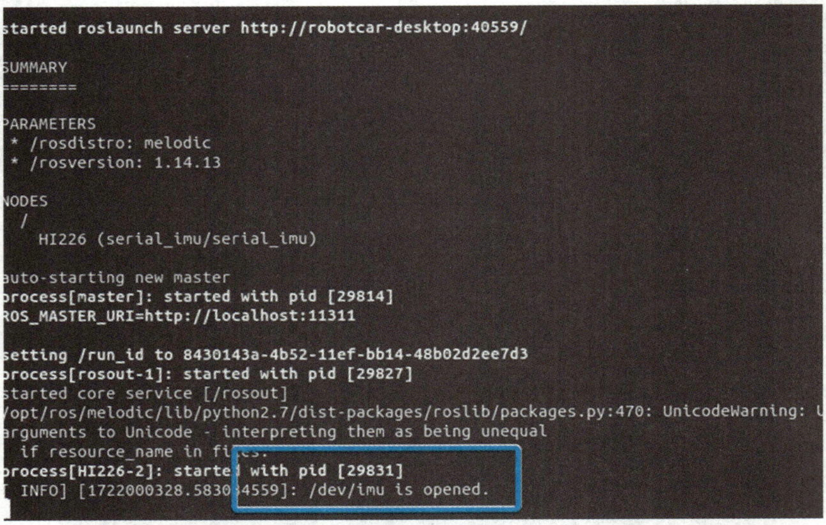

图 5－45　IMU 驱动节点正常启动 2

步骤 2：接下来按“Ctrl+Shift+T”组合键打开一个新的终端，输入命令：

```
rostopic  list
```

查看当前话题，如图 5－46 所示。

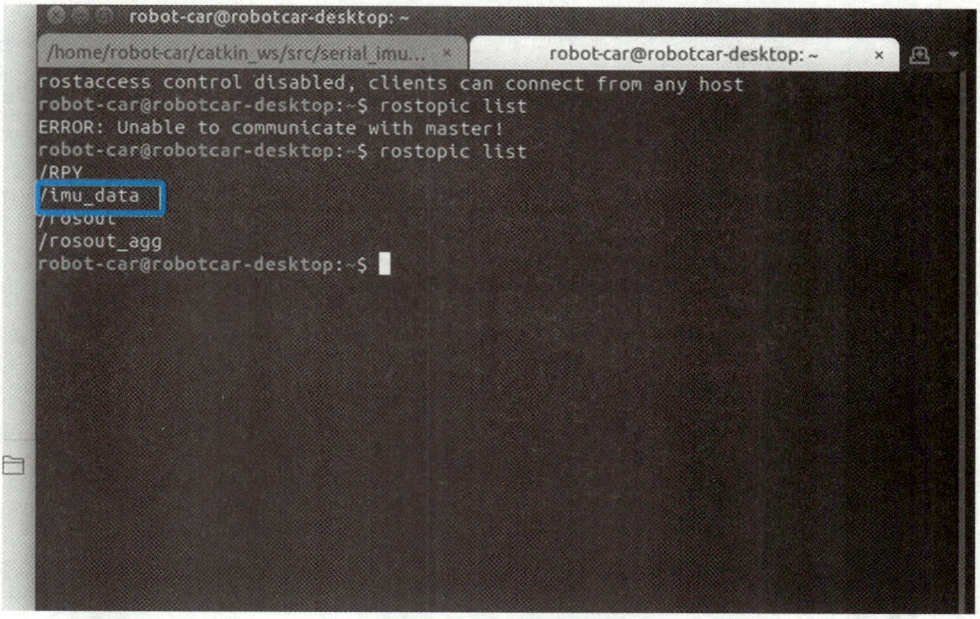

图 5－46 查看当前话题

步骤 3：在终端中输入命令：

```
rostopic  echo  /imu_data
```

查看 IMU 的数据，通过数据中的 frame_id：" imu_link"（见图 5－47）可得出 IMU 的位置信息，相应的固定坐标系 id 为 imu_link。

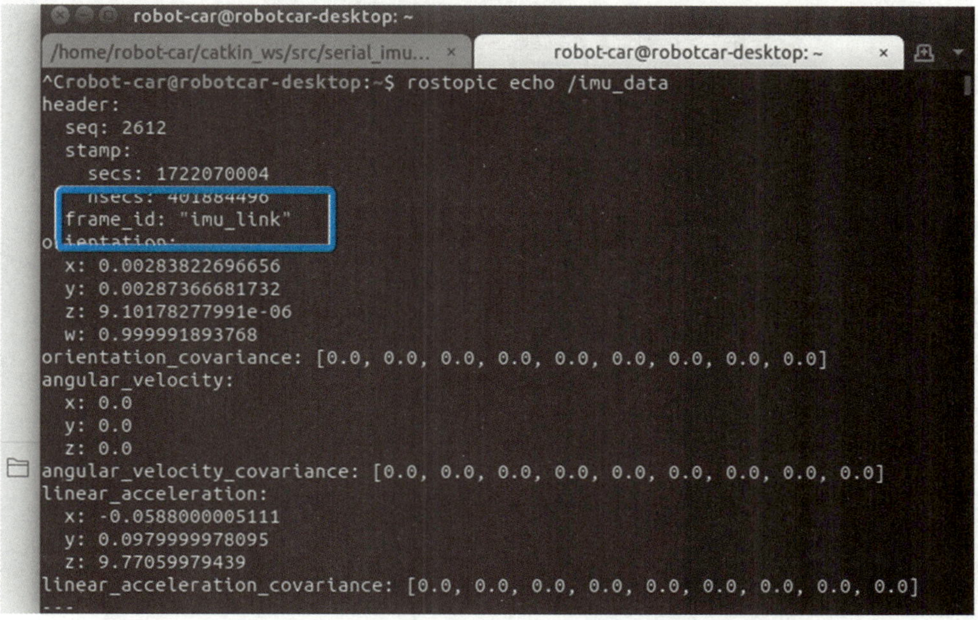

图 5－47 查看 IMU 的数据

步骤 4：按“Ctrl+Shift+T”组合键打开一个新的终端，输入命令：

```
rviz
```

打开 RViz 可视化程序，将 RViz 左上角固定参考系（Fixed　Frame）值修改为“imu_link”，如图 5－48 所示。

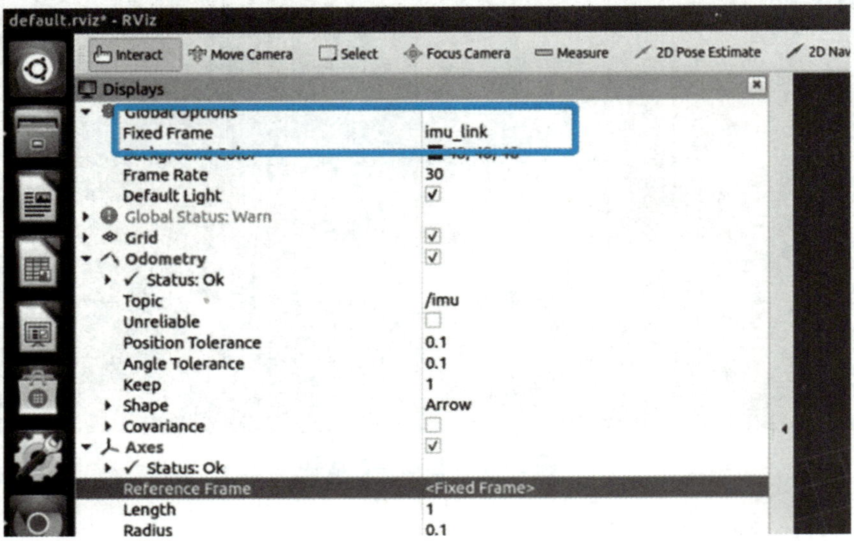

图 5－48　修改固定参考系值

步骤 5：在 RViz 左下角选择“Add”，选中“By topic”添加 IMU 位置可视化信息“Imu”，如图 5－49 所示，此时在 RViz 可视化界面可以看到 IMU 的位置信息，如图 5－50 所示，若箭头在原地抖动则 IMU 位置信息正常。

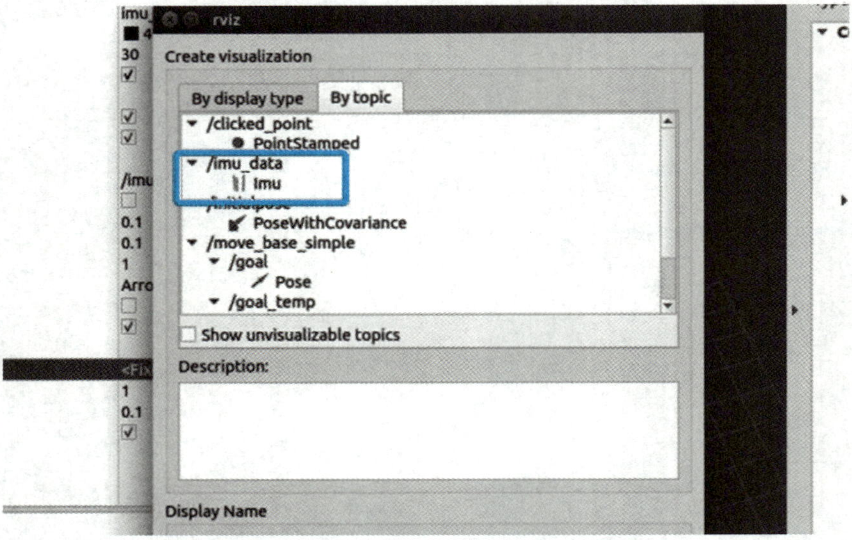

图 5－49　添加 IMU 位置可视化信息“Imu”

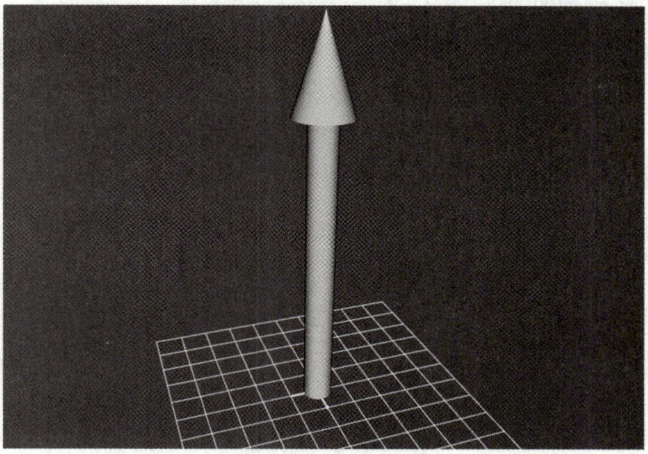

图 5-50 IMU 的位置信息

项目小结

本项目重点阐述了智能小车中激光雷达及 IMU 的相关知识，涵盖运行驱动节点、查看数据、进行参数标定及运用 RViz 实现点云数据可视化等方面。通过这些任务的学习，学生能够深入领会激光雷达和 IMU 的工作原理及其应用。

在运行激光雷达驱动节点的过程中，学生能够学会查看数据并对其准确性进行分析。参数标定工作旨在确保激光雷达能够精准地感知环境，包括对相对位置和扫描方向的标定。通过使用 RViz 对点云数据进行可视化，能够更为直观地呈现环境信息。通过运行 IMU 驱动节点并查看数据，使用 RViz 工具可视化 IMU 数据，实现对 IMU 数据的有效处理和展示。总之，通过本项目的学习，学生可以明晰激光雷达和 IMU 在智能小车路径规划和导航中的关键作用，提升对激光雷达技术的应用能力。

思考练习

作业 1：地图构建与 SLAM 实现

理论与实践结合：使用 ROS 系统中的 Gmapping 或 Hector SLAM 工具，在指定环境中进行小车的实时地图构建。记录地图构建的全过程，并分析构建过程中遇到的挑战和解决方案。

提交内容：地图构建过程的详细报告，包括使用的 SLAM 工具、构建过程中的数据记录、生成的地图及遇到的问题和解决方法。

作业 2：全局路径规划的算法实现

实际操作：使用 ROS 系统中的 A^* 算法或 Dijkstra 算法实现小车的全局路径规划。根据提供的代价地图，规划出一条最优路径，并对路径规划的效率和效果进行分析。

提交内容：路径规划的实施过程和结果报告，包含代价地图的生成、算法的实现步骤、规划路径的效果图，以及算法效率的对比分析。

作业 3：局部路径规划与避障实践

综合应用：在复杂环境中使用 ROS 系统中的 DWA 或 TEB 算法进行局部路径规划，设置动态障碍物，并测试小车的避障效果。评估不同局部规划算法在动态环境下的表现。

提交内容：局部路径规划和避障的实验记录，包含实验设置、动态障碍物的配置、规划路径的变化、避障策略的实现过程，以及不同算法的效果评估。

作业 4：路径跟踪算法的调试与优化

理论与实践结合：使用 ROS 中的 PID 控制器或纯追踪算法（Pure Pursuit）进行路径跟踪，调试控制参数以优化小车的跟踪精度和稳定性，记录不同控制参数对路径跟踪效果的影响。

提交内容：路径跟踪的调试报告，包含控制器参数的选择与调优过程、跟踪效果的测试数据、参数调整对跟踪精度的影响分析，以及优化建议。

注意事项

1. 所有实验应在确保实验环境安全的情况下进行，避免损坏设备或引发意外。

2. 提交的作业需包括完整的实验记录和数据分析，报告应包含清晰的图表和实验数据，以支持结论。

3. 作业应体现对路径规划和导航控制技术的深入理解，引用的资料和工具需注明出处，确保学术诚信。

项目六

摄像头的数据读取与标定

学习目标

知识目标

1. 理解摄像头驱动节点的运行原理，掌握摄像头数据的读取和处理方法。

2. 熟悉摄像头的内参和外参标定过程，了解标定的作用和意义。

3. 掌握使用摄像头识别红绿灯和车道线的基本原理和算法。

4. 了解图像处理和计算机视觉在智能汽车中的应用。

能力目标

1. 能够正确安装和配置摄像头驱动，实现摄像头数据的读取和发布。

2. 能够运用相关工具和方法，对摄像头进行内参和外参标定，提高摄像头数据的准确性。

3. 能够开发和实现基于摄像头的红绿灯识别和车道线识别算法，提高车辆的智能感知能力。

4. 能够对摄像头识别系统进行调试和优化，解决实际应用中出现的问题。

素养目标

1. 培养严谨的科学态度和细致的工作作风，确保摄像头标定和识别系统的准确性和可靠性。

2. 提高创新能力和解决实际问题的能力，通过对摄像头数据的处理和分析，推动智能汽车技术的发展。

3. 增强团队合作意识，在摄像头系统的开发和应用过程中，与团队成员密切协作，共同完成任务。

4. 培养安全意识和责任感，确保摄像头系统的正常运行，为智能汽车的安全行驶提供保障。

建议学时

10 学时。

项目情境

在智能汽车的研发领域，视觉感知系统的重要性日益凸显。小王同学作为智能汽车项目团队的一员，负责摄像头系统的开发与优化。

摄像头作为关键的视觉传感器，能够为车辆提供丰富的环境信息。小王需要深入理解摄像头驱动节点的工作原理，确保摄像头能够稳定地采集图像数据并传输给车辆控制系统。同时，他还需要对摄像头进行精确的内参和外参标定，以提高图像数据的准确性和可靠性。

此外，小王的重要任务之一是利用摄像头实现对红绿灯和车道线的识别。这需要他掌握先进的图像处理和计算机视觉算法，能够从复杂的图像中准确地提取红绿灯状态和车道线信息，为车辆的决策和控制提供依据。

在实际工作中，小王面临着各种挑战，如不同光照条件下的图像质量问题、复杂交通场景中的识别准确性等。他需要通过不断地调试和优化算法，提高摄像头系统的性能和稳定性，为智能汽车的安全、高效行驶贡献力量。

任务一　摄像头驱动节点的运行与数据读取

案例导入

在智能汽车的视觉感知系统中，摄像头起着至关重要的作用。某智能汽车项目组在进行系统测试时，发现摄像头的数据读取出现问题，无法为车辆提供准确的视觉信息。

工程师李师傅安排你负责检查摄像头的硬件连接，并运行摄像头驱动节点以读取数据。具体任务包括确认智能小车摄像头的硬件连接无误，使用正确的指令启动摄像头驱动节点；通过相关工具查看摄像头节点发出的话题及接收到的数据，分析数据的准确性和完整性；如果发现数据异常，需要及时排查问题并解决，确保摄像头能够正常工作，为车辆的视觉感知提供可靠的数据支持。

通过本任务的学习，掌握摄像头驱动节点的运行和数据读取方法，提高对智能汽车视觉感知系统的理解和处理能力。建议本任务学时为 2 学时。

知识介绍

使用 ROS 进行摄像头数据读取首先要有摄像头设备，如 USB 摄像头、网络摄像头或其他类型的摄像头等。然后还需要有对应的 ROS 驱动程序，实现与摄像头设备之间的通信功能，常见的驱动程序有 usb_cam、cv_camera 等。接下来，在 ROS 中创建一个用于读取摄像头数据的节点。可以使用 ROS 提供的图像处理库（如 OpenCV）来处理摄像头数据，如进行图像采集、压缩、处理等操作。然后将处理过的图像数据发布到 ROS 的图像话题中，以便其他节点订阅和使用。

在创建节点时，需要定义节点的名称、订阅的图像话题、发布的图像话题等信息，可以使用 ROS 提供的命令行工具（如 roscpp、rospy 等）来创建节点程序，也可以使用 ROS 的可视化工具（如 RViz）来调试和测试节点的运行情况。

最后，需要在 ROS 中创建一个用于显示摄像头数据的节点，订阅之前发布的图像话题，并将图像数据显示在屏幕上或保存为图像文件。通过以上步骤，就可以实现 ROS 读取摄像头节点数据的功能，从而为机器人应用程序提供摄像头数据的输入。

任务实施

以 ROS 官方提供的 usb_cam 驱动包为例，可以直接将小车摄像头采集的图像发布为 ROS 图像话题，具体步骤如下：

步骤 1：下载摄像头驱动功能包 usb_cam（有 2 种方式）。

（1）直接在终端中输入命令，通过 apt 便捷安装。

```
cd usb_cam/src/
sudo apt-get install ros-melodic-usb-cam
```

（2）在终端中输入以下命令，通过下载源代码安装。

```
git clone https://github.com/ros-drivers/usb_cam
```

步骤 2：发布摄像头图像话题，在终端中输入以下命令：

```
cd usb_cam
roslaunch usb_cam usb_cam_test.launch
```

其中，usb_cam_test.launch 文件内容如图 6－1 所示。

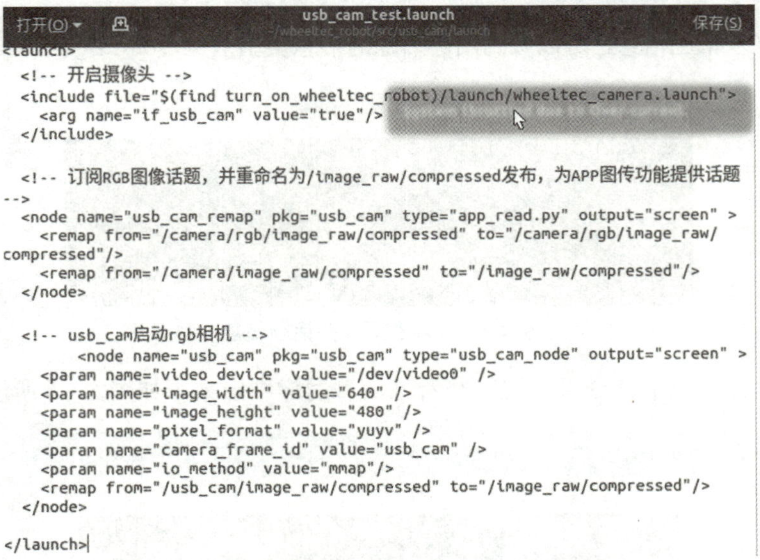


```
<launch>
  <!-- 开启摄像头 -->
  <include file="$(find turn_on_wheeltec_robot)/launch/wheeltec_camera.launch">
    <arg name="if_usb_cam" value="true"/>
  </include>

  <!-- 订阅RGB图像话题，并重命名为/image_raw/compressed发布，为APP图传功能提供话题
-->
  <node name="usb_cam_remap" pkg="usb_cam" type="app_read.py" output="screen" >
    <remap from="/camera/rgb/image_raw/compressed" to="/camera/rgb/image_raw/
compressed"/>
    <remap from="/camera/image_raw/compressed" to="/image_raw/compressed"/>
  </node>

  <!-- usb_cam启动rgb相机 -->
        <node name="usb_cam" pkg="usb_cam" type="usb_cam_node" output="screen" >
    <param name="video_device" value="/dev/video0" />
    <param name="image_width" value="640" />
    <param name="image_height" value="480" />
    <param name="pixel_format" value="yuyv" />
    <param name="camera_frame_id" value="usb_cam" />
    <param name="io_method" value="mmap"/>
    <remap from="/usb_cam/image_raw/compressed" to="/image_raw/compressed"/>
  </node>

</launch>
```

图 6－1 usb_cam_test.launch 文件内容

步骤 3：启动摄像头对应的 launch 文件后成功启动摄像头，此时在终端中输入命令：

```
rosnode list
rostopic list
```

可以在图 6 - 2 中看到摄像头对应的节点为/usb_cam，摄像头相关的话题为/usb_cam/image_raw 等。

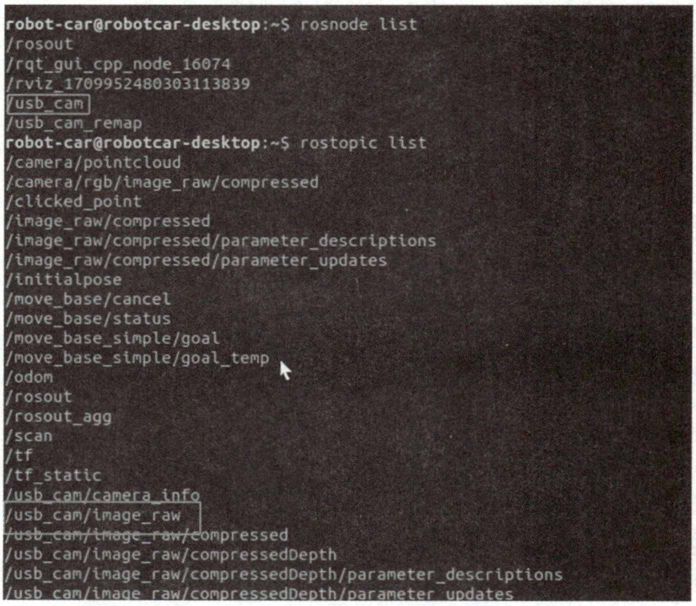

```
robot-car@robotcar-desktop:~$ rosnode list
/rosout
/rqt_gui_cpp_node_16074
/rviz_1709952480303113839
/usb_cam
/usb_cam_remap
robot-car@robotcar-desktop:~$ rostopic list
/camera/pointcloud
/camera/rgb/image_raw/compressed
/clicked_point
/image_raw/compressed
/image_raw/compressed/parameter_descriptions
/image_raw/compressed/parameter_updates
/initialpose
/move_base/cancel
/move_base/status
/move_base_simple/goal
/move_base_simple/goal_temp
/odom
/rosout
/rosout_agg
/scan
/tf
/tf_static
/usb_cam/camera_info
/usb_cam/image_raw
/usb_cam/image_raw/compressed
/usb_cam/image_raw/compressedDepth
/usb_cam/image_raw/compressedDepth/parameter_descriptions
/usb_cam/image_raw/compressedDepth/parameter_updates
```

图 6 - 2　摄像头对应的节点与相关话题

步骤 4：在终端中继续输入命令：

```
rostopic info /usb_cam/image_raw
```

查看摄像头话题信息，可以看到图像话题的消息类型是 sensor_msgs/Image，如图 6 - 3 所示。

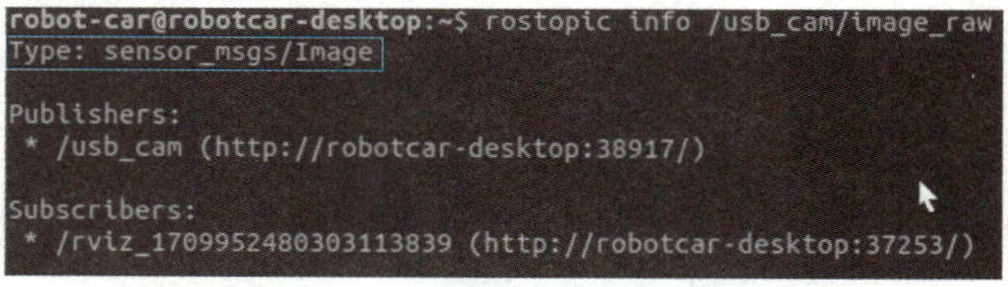

```
robot-car@robotcar-desktop:~$ rostopic info /usb_cam/image_raw
Type: sensor_msgs/Image

Publishers:
 * /usb_cam (http://robotcar-desktop:38917/)

Subscribers:
 * /rviz_1709952480303113839 (http://robotcar-desktop:37253/)
```

图 6 - 3　查看摄像头话题信息

步骤 5：输入以下命令可以继续查看该消息的详细定义，如图 6 - 4 所示。

```
rosmsg show sensor_msgs/Image
```

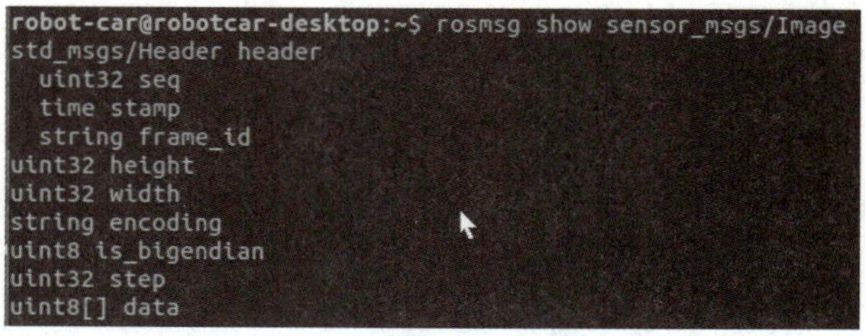

```
robot-car@robotcar-desktop:~$ rosmsg show sensor_msgs/Image
std_msgs/Header header
  uint32 seq
  time stamp
  string frame_id
uint32 height
uint32 width
string encoding
uint8 is_bigendian
uint32 step
uint8[] data
```

图 6 - 4　查看消息的详细定义

该类型图像的具体内容详细解释如下：

std_msgs/Header header：消息的标准头部，包含与时间戳和坐标系有关的字段。

uint32 seq：序列号，通常用于区分消息的顺序。

time stamp：消息的时间戳，表示消息生成的时间。

string frame_id：坐标系 id，用于指定该图像数据参照的坐标系。

uint32 height：图像的高度，单位为像素。

uint32 width：图像的宽度，单位为像素。

string encoding：图像数据的编码方式，如“rgb8”代表 RGB 颜色空间的 8 位编码。

uint8 is_bigendian：表示数据的字节序。如果是大端（bigendian），则为 1；如果是小端（littleendian），则为 0。

uint32 step：图像中一行数据的字节长度，可以用于定位行数据在字节数组中的位置。

uint8[] data：实际的图像数据，通常是连续的字节流，其具体格式由 encoding 字段指定。

步骤 6：在 RViz 中显示摄像头数据，在终端中输入命令：

```
rviz
```

然后添加 topic，在 By topic 中选择/usb_cam/image_raw，单击“OK”按钮，即可实时显示摄像头数据，如图 6-5 所示。

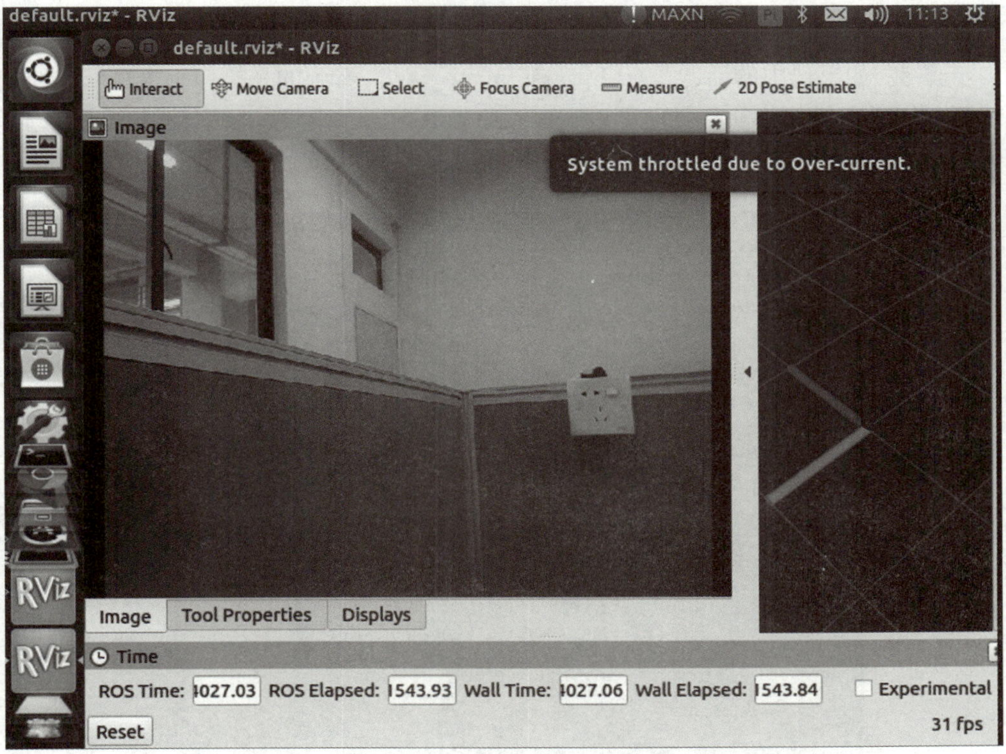

图 6-5　实时显示摄像头数据

步骤 7：也可以直接在终端中输入以下指令查看，如图 6－6 所示。

```
rqt_image_view
```

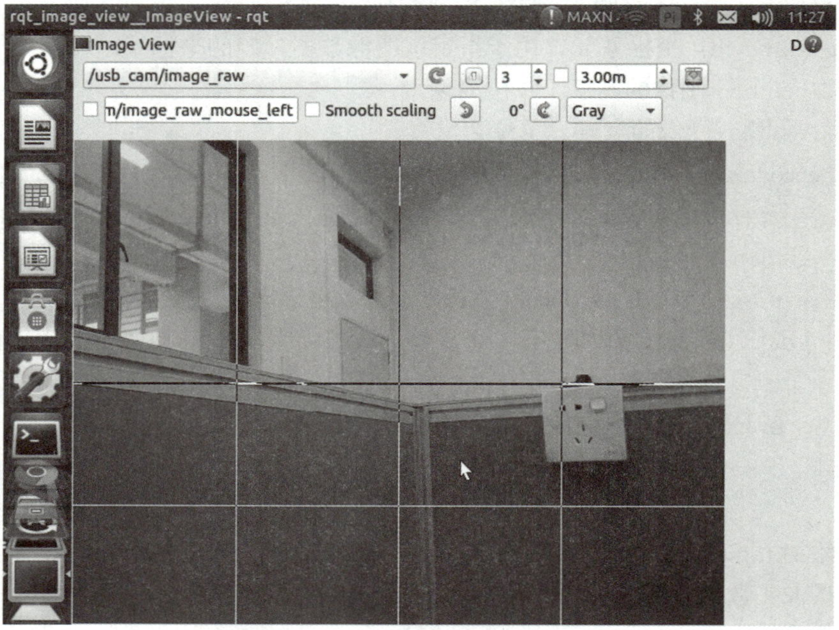

图 6－6　rqt 可视化摄像头数据

步骤 8：如果选中的话题是/usb_cam/image_raw，看到的是摄像头未压缩的原始数据画面，用手在摄像头前面晃动可以观察到原始数据图像卡顿、帧率较低。此时选择压缩后的话题/image_raw/compressed，如图 6－7 所示，图像立刻变得流畅。

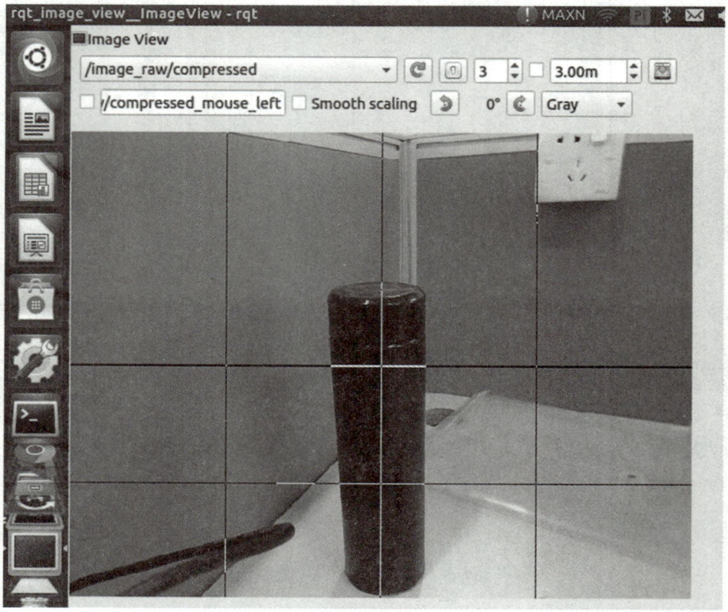

图 6－7　选择压缩后的话题

任务二 摄像头的外参和内参标定

案例导入

在智能汽车的视觉系统中，摄像头的精确标定是确保其准确感知环境的关键。某智能汽车研发团队在测试过程中，发现摄像头采集的图像与实际场景存在偏差，影响了车辆对周围环境的判断。

工程师赵师傅要求你对摄像头进行外参和内参标定。具体任务包括了解摄像头内参和外参的概念及作用，准备好标定所需的棋盘格标定板等工具；按照标定流程，依次进行不同角度的图像采集，确保采集到足够多且准确的图像数据；使用专业的标定软件对摄像头的内参和外参进行计算和调整，以提高摄像头的测量精度；通过实际场景的测试，验证标定后的摄像头是否能够准确地反映车辆与周围环境的位置关系和图像特征。

通过本任务的学习，掌握摄像头内参和外参标定的方法，提升智能汽车的视觉感知精度和可靠性。建议本任务学时为 4 学时。

知识介绍

摄像头作为车辆感知环境的重要传感器，其精确的标定对于提高车辆的自动驾驶性能极其重要。摄像头标定涉及内参和外参两个方面，其中内参是指摄像头本身的固有属性，如焦距、主点坐标和畸变系数等；外参则描述了摄像头相对于车辆坐标系的位置和姿态。这些参数的精确获取，是实现高精度地图构建、车辆定位、障碍物检测和跟踪等功能的基础。内参标定旨在获取摄像头的内在几何和光学特性，包括摄像头的焦距、光轴位置、畸变参数等。这些参数确保了从三维世界到二维图像的转换能够尽可能地减少信息的失真。外参标定则用于确定摄像头在车辆坐标系统中的精确位置和方向，不仅涉及摄像头与车辆之间的相对位置，还包括摄像头如何相对于周围环境进行定位。外参的准确度直接影响智能汽车在实际驾驶环境中的定位精度和环境感知能力。摄像头标定的过程，不仅需要精确的测量工具和算法，还需要对摄像头和车辆系统有深入的理解。在实际操作中，标定过程通常包括使用棋盘格标定板或特定标定场景进行多个视角的拍摄，利用这些数据可以计算得到内外参的值。

任务实施

步骤 1：安装摄像头校准功能包。在工控机终端输入：

```
sudo apt-get install ros-Melodic-camera-calibration
```

需连接网络进行安装。

步骤 2：打开摄像头。在工控机终端输入：

```
roslaunch usb_cam usb_cam_1.launch
```

启动摄像头，如图 6-8 所示。

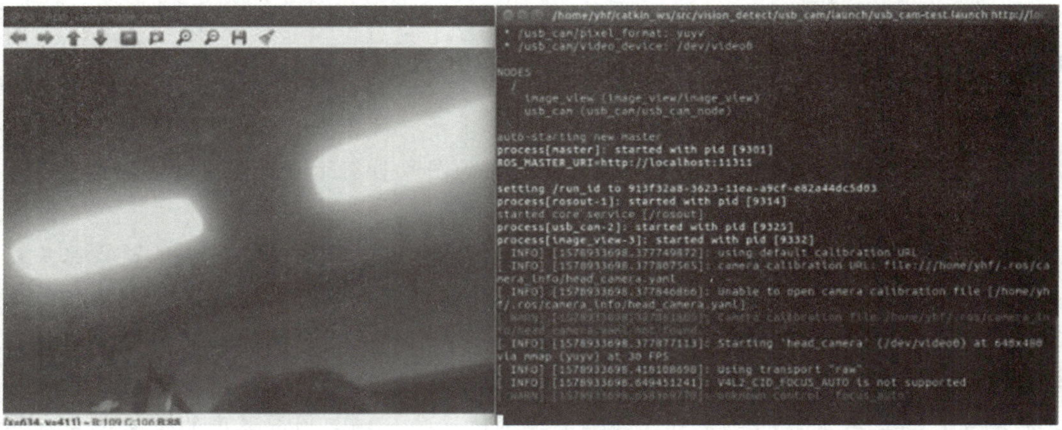

图 6-8　启动摄像头

步骤 3：在工控机终端输入：

```
rostopic list
```

找到体现摄像头参数的话题：/usb_cam/camera_info，如图 6-9 所示，校对摄像头话题列表。

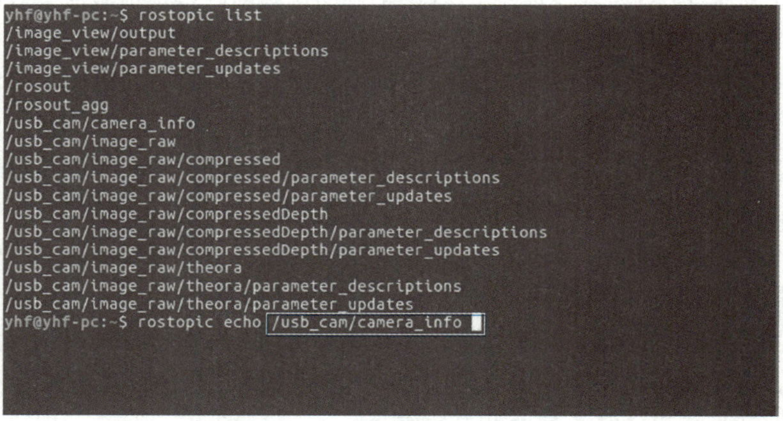

图 6-9　找到体现摄像头参数的话题

步骤 4：在工控机终端输入：

```
rostopic echo /usb_cam/camera_info
```

展示未标定时的摄像头参数，如图 6-10 所示，校对摄像头内、外参数（注：D 为畸变系数矩阵；K 为内部参数矩阵；R 为整流矩阵；P 为投影矩阵）。

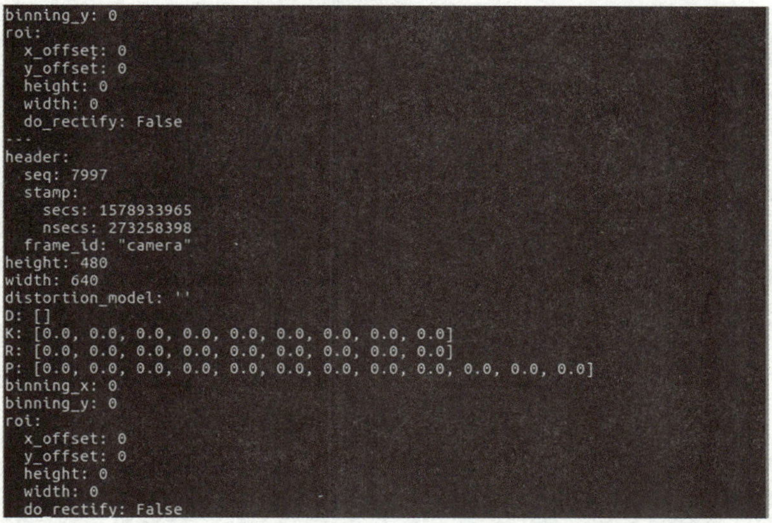

图 6-10 未标定时的摄像头参数

步骤 5：打开标定 gui，在工控机终端输入命令（见图 6-11）：

```
rosrun camera_calibration cameracalibrator.py --size 8x8 --square 0.025 image:=/usb_cam_1/image_raw camera:=/camera --no-service-check
```

或

```
rosrun camera_calibration cameracalibrator.py --size 8x8 --square 0.025 image:=/usb_cam_1/image_raw camera:=/usb_cam_1
```

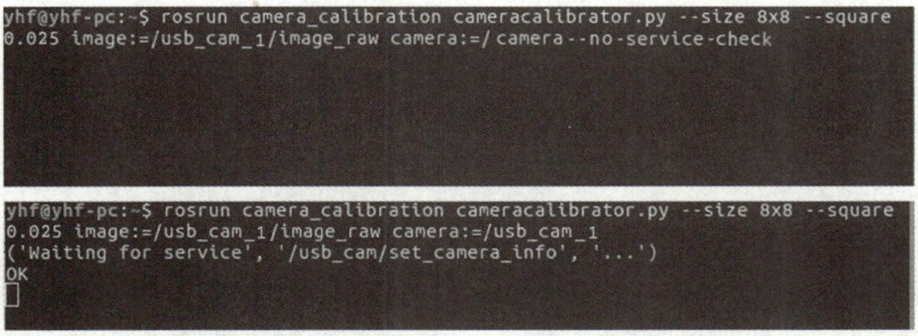

图 6-11 标定命令

输入上述命令，如果无误则等待标定图像窗口的出现，如图 6-12 所示。

步骤 6：将棋盘格标定板摆放在窗口内（必须保证 8×8 的棋盘格完全在窗口视野范围内），在校准过程中需要将棋盘对着摄像头左/右（对应 X）、上/下（对应 Y）、前/后（对应 Size）缓慢移动，还需要倾斜棋盘（对应 Skew），直到 X、Y、Size、Skew 下画线变绿且“CALIBRATE”变绿，则单击“CALIBRATE”按钮计算标定结果，如图 6-13 所示。单击“SAVE”按钮可对标定结果进行保存，可以在终端看到保存路径（/tmp/calibrationdata. tar. gz）。

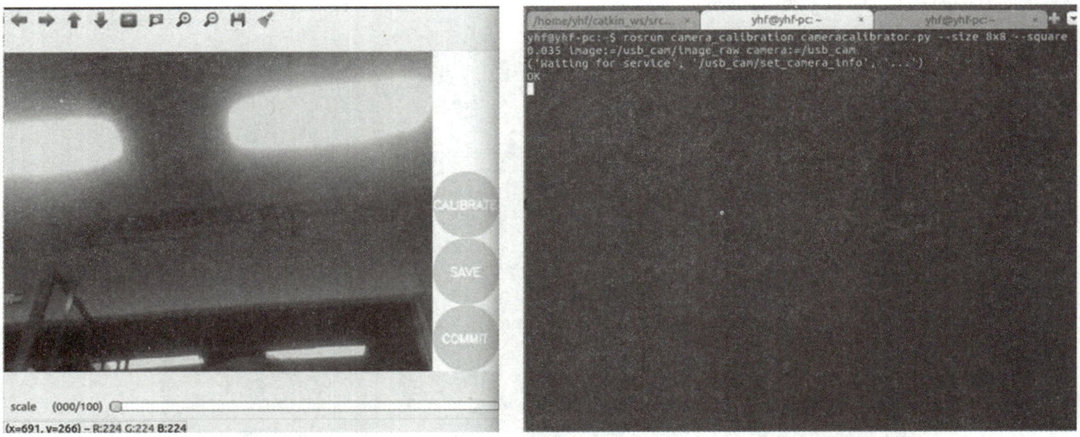

图 6-12　标定图像窗口

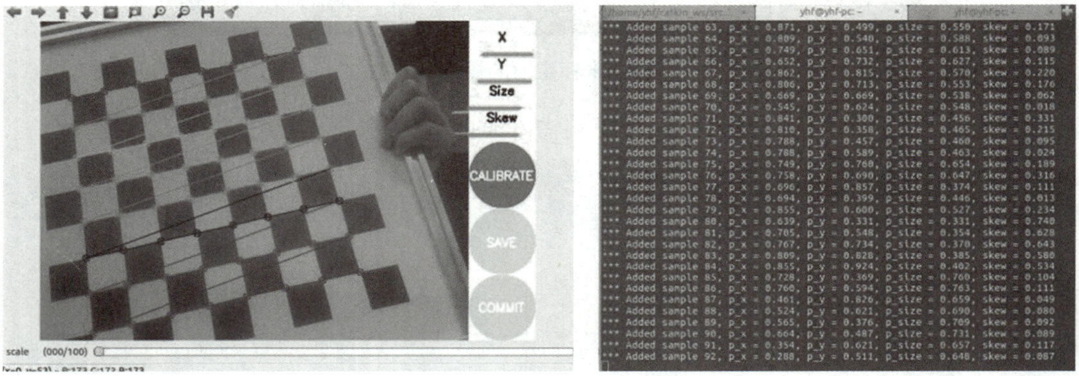

图 6-13　标定 X、Y、Size 和 Skew

需要注意校正采集的角点图像要足够多，数量达到一定效果时，“CALIBRATE”按钮会变亮，单击即可进行校正运算，结果在终端显示，也可以选择保存，如图 6-14 所示。

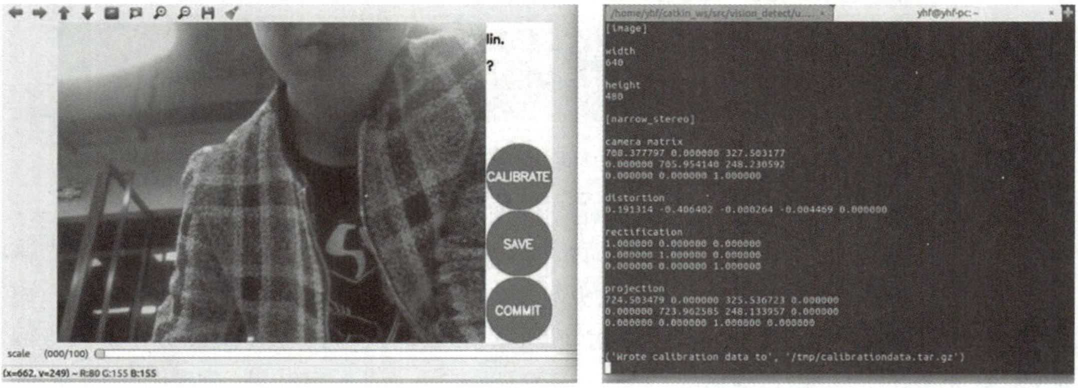

图 6-14　校正运算结果显示

步骤 7：配置摄像头标定参数文件。将上述保存的压缩包 calibrationdata. tar. gz 进行解压，解压后可以看到压缩包里面的文件 ost. yaml 文件。此时在工控机终端输入命令：

```
mv ost.yaml head_camera.yaml
```

将 ost. yaml 重命名为 head_camera. yaml。

步骤 8：创建文件夹 camera_info，并将 head_camera. yaml 文件存入文件夹 camera_info 中，在 ROS 系统中分别输入创建文件夹 camera_info 的命令：

```
mkdir ~/.ros/camera_info/
```

和将 head_camera. yaml 文件放入文件夹 camera_info 中的命令：

```
mv head_camera.yaml~/.ros/camera_info/
```

到此标定结束，且参数配置完成。

步骤 9：确认标定参数是否正确。

打开标定的摄像头，在工控机终端输入命令：

```
roslaunch usb_cam usb_cam_1.launch
```

如图 6 - 15 所示，下面没有出现黄色报警提示。

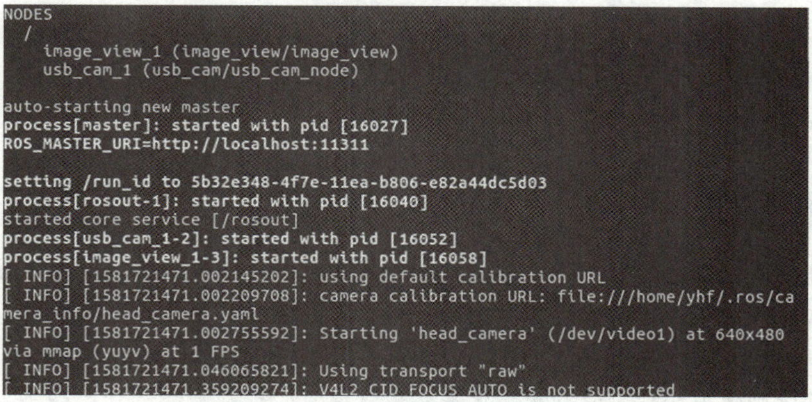

图 6 - 15　确认标定参数是否正确

步骤 10：打开话题查看标定数据，在工控机终端输入：

```
rostopic echo/usb_cam/camera_info
```

可查看标定数据，如图 6 - 16 所示。

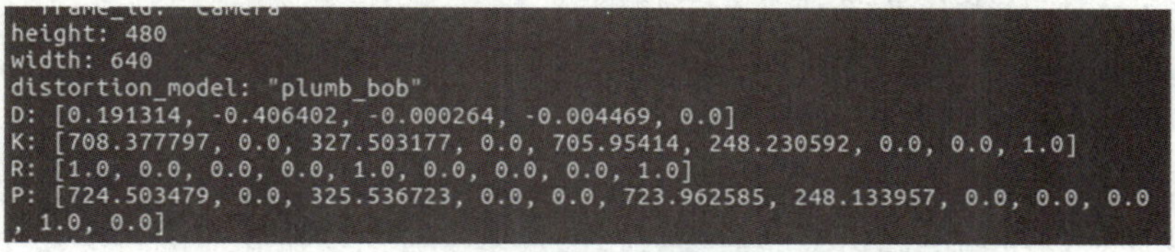

图 6 - 16　查看标定数据

知识视界

在输入摄像头标定命令过程中，命令必须手动输入，无法完全靠“Tab”键补齐，因此需要保证命令的准确性，包括空格位置等，否则无法正确调出标定窗口进行标定。在命令 rosrun camera_calibration cameracalibrator. py -- size 8x8 -- square 0.035 image:=/usb_cam/image_raw camera:=/usb_cam 中：

camera_calibration 是摄像头标定的功能包；

cameracalibrator. py 是摄像头标定的代码程序，py 结尾表示 Python 编写的代码；

image 后面的/usb_cam/image_raw 是摄像头订阅图片的话题名称，即对图片进行采集的话题，可通过终端中输入以下命令进行查看：

```
rosotopic list
```

camera 后面的/usb_cam 是摄像头节点名称；

0.035 表示黑白棋盘格标定板的长度，单位为 m；

8×8 分别表示棋盘格横向、竖向交叉点的个数；需要特别注意的是，一定要保证使用的棋盘格标定板黑白格交叉点个数一致，否则无法正确调出标定窗口。

任务三　使用摄像头识别红绿灯

案例导入

在智能汽车的行驶过程中，准确识别红绿灯状态对于确保行车安全和交通效率非常重要。某智能汽车项目团队在实际道路测试中，发现车辆对红绿灯的识别存在不准确的情况。

工程师张师傅安排你负责利用摄像头实现红绿灯的识别功能。具体任务包括分析红绿灯的特征和识别难点，确定合适的图像处理算法和机器学习方法；搭建摄像头与智能小车控制系统的连接，确保摄像头采集的图像数据能够及时传输和处理；通过对大量不同场景下的红绿灯图像进行训练和测试，优化识别算法的准确性和稳定性；在实际道路环境中进行验证，确保车辆能够准确识别红绿灯状态并做出相应的行驶决策。

通过本任务的学习，掌握使用摄像头识别红绿灯的方法，提高智能汽车的自主行驶能力和安全性。建议本任务学时为 2 学时。

知识介绍

在智能汽车的发展中，红绿灯识别系统是实现城市交通自动驾驶的关键技术之一。该系统能够使智能车辆准确识别交通信号灯的状态，进而做出相应的行驶决策，是保障交通安全、提升行驶效率的基础。为了实现这一功能，摄像头作为主要的感知器件，其性能直接影响红绿灯识别的准确性和稳定性。摄像头识别红绿灯的过程，涉及复杂的图像处理和机器学习技术，包括图像采集、预处理、特征提取、分类识别等多个步骤。在这一过程中，首先需要通过高清摄像头收集交通信号灯的实时图像数据，然后对这些图像数据进行预处理，包括去噪、灰度转换、边缘检测等，以提高后续处理的准确性和效率。

接下来的特征提取是识别过程中的关键环节，需要从预处理后的图像中提取出有助于区分红绿灯状态的有效信息，这些信息通常包括颜色、形状、亮度等特征。最后，通过分类识别算法，如支持向量机（SVM）、深度学习等方法，智能车辆能够准确判断红绿灯的当前状态，从而做出停车或通过等行驶决策。

红绿灯识别技术的发展，不仅需要算法的不断优化和迭代，还需要考虑实际应用中的各种挑战，如不同光照条件下的识别准确性、遮挡问题、不同地区交通信号灯的标准差异等。

任务实施

使用智能小车的摄像头进行红绿灯识别的详细步骤如下：

步骤 1：硬件连接检查。检查是否将摄像头连接至主机，并将镜头上的防尘罩取下，如图 6－17 所示。

图 6－17　硬件连接检查

步骤 2：启动摄像头。打开终端，并在终端中输入摄像头启动命令，如图 6－18 所示。

```
roslaunch usb_cam usb_cam_1.launch
```

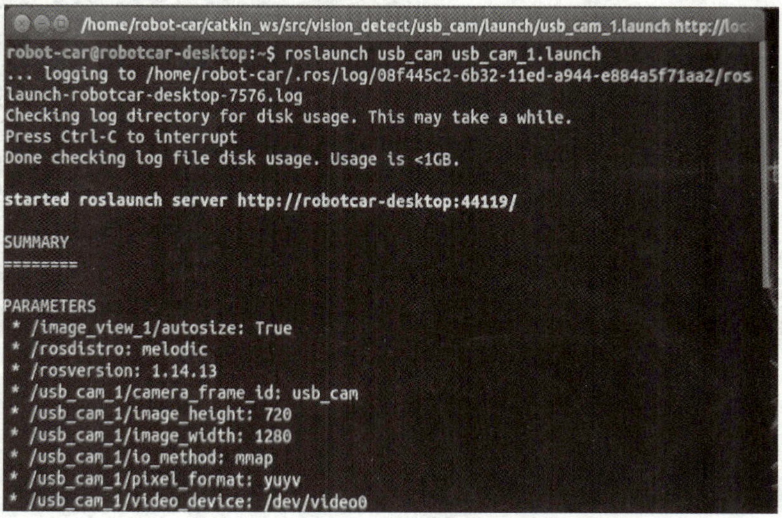

图 6－18　启动摄像头

步骤 3：启动红绿灯识别程序。打开一个新的终端，并输入打开 calibration 模式下的红绿灯识别程序的命令，如图 6－19 所示。

```
roslaunch autorace_detect autorace_detect_traffic_light.launch
```

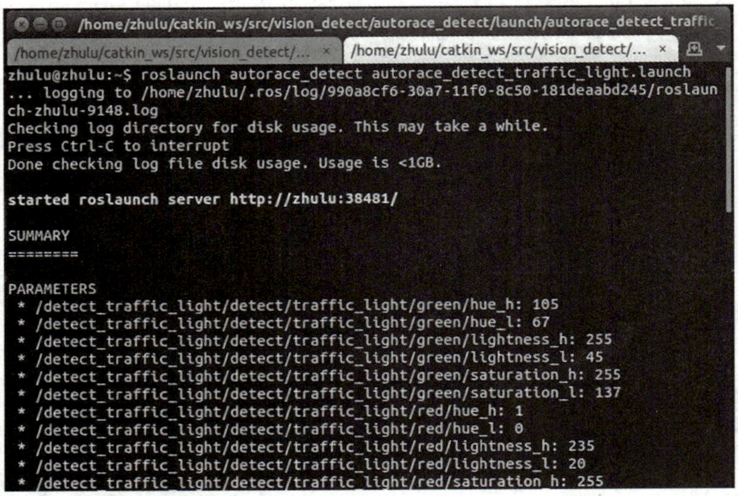

图 6－19　启动红绿灯识别程序

步骤 4：再打开一个新的终端，输入启动 rqt 可视化查看红绿灯识别的命令：

```
rqt_image_view
```

接着在弹出的 rqt 界面中选择话题“/detect/image_traffic_light”，终端与 rqt 中的识别效果如图 6－20 所示。

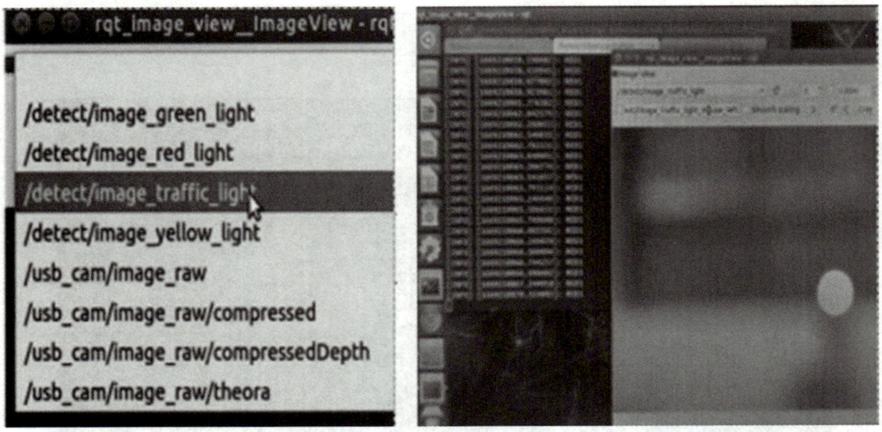

图 6－20　查看红绿灯识别效果

步骤 5：设置好话题后打开终端，输入 rqt 命令查看识别效果：

```
rqt_image_view
```

如果没有显示红绿灯识别效果画面，则单击左上方，并选择对应红绿灯话题“/detect/

image_traffic_ light”，如图 6－21 所示，然后调节摄像头焦距，直到正确识别出红绿灯。

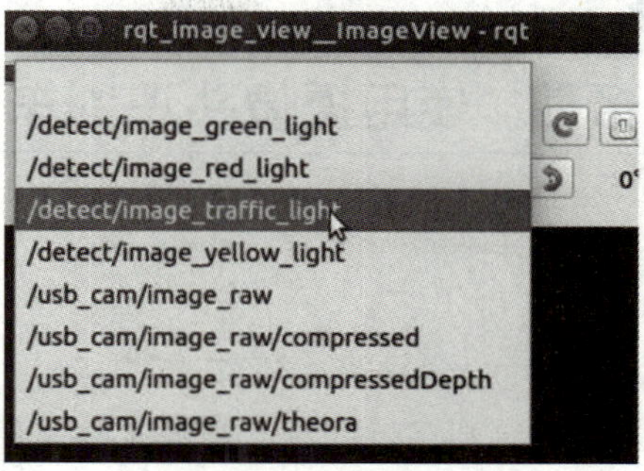

图 6－21　选择对应红绿灯话题

微课视频

小车红绿灯识别的摄像头调试

微悦读

比亚迪的故事——民族品牌的崛起

2023 年 8 月 9 日对于比亚迪而言是充满纪念意义的一天。这天晚上，其第 500 万辆新能源汽车正式下线，这也让比亚迪成为全球首家新能源汽车产量达到 500 万台的整车企业。在活动现场，比亚迪股份有限公司董事长兼总裁王传福在谈及比亚迪一路的发展历程时曾数度哽咽，而比亚迪能从 1 到 500 万，在如今辉煌的背后，其经历也曾充满艰辛。

2003 年，在电池领域已经做大做强的比亚迪，决定走一条新道路。其收购了西安秦川汽车厂，正式开始了造车之路。当时，比亚迪主要生产低价位的小型汽车，如比亚迪 F3、F6 等，以及一些面包车和商务车。这些车型主要靠低成本和高性价比吸引消费者，但也面临着质量、设计和品牌形象的问题。

2008 年，比亚迪正式进军新能源汽车领域。2009 年，比亚迪推出了中国第一款纯电动汽车——比亚迪 E6，进一步展示了其在新能源汽车领域的实力。不过与比亚迪 F3DM 类似，该车型同样也没能在当时的汽车市场掀起太大的波澜。虽然未获得市场认可，但比亚迪 F3DM 和比亚迪 E6 也为之后比亚迪在新能源上取得的成功打下了基础。

2021 年对于比亚迪来说绝对是命运转折之年。年初时，比亚迪正式发布了 DM－i 超级混动系统，其核心部件包括双电机的 EHS 超级电混系统，骁云-插混专用高效发动机，DM－i 超级混动专用功率型刀片电池及整车控制系统、发动机控制系统、电机控制系统、电池管理系统。正是得益于此前比亚迪的高研发投入，这些核心部件和关键技术完全由比亚迪自研。

2023 年，比亚迪有着 302 万台的销量表现，凭借这个销量也获得了中国汽车市场车企销量第一，中国汽车市场品牌销量第一，全球新能源汽车市场销量第一和中国第一大汽车企业等多项荣誉。这也是从 1984 年大众进入国内市场以来，时隔 39 年，中国汽车品牌第一次夺回国内市场销量冠军。

比亚迪二十几年的造车历程是一段从跟随到领先，从模仿到创新，从低端到高端，从国内到国际的奋斗史。比亚迪不仅为中国汽车工业的发展做出了贡献，也为全球新能源汽车的推广和普及做出了努力。

任务四 使用摄像头识别车道线

案例导入

在智能汽车的行驶中，准确识别车道线对于车辆保持正确的行驶轨迹极其重要。某智能汽车项目团队在测试过程中，发现车辆对车道线的识别不够精准，影响了行驶的安全性和稳定性。

工程师刘师傅要求你利用摄像头实现车道线的识别功能。具体任务包括研究车道线的特征和常见的识别方法，确定适合的图像处理技术和算法；设置摄像头的参数，确保能够清晰地捕捉到车道线的图像；对采集到的车道线图像进行预处理，去除噪声和干扰因素；运用合适的算法对车道线进行检测和跟踪，实时确定车辆在车道中的位置；在不同的道路条件下进行测试，不断优化算法，提高车道线识别的准确性和可靠性。

通过本任务的学习，应掌握使用摄像头识别车道线的方法，为智能汽车的安全行驶提供有力保障。建议本任务学时为 2 学时。

知识介绍

在智能汽车的核心技术体系中，车道线识别技术是确保车辆安全行驶的基石。它允许车辆准确感知自身在道路上的位置，对避免偏离行驶轨迹、实现车道保持和自动变道、自适应巡航（见图 6－22）等至关重要。车道线识别技术的实现，主要依赖于车载摄像头及其背后的图像处理和模式识别算法。

图 6－22　自适应巡航

摄像头作为智能小车的“眼睛”，能够实时捕捉道路上的车道线图像，将其转换为数字信号进行分析和处理。通过对这些图像数据的精确处理，智能小车可以识别出各种类型的车道线（如实线、虚线、双黄线等），并判断车辆当前所处的车道位置，以及车道线的曲率等信息。

车道线识别过程的关键在于如何从复杂的道路环境中准确地提取车道线特征，并对这些特征进行有效的分析和识别。这不仅要求算法能够处理不同光照条件、不同天气情况下的图像，还要能够应对各种道路条件，如不同颜色和材质的路面，以及车道线的磨损、遮挡或缺失等情况。因此，构建一个高效、准确、可靠的车道线识别系统，需要综合运用图像处理、计算机视觉、深度学习等多种技术。该系统不仅要能够实时地处理大量图像数据，还要具备高度的适应性，能够在多变的道路和环境条件下保持稳定的识别性能。

任务实施

使用智能小车摄像头进行摄像头识别的过程如下：

步骤 1：启动摄像头。使用摄像头对车道线进行识别时，与红绿灯识别一样，首先要打开摄像头驱动节点（见图 6－23），命令如下：

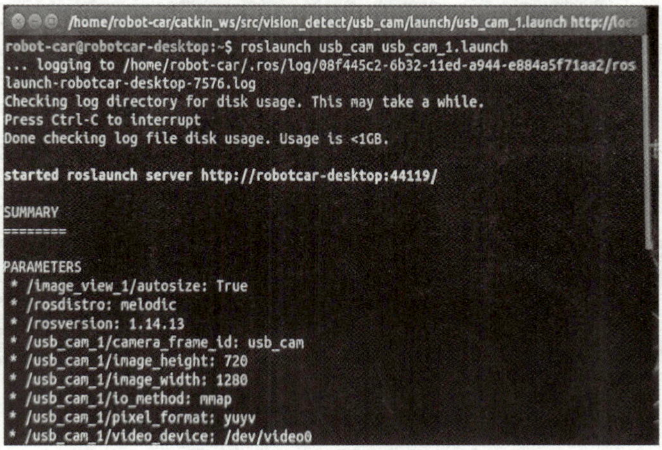

图 6－23　打开摄像头驱动节点

微课视频

小车车道线识别的摄像头调试

```
roslaunch usb_cam usb_cam_1.launch
```

步骤 2：打开车道线识别程序。摄像头启动后新打开一个终端，在终端中输入启动车道线识别的 launch 文件命令，其模式为 calibration：

```
roslaunch autorace_detect autorace_detect _lane.launch
```

步骤 3：启动 rqt 可视化查看车道线识别效果，如图 6－24 所示：

```
rqt_image_view
```

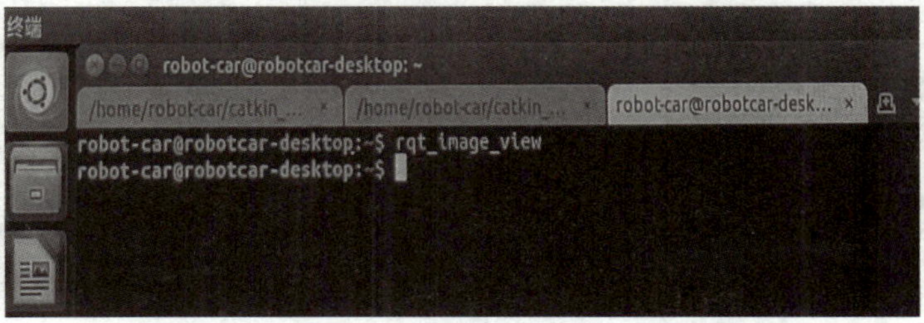

图 6－24　启动 rqt 可视化查看车道线识别效果

步骤 4：在弹出的窗口中选择车道线识别话题“/detect/image_lane/compressed”，便可看到识别的效果，如图 6－25 所示。

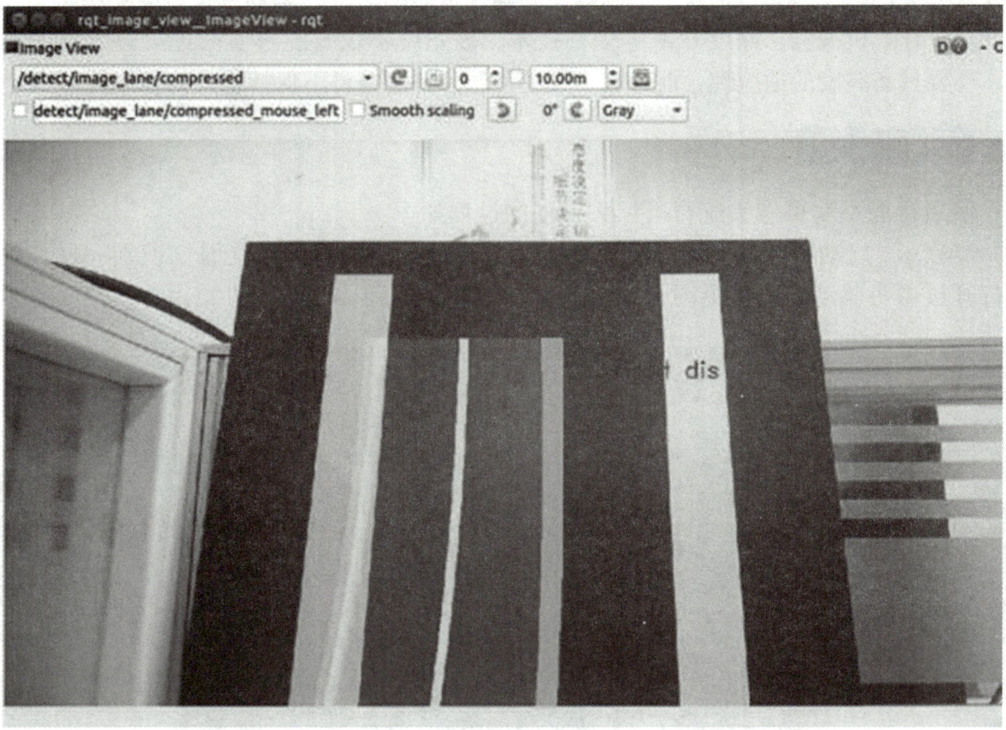

图 6－25 选择车道线识别话题

步骤 5：如图 6－26 所示，在窗口中分别添加不同颜色的线进行识别，查看识别效果。

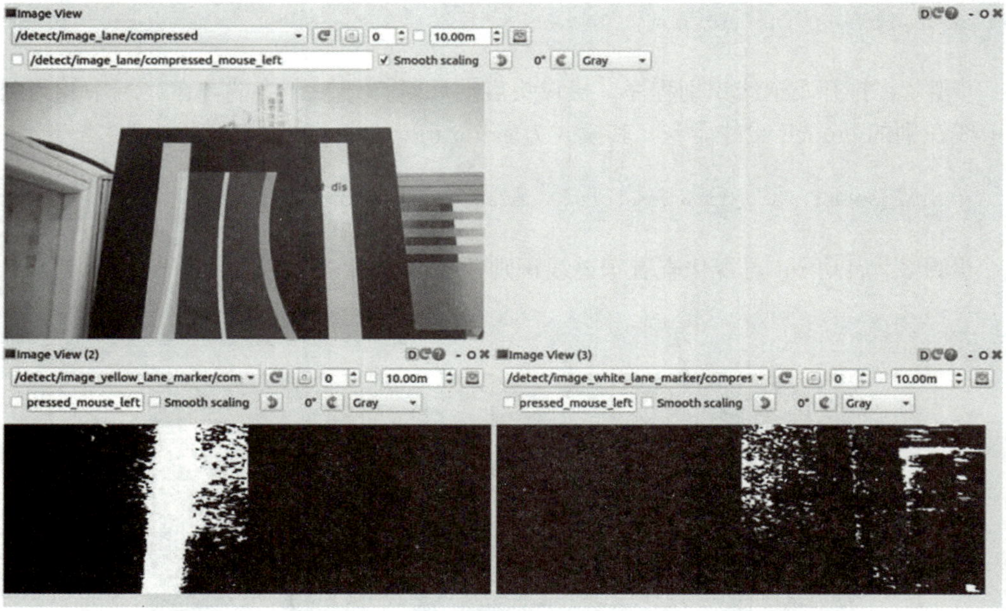

图 6－26 添加不同颜色的线进行识别

技能拓展

一、小车红绿灯识别参数调整优化

由于红绿灯识别对光线要求很高，默认的识别参数可能识别效果不好，所以需要进行红绿灯识别参数调整优化，方法如下：

首先打开小车总电源开关和 Nano 主机电源开关，控制小车移动到赛道合适位置，也就是要进行红绿灯识别的位置。然后同样先打开摄像头驱动节点及红绿灯识别程序。重新打开一个终端，在终端中输入打开参数设置界面的命令，并在弹出的页面选择“detect traffic_light”，如图 6 - 27 所示：

```
rosrun rqt_reconfigure rqt_reconfigure
```

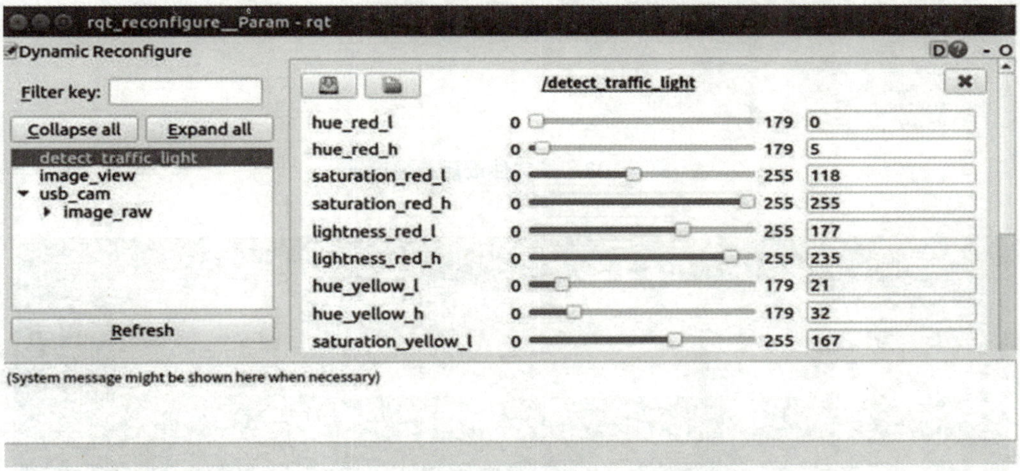

图 6 - 27 选择“detect traffic_light”

参数的设置可以参考经试验过效果较好的标准文件，文件在主目录下一级一级地打开，也可以输入以下命令直接打开：

```
gedit/catkin_ws/src/vision_detect/autorace_detect/param/traffic_light/traffic_light.yaml
```

对照文件内参数设置 detect traffic_light 列表内的参数，如图 6 - 28 所示。

如果参数识别不稳定，可以尝试调试修改 rqt_reconfigure 里的参数，以及调整摄像头的焦距，如图 6 - 29 所示。

还可再添加红灯识别话题“/detect/image_red _light”（见图 6 - 30）或者绿灯识别话题“/detect/image_ green_light”，通过调整 rqt_reconfigure 的参数，达到要实现的效果。

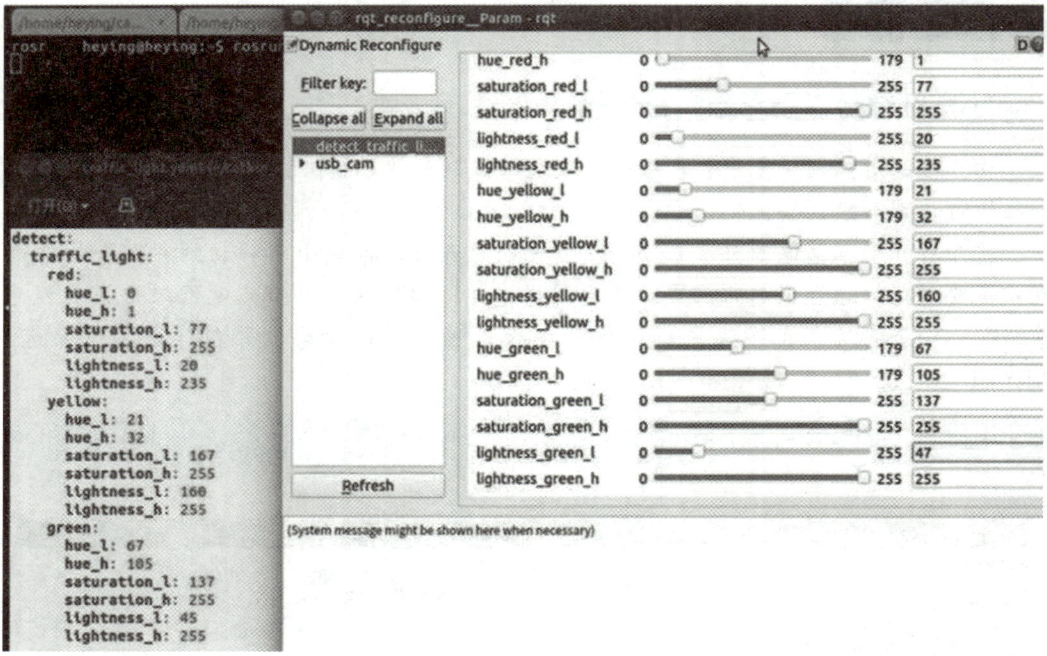

图 6-28　按文件进行参数设置

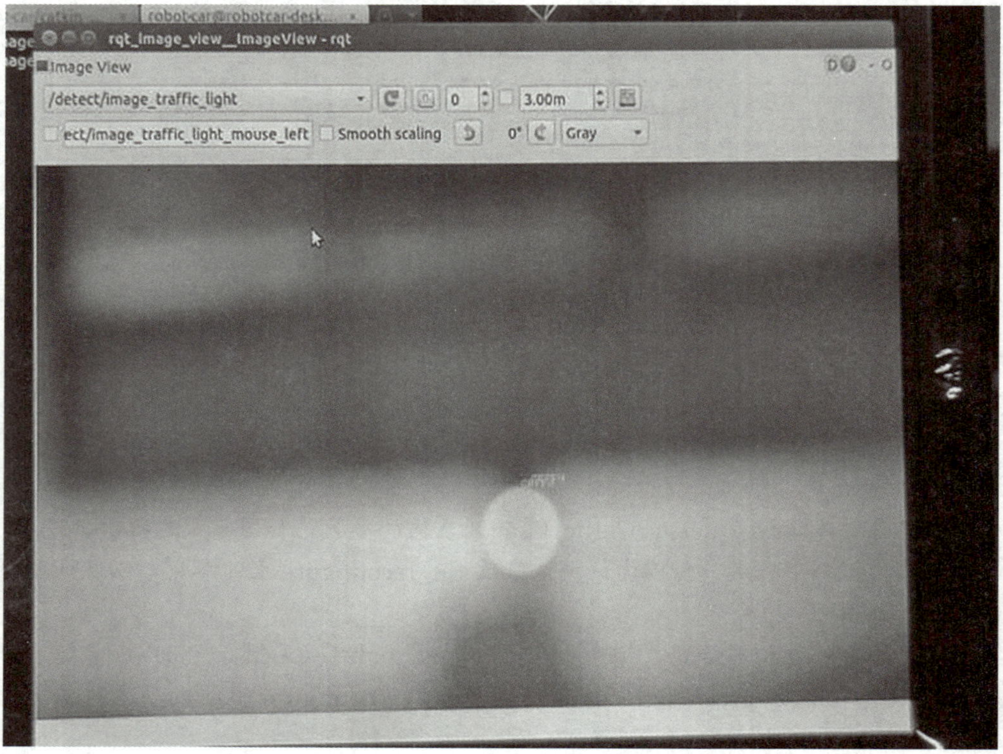

图 6-29　调整摄像头的焦距

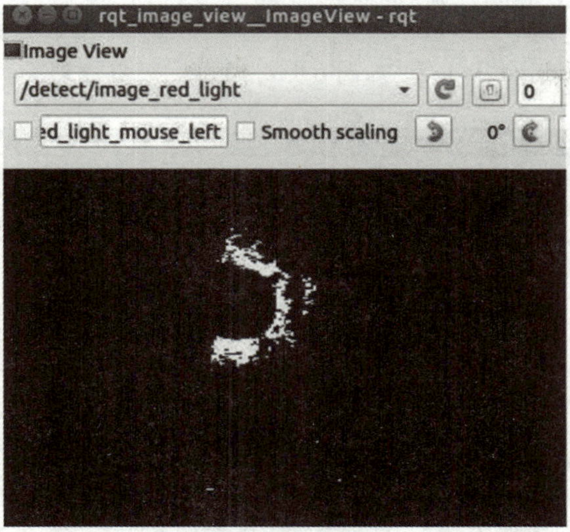

图 6-30 选择红灯识别话题

二、小车车道线识别参数调整优化

如果在进行车道线识别任务时，发现无论怎么调整摄像头位置，识别效果都不好，此时可以对识别程序的相关参数进行调整优化，调整的依据也是经过测试识别效果较好的文件，文件可以在主目录下一级一级地打开，也可以输入以下命令直接打开，参数如图 6-31 所示。

```
gedit catkin_ws/src/vision_detect/autorace_detect/param/traffic_light/lane/lane.yaml
```

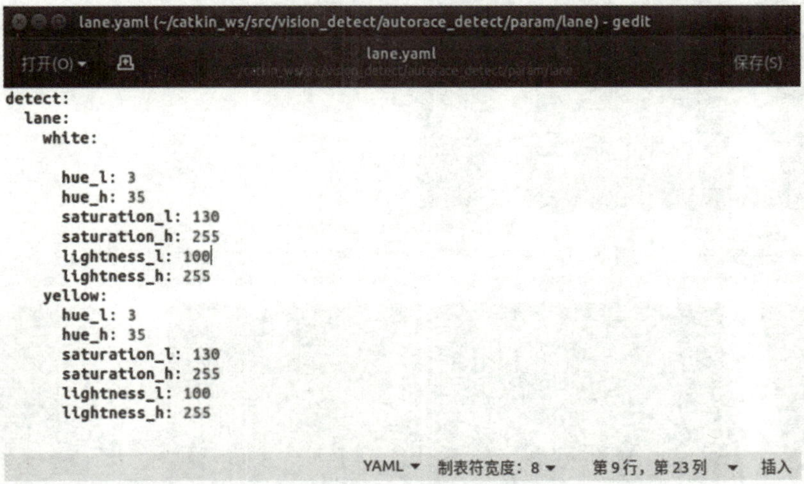

图 6-31 参数设置文件

打开终端，输入 rqt 参数设置界面命令：

```
rosrun rqt_reconfigure rqt_reconfigure
```

在页面中选择“detect_lane”，如图 6-32 所示，可以看到各种参数。

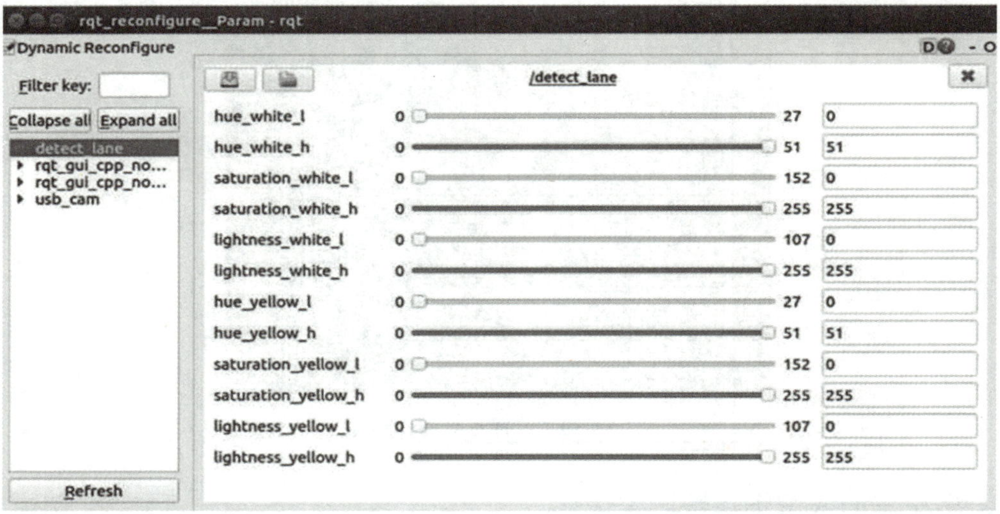

图 6-32　选择“detect_lane”

根据参数文件进行调整，调整优化后可以在图 6-33 中看到修改完成后黄色车道线的识别效果提升。

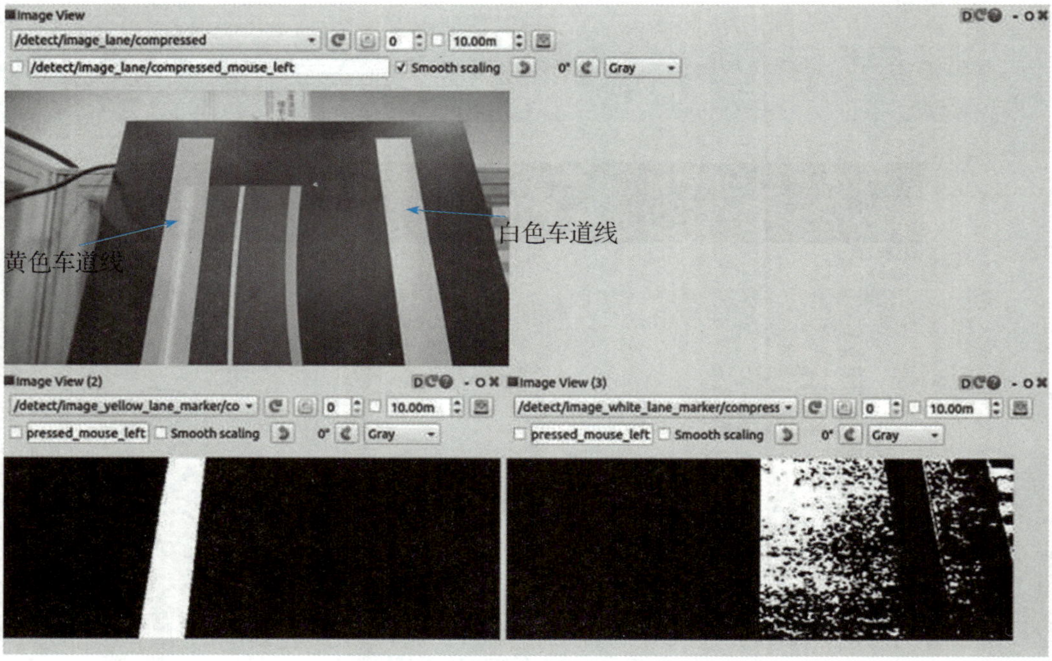

图 6-33　修改参数后的识别效果

项目小结

本项目主要介绍了智能汽车的摄像头系统，包括运行摄像头驱动节点读取数据，了解其工作原理；进行摄像头内参和外参标定以提高图像准确性；利用摄像头识别红绿灯和车道线，掌握相关算法和处理流程。

通过这些任务，学生可以了解摄像头在智能汽车中的重要作用。通过本项目的学习，学生可以深入理解摄像头技术在智能汽车中的应用，提高实践能力和问题解决能力，为智能汽车的发展培养专业人才，推动视觉感知系统在智能交通领域的不断进步。

思考练习

作业 1：摄像头安装与驱动配置

实际操作：自行安装一个 USB 摄像头，并在 ROS 环境中配置并启动摄像头驱动。完成后，撰写报告说明安装和配置的步骤，包括遇到的问题及解决方案。

提交内容：摄像头安装和配置的操作报告。

作业 2：摄像头标定实践

理论与实践结合：根据课程内容，对已安装的摄像头进行内参和外参标定。操作过程中要记录标定时使用的标定板、环境条件等信息。

提交内容：摄像头标定的详细报告，包括标定过程、所用工具和软件、获得的内外参数据及其影响。

作业 3：红绿灯与车道线识别算法实现

算法开发：利用 OpenCV 或其他图像处理库，实现一个基础的红绿灯状态识别和车道线识别算法。要求注释清晰，逻辑明确。

提交内容：红绿灯与车道线识别算法的源代码和运行结果的演示视频。

作业 4：综合应用

项目整合：结合之前的摄像头数据读取、标定及红绿灯和车道线识别技术，设计并实现一个简单的自动驾驶模拟场景。该场景需要包括基本的车辆控制、环境感知和决策制定功能。

提交内容：项目设计说明、源代码、运行视频及分析报告，分析实现过程中的主要挑战和未来改进方向。

注意事项

1. 所有的实验操作应在安全的环境下进行，确保操作安全是首要前提。
2. 提交的报告和代码应保证原创性，如引用外部资源，请务必标明出处。
3. 实验报告中应包含对结果的分析，说明实验结果的意义和可能的应用场景。

项目七

2D 地图的创建

学习目标

知识目标

1. 了解 Cartographer 的工作原理及其在 2D 地图创建中的作用。
2. 熟悉 Cartographer 核心配置参数的含义和设置方法。
3. 掌握使用 Cartographer 创建、修正地图及增加人工墙的相关知识。
4. 理解 RViz 调用地图并进行可视化显示的原理。

能力目标

1. 能够正确安装和配置 Cartographer 相关环境，启动建图程序并创建 2D 地图。
2. 具备使用图像编辑软件修正地图及增加人工墙的能力。
3. 熟练掌握使用 RViz 调用地图并进行可视化显示的操作技能。
4. 能够对地图创建和显示过程中出现的问题进行分析和解决。

素养目标

1. 培养严谨的科学态度和细致的工作作风，确保地图创建和修正的准确性。

2. 提高创新能力和解决实际问题的能力，通过对地图数据的处理和分析，推动智能汽车地图构建技术的发展。

3. 增强团队合作意识，在地图创建和应用过程中，与团队成员密切协作，共同完成任务。

4. 培养安全意识和责任感，确保地图数据的可靠性，为智能汽车的安全行驶提供保障。

建议学时

4 学时。

项目情境

在智能汽车的研发与应用中，精确的 2D 地图是实现自动驾驶和路径规划的重要基础。假设你是一个智能汽车研发团队的成员，负责地图构建与优化工作。

在实际场景中，智能汽车需要依靠高质量的地图来准确感知周围环境，规划合理的行驶路径。然而，现有的地图可能存在不准确或不完整的情况，无法满足自动驾驶的需求。因此，你需要使用 Cartographer 技术来创建 2D 地图，并对其进行修正和优化，以确保地图的准确性和可靠性。

在创建地图的过程中，你需要将智能小车放置在不同的环境中，启动激光雷达和建图程序，收集周围环境的数据。同时，还需要注意避免移动的障碍物对地图创建的影响，确保智能小车在录制地图时保持匀速前进。

完成地图创建后，你需要使用图像编辑软件对地图进行修正，添加或删除障碍物，以提高地图的精度。此外，还需要增加人工墙等元素，以更好地模拟实际环境。

最后，你需要使用 RViz 工具调用地图并进行可视化显示，检查地图的准确性和适应性。通过在 RViz 中设置目标点和导航路径，验证地图在实际导航中的效果，确保智能小车能够根据地图准确地行驶。

通过本项目情境，你将深入了解 2D 地图的创建、修正和应用过程，为智能汽车的发展提供重要的支持。

任务　创建 2D 地图及保存

知识介绍

在智能汽车技术的发展中，环境感知与地图构建是实现自动驾驶和路径规划的重要基础。Cartographer 作为一种先进的实时地图构建技术，通过激光雷达和其他传感器数据，能够实现对环境的快速、精确的 2D 和 3D 地图构建。特别是在 2D 地图构建领域，Cartographer 能够提供连续、实时的地图更新服务，极大地提升了智能车辆的导航与定位能力。

使用 Cartographer 进行 2D 地图创建，主要涉及数据采集、前端处理、后端优化等关键技术环节。数据采集依赖于搭载在智能汽车上的多种传感器，如激光雷达、IMU、轮速传感器等，它们共同提供了关于车辆位置、姿态和周围环境的丰富信息。Cartographer 通过处理这些传感器数据，实现对车辆周边环境的精细映射。前端处理主要负责实时处理传感器数据，包括数据同步、滤波、初始位姿估计等，以快速生成局部一致的地图。而后端优化则负责处理累积的漂移和误差，通过图优化技术，保证全局一致性，从而生成高精度的地图。这一过程不仅需要高效的算法支持，还需要考虑传感器的准确性、环境的多样性及计算资源的可用性等因素。Cartographer 的应用，极大地推动了智能小车在复杂环境下的自主导航与探索能力，为自动驾驶系统的安全性、可靠性和灵活性提供坚实的技术基础。在实际应用中，如何根据特定的环境和需求，优化 Cartographer 的配置和使用策略，是实现高效地图构建的关键。在本任务实训小车中，配置好的 Cartographer 建图源代码等位于主目录下的 google_ws 工作空间内，如图 7-1 所示。

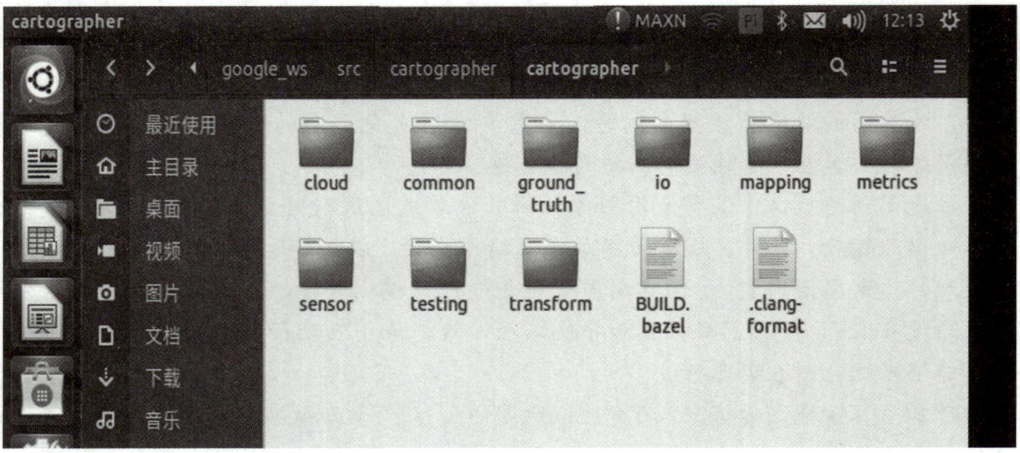

图 7-1 Cartographer 建图源代码

cloud：包含与云存储或点云数据处理相关的代码。在地图创建中，点云用来表示空间中的点集合，这些点代表了环境的 3D 形状。

common：包含一些跨项目共享的代码，如工具函数、辅助类工具等。

ground_truth：包含用于验证和测试 Cartographer 地图准确性的真实数据或测试脚本。

io：一般是输入/输出相关的代码，处理地图的加载和保存，或者与传感器和其他数据源的接口。

mapping：包含地图创建和管理的核心功能，如 SLAM 算法和数据结构。

metrics：用于性能监测和分析，包含跟踪和报告地图创建过程中不同指标的工具。

sensor：包含处理来自不同传感器的数据代码，如激光雷达、IMU 或摄像头。

testing：包含测试代码，如单元测试和集成测试，确保代码更改不会破坏当前功能。

transform：用于处理和转换不同坐标系之间的数据，这在 SLAM 系统中是一个重要的组成部分。

BUILD. bazel：Bazel 构建系统的脚本文件，它定义了如何构建项目中的软件。

. clang-format：代码格式化的配置文件，定义了代码的风格和格式标准，以保持代码整齐一致。

Cartographer 核心配置参数位于小车主目录下的/home/robot-car/google_ws/src/cartographer_ros/cartographer_ros/configuration_files，如图 7-2 所示。

lidar_2d. lua 的详细参数如图 7-3 所示。

map_builder：引用了 MAP_BUILDER 的配置，指定了用于构建地图的设置。

trajectory_builder：引用了 TRAJECTORY_BUILDER 的配置，指定了用于轨迹估计的设置。

map_frame：设置发布地图数据时使用的坐标系名称。

tracking_frame：机器人用来定位自身的坐标系。

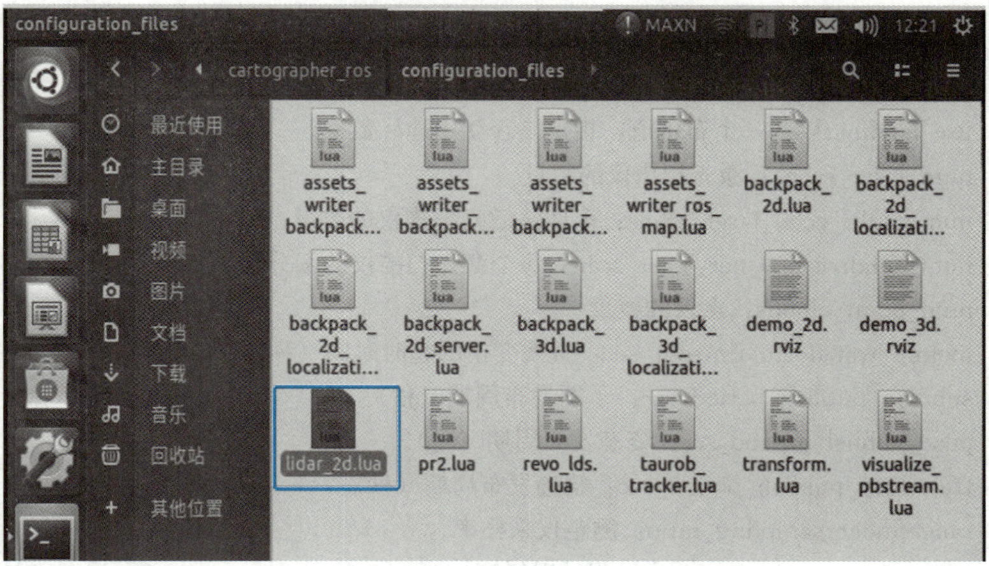

图 7-2　Cartographer 核心配置参数

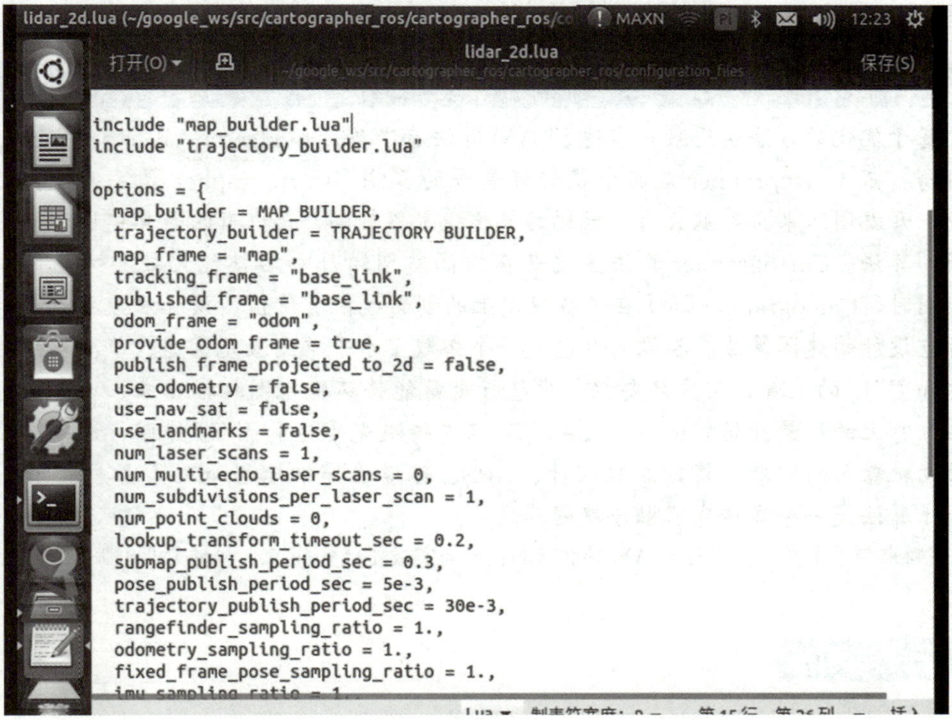

图 7-3　lidar_2d. lua 的详细参数

published_frame：Cartographer 发布的帧名称。

odom_frame：里程计坐标系的名称。

provide_odom_frame：一个布尔值，指定是否提供里程计帧。

publish_frame_projected_to_2d：一个布尔值，指定是否将发布的帧投影到 2D 平面上。

use_odometry：一个布尔值，指定是否使用里程计数据。

use_nav_sat：一个布尔值，指定是否使用导航卫星系统数据。

use_landmarks：一个布尔值，指定是否使用地标数据。

num_laser_scans：激光扫描仪的数量。

num_multi_echo_laser_scans：多回波激光扫描仪的数量。

num_subdivisions_per_laser_scan：每个激光扫描仪的细分数。

num_point_clouds：点云的数量。

lookup_transform_timeout_sec：查找变换的超时时间（秒）。

submap_publish_period_sec：子图发布周期（秒）。

pose_publish_period_sec：姿态发布周期（秒）。

trajectory_publish_period_sec：轨迹发布周期（秒）。

rangefinder_sampling_ratio：测距仪采样率。

odometry_sampling_ratio：里程计采样率。

fixed_frame_pose_sampling_ratio：固定帧姿态采样率。

imu_sampling_ratio：IMU 采样率。

知识视界

基于优化的方法实现激光雷达 SLAM 算法有很多，如 Hector、Karto、Cartographer 等。而 Cartographer 是其中获好评最多的算法。Cartographer 算法的提出时间较晚，开发团队来自谷歌公司，代码的工程稳定性较高，是少有的兼具建图和重定位功能的算法。Cartographer 算法主要是在提高建图精度和后端优化效率方面做了创新。同时，Cartographer 算法在工程应用上的创新也很有价值，该算法最初是为谷歌的背包设计的建图算法。谷歌的背包是一个搭载了水平单线激光雷达、垂直单线激光雷达和 IMU 的装置，用户只要背上背包行走就能将环境地图扫描出来。由于背包是背在人身上的，最开始 Cartographer 算法只支持激光雷达和 IMU 建图，后来为了适应移动机器人的需求，将轮式里程计、GPS、环境已知信标也加入算法，即 Cartographer 算法是一个多传感器融合建图算法。

资料来源：张虎．机器人 SLAM 导航核心技术与实战［M］．北京：机械工业出版社，2022.

任务实施

一、创建地图

使用 Cartographer 建图的具体过程如下：

步骤 1：检查硬件连接。将智能小车放置到开始录制地图的起点，并检查激光雷达是否与主机连接，如图 7－4 所示。

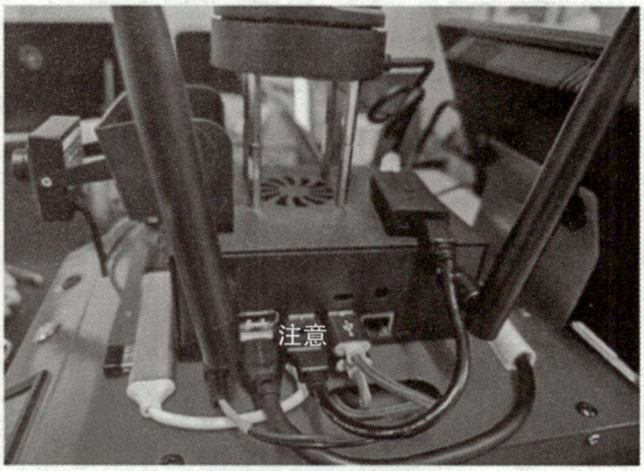

图 7-4　检查激光雷达是否与主机连接

微课视频

小车 2D
地图录制

步骤 2：启动激光雷达及建图程序，输入激光雷达启动命令：

```
roslaunch lslidar_x10_driver lslidar_x10_net.launch
source ~/google_ws/devel_isolated/setup.bash
```

步骤 3：新打开一个终端运行建图的 launch 文件命令，如图 7-5 所示。

```
roslaunch cartographer_ros lidar_2d.launch
```

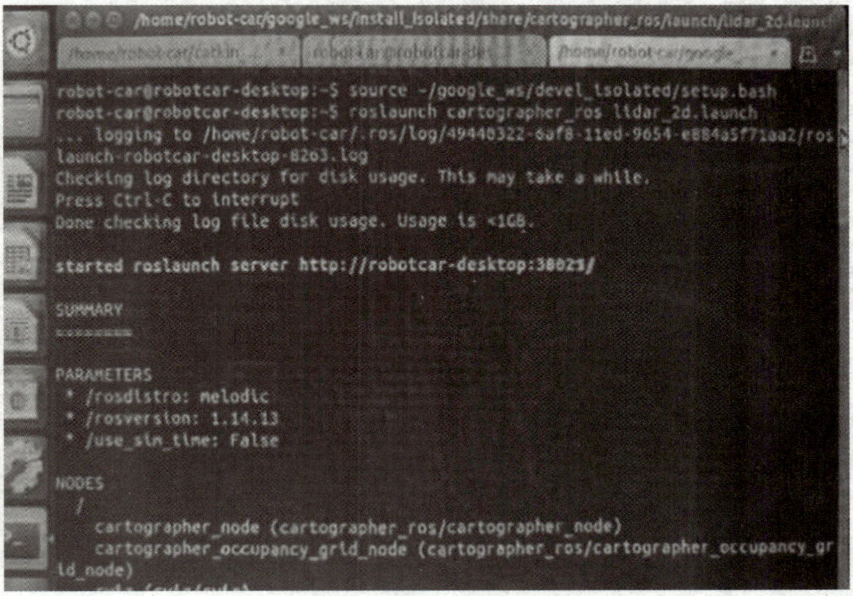

图 7-5　运行建图的 launch 文件命令

步骤 4：启动该 launch 文件后，会自动进入 RViz 可视化界面（见图 7-6），鼠标滚轮往上和往下可分别放大和缩小界面。

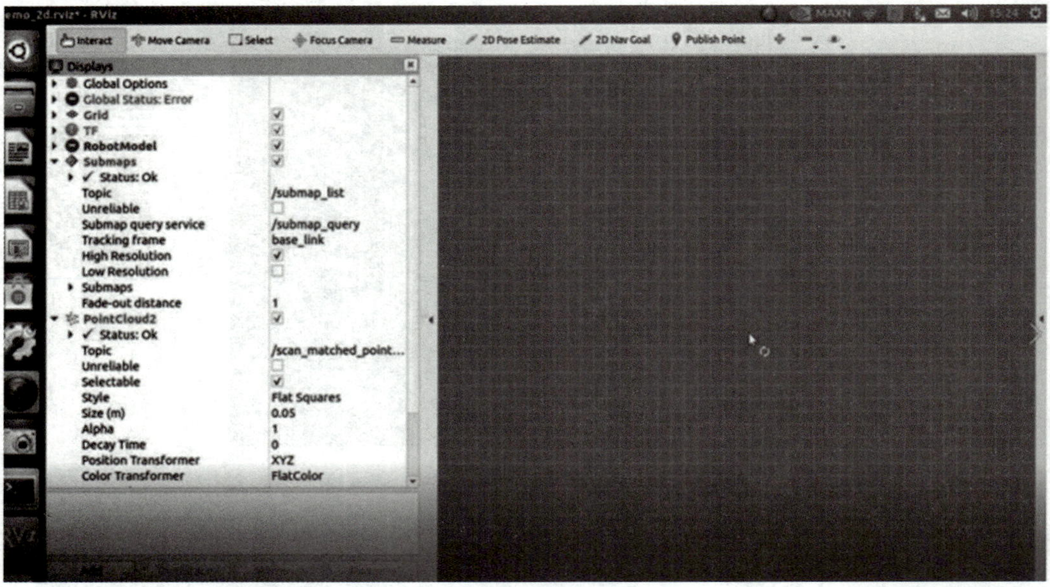

图 7-6　RViz 可视化界面

步骤 5：创建地图。接下来使用遥控器对小车进行移动点云地图录制，录制地图的场地中不要有移动的障碍物，且录制过程中小车速度不能太快，保持匀速前进。点云地图录制效果如图 7-7 所示。

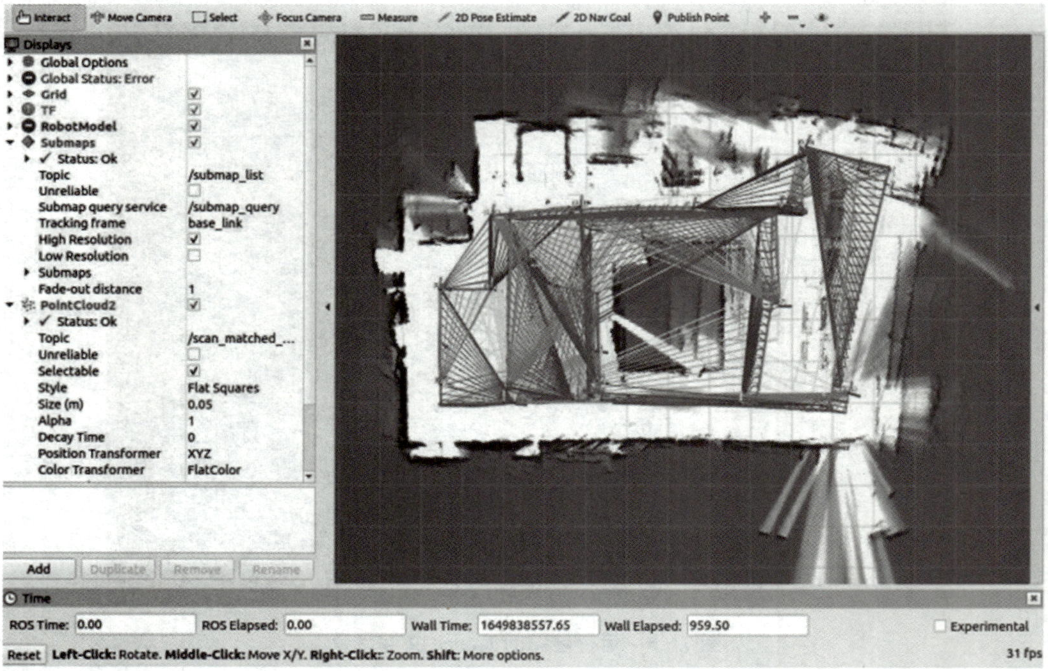

图 7-7　点云地图录制效果

技能拓展

成功创建并保存地图后，也可以使用图片编辑软件（如 GIMP 或 Photoshop）手动编辑 pgm 文件（一种灰度图像文件），进行地图修正和增加人工墙。详细步骤如下：

步骤 1：打开 pgm 文件。使用选择的图片编辑软件打开 301shinei. pgm 文件。

步骤 2：修正地图。利用画笔工具修正不准确的区域。例如，如果某些墙壁没有被准确地映射，就可以手动画出这些墙壁。

步骤 3：增加人工墙。在需要的位置使用画笔工具画出新的墙壁。通常，墙壁用较暗的颜色表示，空白区域用较亮的颜色表示。

步骤 4：保存修正后的地图。将修正后的地图保存为 pgm 文件，并更新对应的 yaml 文件。这一步骤确保地图数据的一致性，便于后续在导航系统中使用。

步骤 5：验证修正效果。修正地图后，使用 RViz 等可视化工具加载修正后的地图，并验证地图的准确性和适应性。通过在 RViz 中模拟导航，可以检查修正后的地图是否符合实际需求，并进行必要的调整。打开一个终端，输入停止建图命令：

```
rosservice call /finish_trajectory 0
```

步骤 6：继续输入保存地图命令，如图 7－8 所示。

```
rosrun map_server map_saver -f < 绝对路径> /< 地图名字>
```

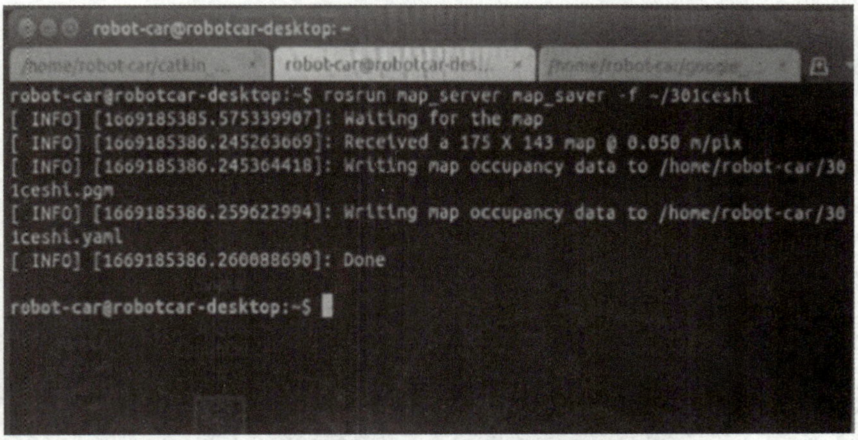

图 7－8　继续输入保存地图命令

步骤 7：修正后的地图保存成功后可以在保存路径下看到 301shinei. pgm 和 301shinei. yaml 文件，将这两个文件选中复制到～/catkin_ws/src/robotslam/map 路径中。

二、使用 RViz 调用地图并可视化显示

经过地图创建及修正后，需要检查地图是否符合要求，详细过程如下：

步骤 1：修改 launch 文件。打开路径/home/catkin_ws/src/robotslam/launch 下的

robot_slam. launch 文件，在该文件中将第 12 行最后的 yaml 文件改成录制修改过的文件路径与文件名（301shinei. yaml），如图 7－9 所示。

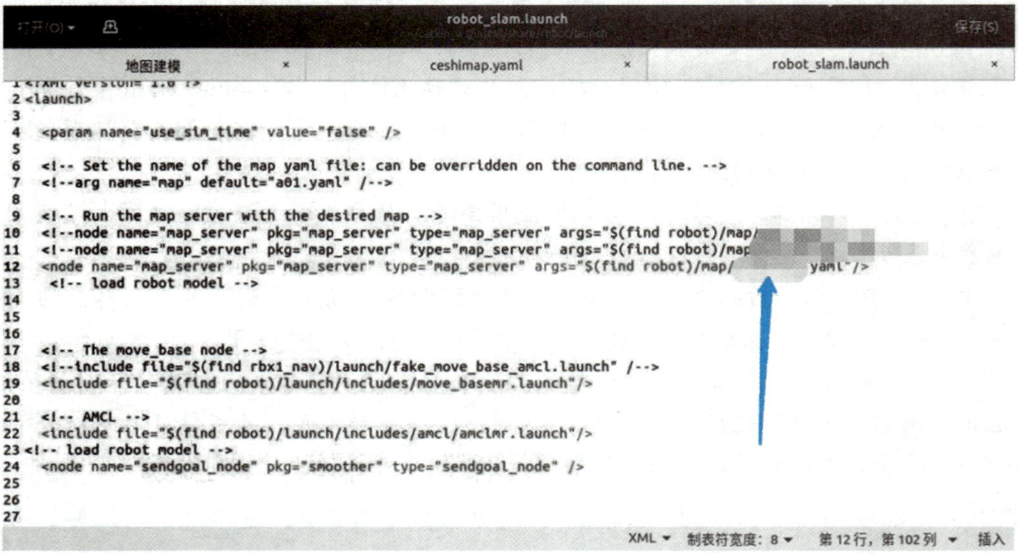

图 7－9　代码修改

步骤 2：更改完成后保存退出，新打开一个终端，输入命令查看地图，如图 7－10 所示。

```
roslaunch robot robotslam.launch
```

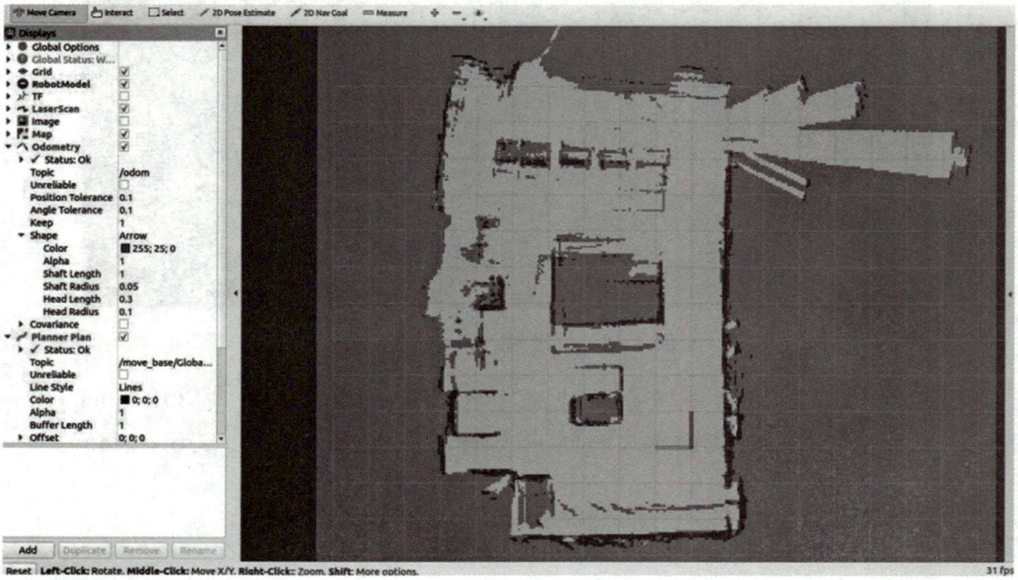

图 7－10　查看地图

步骤 3：配置 RViz 显示选项。在 RViz 界面中，添加地图显示插件，单击“Add”

选择“map”插件。在“map”插件的配置选项中，设置地图文件的路径和名称，调整显示参数，如分辨率、颜色等，以获得最佳的显示效果。

微悦读

陕汽控股的发展历程

陕汽始建于1968年，第一代陕汽人突破国外技术封锁，建成我国第一座重型军用越野汽车生产基地，自主开发出第一代重型军用越野车。此后从“中国制造”到“中国智造”再到“中国创造”，陕汽以技术创新和产品更新换代，实现国防与民生并举的成功转型。

在新能源领域，陕汽成功开发出CNG、LNG大马力天然气重卡，CNG、LNG客车底盘，双燃料、混合动力、电动微型车和低速纯电动车型等新能源汽车产品。纯电动码头牵引车、超强版的CNG、LNG牵引车已开始批量投放市场。天然气重卡市场份额超过50%，居国内第一。

陕汽在发展中培育出“德文化”体系，通过多种方式激发全员创新热情。例如，借助“秦创原”平台开展战略专项课题研究，抢抓新能源市场机遇。这体现了陕汽人的艰苦奋斗、技术创新、文化建设、转型发展，反映了企业在不同阶段为国家和社会所做的贡献及不断进取的精神。

资料来源：郭佳欣，马晴茹．陕汽控股：快乐工作 激活“沸腾人生”．2023-06-13，西部网．

项目小结

本项目使用Cartographer创建2D地图，通过前端处理和后端优化生成高精度实时地图，为智能小车导航提供精确环境感知。完成地图构建后，利用图像编辑软件修正地图并增加人工墙，确保地图的准确性和完整性，提高导航精度。随后，使用RViz调用并可视化地图，通过修改launch文件和配置显示选项，验证地图的实用性和小车的导航能力。本项目涵盖数据采集、处理和可视化等环节，为智能车辆自主导航提供可靠的技术支持，培养学生的实践能力和问题解决能力，为其在该领域的进一步发展奠定基础。

思考练习

作业1：Cartographer参数调优

理论与实践相结合：调整Cartographer的配置参数，如扫描匹配器的设置、速度和角速度的影响，以及不同的滤波器参数如何影响地图的质量和构建速度。

提交内容：调优前后的参数对比表，以及每组参数对地图质量的影响分析报告。

作业2：地图修正与增加障碍

实际操作：使用图像编辑软件对Cartographer输出的地图进行手动修正，添加或删除障碍物，并解释需要进行这些修改的原因。

提交内容：修正前后的地图对比图，以及对修正内容的说明和理由。

作业 3：路径规划与导航测试

综合应用：使用修正后的地图进行路径规划和导航测试。需要设置多个导航点，测试智能小车在地图上的行驶效果，特别是如何处理窄通道和急转弯场景。

提交内容：路径规划的结果视频，以及对遇到问题的分析和优化方案的报告。

作业 4：地图的实际应用探讨

理论研究：探讨 2D 地图在智能汽车以外的其他应用，如无人机导航、紧急救援等。

提交内容：选择一个应用场景，描述使用 2D 地图的潜在优势和挑战，并提出可能的解决方案。

注意事项

1. 所有操作应在安全的环境下进行，确保个人和设备的安全。
2. 确保作业的原创性，引用的图片或文献资料必须注明来源。
3. 提交的报告和视频需要清晰地展示操作过程和结果，报告中应详细说明操作步骤和遇到的问题。

项目八

2D 导航功能包的安装与使用

学习目标

知识目标

1. 了解导航功能包的安装环境和步骤，熟悉相关的配置参数。

2. 掌握导航功能包中核心节点（如 map_server、move_base、AMCL）的功能和作用。

3. 理解导航参数设置的原理和对导航性能的影响。

能力目标

1. 能够正确安装和使用导航功能包，验证安装的正确性。

2. 具备设置和调整导航参数的能力，以优化导航性能。

3. 能够启动导航功能包，实现智能小车的全局路径规划、局部路径规划和自主导航。

素养目标

1. 培养严谨的态度和科学的精神，确保导航系统的稳定性和可靠性。

2. 提高解决实际问题的能力，通过对导航功能包的应用，应对各种复杂环境和挑战。

3. 增强团队合作意识，在导航系统的集成和测试中，与团队成员能够有效沟通和协作。

4. 培养创新精神，不断探索和尝试新的导航技术和方法，提高智能汽车的导航精度和智能化水平。

建议学时

4 学时。

项目情境

在智能汽车的研发过程中，实现精确的导航功能是极其重要的。假设你是一名智能汽车的工程师，负责开发和测试车辆的导航系统。

你的任务是安装和配置导航功能包，使其能够在不同的环境中为车辆提供准确的导航指引。你需要了解各种导航算法，如全局路径规划的 A^* 算法、局部路径规划（见图 8－1）的动态窗口法等，并根据实际情况进行参数调整，以优化导航性能。

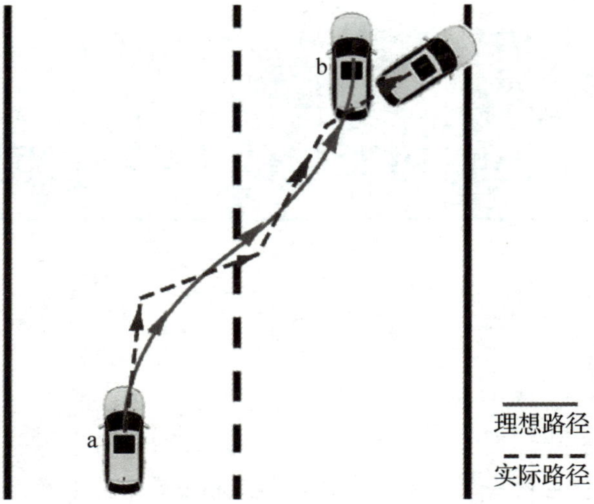

图 8-1　局部路径规划

在实际场景中，车辆需要能够在复杂的道路环境中自主行驶，避开障碍物，准确到达目的地。你需要使用传感器融合技术，结合激光雷达、摄像头、IMU 等多种传感器的数据，提高环境感知的精度和可靠性。此外，还需要对导航系统进行集成和测试，通过设置多个目标点，测试车辆在复杂环境中的多点巡航能力和避障行为。在测试过程中，你需要记录相关数据，分析遇到的问题，并提出解决方案，以确保导航系统的稳定性和可靠性。

通过本项目情境，你将深入了解智能汽车导航功能包的安装、配置和使用，提高自己的技术水平和解决问题的能力，为智能汽车的发展做出贡献。

任务一　导航功能包的安装与使用

案例导入

在智能汽车的实际应用中，精确的导航功能是确保车辆安全、高效行驶的关键。某智能汽车研发团队在进行系统测试时，发现车辆的导航性能不够理想，无法准确规划路径和避开障碍物。

工程师李师傅要求你对导航功能进行优化，首先需要安装和配置合适的导航功能包，并对相关参数进行精细设置。具体任务包括确认系统环境满足导航功能包的安装要求，正确安装导航功能包，并确保其能正常运行；深入了解导航功能包中各个核心节点的功能，如 map_server、move_base 和 AMCL 等；掌握导航参数的设置方法，通过合理调整参数，提高导航的准确性和适应性，使车辆能够在复杂的环境中实现精准导航和有效避障。

通过本任务的学习和实践，提升对智能汽车导航系统的理解和操作能力，为解决实际问题提供有力支持。建议本任务学时为 2 学时。

知识介绍

导航功能的实现主要是依靠 navigation 功能包集来完成的，navigation 是 2D 的功能包集，它通过接收里程计数据、TF 坐标变换树及传感器数据，为移动机器人输出目标位置及安全速度。

navigation 的 launch 文件代码如图 8－2 所示。

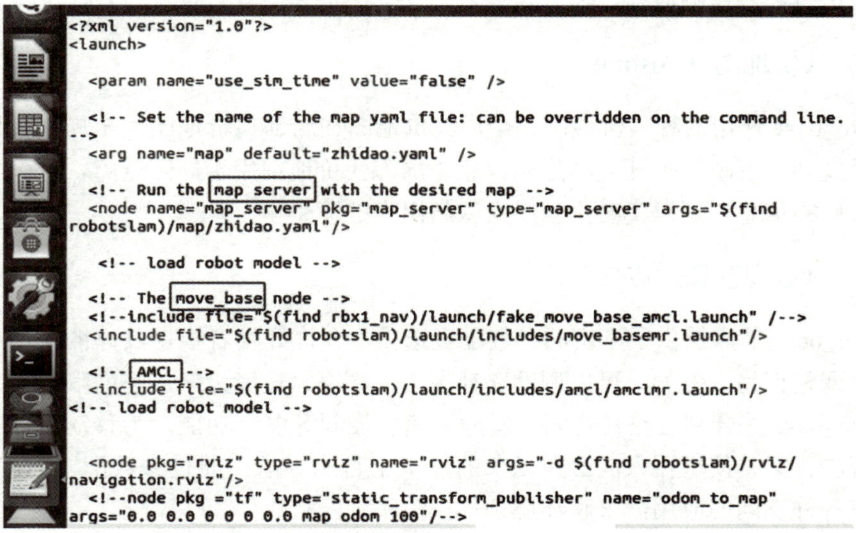

```
<?xml version="1.0"?>
<launch>

  <param name="use_sim_time" value="false" />

  <!-- Set the name of the map yaml file: can be overridden on the command line.
-->
  <arg name="map" default="zhidao.yaml" />

  <!-- Run the map server with the desired map -->
  <node name="map_server" pkg="map_server" type="map_server" args="$(find
robotslam)/map/zhidao.yaml"/>

   <!-- load robot model -->

  <!-- The move_base node -->
  <!--include file="$(find rbx1_nav)/launch/fake_move_base_amcl.launch" /-->
  <include file="$(find robotslam)/launch/includes/move_basemr.launch"/>

  <!-- AMCL -->
  <include file="$(find robotslam)/launch/includes/amcl/amclmr.launch"/>
<!-- load robot model -->


  <node pkg="rviz" type="rviz" name="rviz" args="-d $(find robotslam)/rviz/
navigation.rviz"/>
  <!--node pkg ="tf" type="static_transform_publisher" name="odom_to_map"
args="0.0 0.0 0 0 0 0.0 map odom 100"/-->
```

图 8－2　navigation 的 launch 文件代码

可以看到三个核心节点：

map server：加载地图到地图服务器中；

move_base：导航与路径规划节点；

AMCL：基于地图和激光雷达，里程计实现概率定位。

一、 move_base

move_base 是导航堆栈中的一个核心节点，它为移动机器人提供了一个可配置的导航系统，支持路径规划和避障功能。在智能汽车或任何需要自主导航的移动机器人项目中，move_base 扮演着至关重要的角色。下面是 move_base 节点功能的详细解释：

（一）路径规划（Path Planning）

move_base 节点接收一个目标位置信息（通常是一个位姿，包括位置和朝向），并计算从当前位置到目标位置的最佳路径。它使用全局路径规划器（如 navfn 或 global_planner）在地图上规划一条避开障碍物的路径。这个过程涉及对环境的理解，包括静态障碍物（如墙壁）和动态障碍物（如行走的人）。

（二）避障（Obstacle Avoidance）

在遵循全局路径规划的同时，move_base 利用局部路径规划器（如 base_local_planner）实时调整机器人的运动，以避开突然出现的障碍物或动态变化的环境。局部路径规划器负责在保持全局路径方向性的前提下，生成避障后的安全路径。

（三）速度控制（Velocity Control）

move_base 节点根据路径规划结果，生成速度指令（线速度和角速度）发送给机器人，控制其移动。这些速度指令需要根据机器人的动态特性进行适当调整，以保证机器人的平稳运行和快速响应。

（四）代价地图（Costmap）

move_base 使用两种代价地图：全局代价地图和局部代价地图。全局代价地图用于全局路径规划，反映整个环境的障碍信息。局部代价地图用于局部避障，它包含机器人周围的障碍物信息，可以实时更新以反映新出现的障碍物。

（五）参数配置和适应性

move_base 节点提供了丰富的参数配置选项，允许开发者根据具体的应用场景和机器人特性调整行为。例如，可以调整路径规划的频率、避障策略、速度限制等。

move_base 综合利用路径规划、避障、速度控制等多个功能，为移动机器人提供一整套的解决方案，使机器人能够在复杂的环境中自主导航。通过参数配置，move_base 能够适应各种不同的应用需求和环境条件。

二、 AMCL

自适应蒙特卡洛定位算法（Adaptive Monte Carlo Localization，AMCL）是针对传统的蒙特卡洛定位算法（MCL）的不足进行的改进算法。其核心思想是动态地调整粒子的数量，从而在保持高定位精度的同时提高计算效率。在粒子数量方面，与传统 MCL 不同的是，AMCL 会根据定位的不确定性和实际测量值来调整粒子的数量。定位不确定性大时，会增加粒子数量；定位不确定性小时，会减少粒子数量。在 AMCL 中，KLD 采样（MCL 定位的一种变形，根据时间自适应地调整粒子数量）用于确定重采样步骤中粒子集合的多样性是否足够代表当前的置信度分布。如果多样性不足，算法会增加粒子数量；如果多样性足够，算法会减少或保持粒子数量。

（一）AMCL 订阅的话题

1. /scan

该话题的作用主要是用来接收来自激光雷达或其他范围传感器的距离测量数据。这些数据是 AMCL 进行位置估计的关键，用于与地图进行匹配，从而判断机器人当前的位置。

2. /tf 和/tf_static

这两个话题的作用是接收坐标变换信息。/tf 和/tf_static 话题提供了机器人各个部件之间的空间关系，包括机器人的位置和方向。AMCL 使用这些信息来理解传感器数据（如激光扫描仪）相对于机器人本体和环境的位置。

3. /initialpose

/initialpose 可以接收机器人的初始估计位置。这个话题通常用于手动给定机器人在地图上的起始位置和姿态。这有助于 AMCL 算法快速收敛到正确的位置，尤其是在机器人启动时或者在定位失败后重新定位。

4. /odom

虽然 AMCL 本身可能不直接订阅/odom 话题，但它会通过/tf 话题间接使用里程计信息。里程计信息提供了机器人的相对运动信息（如从上一个时间点到当前时间点的位移和转角）。AMCL 利用这些信息来更新粒子的预测状态，进而改善位置估计的准确性。

AMCL 订阅的这些话题共同作用于机器人的自身定位过程中，每个话题都扮演着不可或缺的角色。通过融合激光扫描数据、坐标变换信息、初始位置估计及里程计信息，AMCL 能够有效地对机器人的位置进行估计和更新。这种方法特别适合于动态环境或位置不确定性较大的场景。

（二）AMCL 发布的话题

1. /AMCL_pose

/AMCL_pose 发布机器人的最新位姿估计，包括位置和朝向。这个估计是基于粒子滤波算法得出的，它提供了机器人在地图上最可能的位置及其不确定性（通常通过协方差表示）。

2. /particlecloud

该话题发布当前所有粒子的状态，其中每个粒子代表机器人可能的位置和朝向。这个话题可用于可视化和调试，帮助开发者直观地看到定位算法的工作状态和机器人位置的不确定性范围。

3. /tf

虽然/tf 既是订阅话题也是发布话题，但在 AMCL 中，它主要用于发布机器人的位姿变换。AMCL 通过发布机器人框架（如 base_link）相对于地图框架（如 map）的变换信息，提供机器人在地图上的准确位置和方向。

通过发布这些话题，AMCL 能够与其他 ROS 节点共享定位结果，这对于路径规划、导航、避障等功能至关重要。/AMCL_pose 提供机器人位姿的精确估计，/particlecloud 为系统的不确定性提供直观的视觉表示，而通过/tf，系统的其他部分可以了解机器人的准确位置和方向。这些信息的集成使得机器人能够有效地在环境中导航，完成各种任务。

（三）AMCL 的 launch 文件参数

AMCL 的 launch 文件内可以设置的参数很多，具体如图 8－3、图 8－4 和图 8－5 所示。

打开(O) ▾　　*amclmr.launch　~/catkin_ws/src/robot_slam/launch/includes/amcl　　保存(S)

```
<?xml version="1.0"?>
<launch>
  <arg name="use_map_topic"    default="false"/>
  <arg name="scan_topic"       default="scan"/>
  <arg name="initial_pose_x"   default="0.0"/>
  <arg name="initial_pose_y"   default="0.0"/>
  <arg name="initial_pose_a"   default="0.0"/>

  <arg name="initial_cov_xx"   default="0.5"/>
  <arg name="initial_cov_yy"   default="0.5"/>
  <arg name="initial_cov_aa"   default="3.14"/>

  <arg name="odom_frame_id"    default="odom"/>
  <arg name="base_frame_id"    default="base_link"/>
  <arg name="global_frame_id"  default="map"/>

  <node pkg="amcl" type="amcl" name="amcl">
    <param name="use_map_topic"             value="$(arg use_map_topic)"/>
    <!-- Publish scans from best pose at a max of 10 Hz -->
    <param name="odom_model_type"           value="diff"/>
    <param name="odom_alpha5"               value="0.1"/>
    <param name="gui_publish_rate"          value="10.0"/>
    <param name="laser_max_beams"           value="60"/>
    <param name="laser_max_range"           value="12.0"/>
    <param name="min_particles"             value="500"/>
    <param name="max_particles"             value="4000"/>
    <param name="kld_err"                   value="0.05"/>
    <param name="kld_z"                     value="0.99"/>
```

图 8-3　AMCL 的 launch 文件代码 1

```
    <param name="kld_err"                   value="0.05"/>
    <param name="kld_z"                     value="0.99"/>
    <param name="odom_alpha1"               value="0.2"/>
    <param name="odom_alpha2"               value="0.2"/>
    <!-- translation std dev, m -->
    <param name="odom_alpha3"               value="0.2"/>
    <param name="odom_alpha4"               value="0.2"/>
    <param name="laser_z_hit"               value="0.5"/>
    <param name="laser_z_short"             value="0.05"/>
    <param name="laser_z_max"               value="0.05"/>
    <param name="laser_z_rand"              value="0.5"/>
    <param name="laser_sigma_hit"           value="0.2"/>
    <param name="laser_lambda_short"        value="0.1"/>
    <param name="laser_model_type"          value="likelihood_field"/>
    <!-- <param name="laser_model_type" value="beam"/> -->
    <param name="laser_likelihood_max_dist" value="2.0"/>
    <param name="update_min_d"              value="0.25"/>
    <param name="update_min_a"              value="0.2"/>
    <param name="odom_frame_id"             value="$(arg odom_frame_id)"/>
    <param name="base_frame_id"             value="$(arg base_frame_id)"/>
    <param name="global_frame_id"           value="$(arg global_frame_id)"/>
    <param name="resample_interval"         value="1"/>
    <!-- Increase tolerance because the computer can get quite busy -->
    <param name="transform_tolerance"       value="2.0"/>
    <param name="recovery_alpha_slow"       value="0.0"/>
    <param name="recovery_alpha_fast"       value="0.0"/>
```

图 8-4　AMCL 的 launch 文件代码 2

```
    <param name="recovery_alpha_fast"       value="0.0"/>
    <param name="initial_pose_x"            value="$(arg initial_pose_x)"/>
    <param name="initial_pose_y"            value="$(arg initial_pose_y)"/>
    <param name="initial_pose_a"            value="$(arg initial_pose_a)"/>

    <param name="initial_cov_xx"            value="$(arg initial_cov_xx)"/>
    <param name="initial_cov_yy"            value="$(arg initial_cov_yy)"/>
    <param name="initial_cov_aa"            value="$(arg initial_cov_aa)"/>

    <remap from="scan"                      to="$(arg scan_topic)"/>
  </node>
</launch>
```

图 8-5　AMCL 的 launch 文件代码 3

use_map_topic：是否订阅地图话题来获取地图数据，默认设置为 false。

scan_topic：激光扫描数据的话题名称，默认为 scan。

initial_pose_x，initial_pose_y，initial_pose_a：机器人在地图上的初始位置（x，y坐标）和朝向（角度 a)，默认都是 0.0。

initial_cov_xx，initial_cov_yy，initial_cov_aa：初始估计的协方差，在 x，y 位置和朝向 a 上的置信度，数值越大表示不确定性越高。

<node>标签定义了启动 AMCL 节点的具体配置。pkg 和 type 指定 AMCL 软件包和节点类型。

<param>标签定义了传递给节点的具体参数，如 odom_model_type 表示里程计模型类型，odom_alpha1 到 odom_alpha4 表示里程计模型的噪声参数。

laser_z_hit，laser_z_short，laser_z_max，laser_z_rand：激光模型参数，用于粒子权重的计算。

laser_sigma_hit：激光数据的标准差，用于估算测量的准确度。

laser_lambda_short：模型参数，用于短读数的指数分布。

laser_model_type：激光模型的类型，可以是 beam、likelihood_field 等。

laser_likelihood_max_dist：用于 likelihood_field 模型，定义了一个最大的激光数据误差范围。

update_min_d 和 update_min_a：分别表示机器人移动多少距离和旋转多少角度后更新滤波器。

odom_frame_id：里程计的坐标系 id。

base_frame_id：机器人基础坐标系 id。

global_frame_id：全局坐标系 id，通常为 map。

resample_interval：每多少次滤波器周期进行一次重采样。

知识视界

navigation2D

一、概述

navigation2D 是一个在机器人领域广泛应用的功能包，旨在帮助机器人在二维平面环境下实现自主导航的功能。它集成了多种算法和模块，能够让机器人根据给定的目标位置，规划出合理的路径，并沿着该路径避开障碍物，安全、准确地抵达目标地点，常用于移动机器人、自动驾驶车辆等项目的开发中。

二、核心模块及功能

（一）地图构建（Map Building）

功能介绍：地图是导航的基础，navigation2D 功能包通常可以结合激光雷达、深度相机等传感器数据来构建二维地图。常见的地图表示形式有占据栅格地图（Occupancy Grid Map)，它将环境划分为一个个小的栅格，每个栅格用一个概率值来表示此处被障碍物占据的可能性，如概率为 0 表示此处肯定没有障碍物，概率为 1 表示肯定是障碍物，介于 0 和 1 之间表示不确定。

相关工具及算法：常用的开源工具（如 Cartographer）可以根据机器人在环境中移动时收集的传感器数据实时构建地图，它基于 Rao-Blackwellized 粒子滤波算法，通过不断更新粒子的分布和权重来估计地图的状态。

（二）全局路径规划（Global Path Planning）

功能介绍：在已经有了环境地图的基础上，全局路径规划模块负责根据机器人当前位置和目标位置，在整个地图范围内搜索出一条从起点到终点的大致路径。这条路径通常是在地图的抽象空间中进行计算的，不考虑机器人运动过程中的实时障碍物变化等细节问题。

(1) A^* 算法：它是一种启发式搜索算法，通过评估从当前节点到目标节点的代价（如距离代价等）及已经走过的路径代价之和，来选择下一步探索的节点，最终找到一条最优或次优的路径。例如，在一个简单的室内环境地图中，机器人要从房间一端走到另一端，A^* 算法会综合考虑各个可通行栅格到目标的距离等因素，快速规划出一条绕过桌椅等障碍物的路径，如图 8-6 所示。

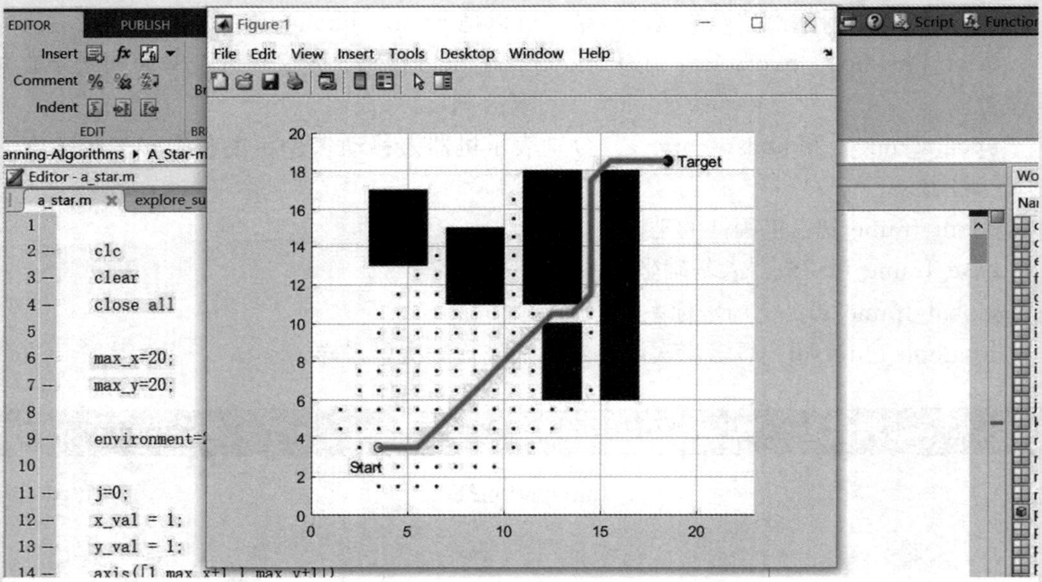

图 8-6 A^* 算法

(2) Dijkstra 算法：它以起始节点为中心向外层层扩展，逐步计算每个节点到起始节点的最短距离，直到找到目标节点为止。在路径规划时，它能保证找到全局最优解，但相对 A^* 算法在某些情况下搜索效率可能稍低一些，不过在地图规模不大且对精度要求较高的场景中很适用。

（三）局部路径规划（Local Path Planning）

功能介绍：与全局路径规划不同，局部路径规划侧重于处理机器人在运动过程中实时遇到的障碍物情况，根据机器人周围局部区域内的传感器信息（如近距离的激光雷达扫描数据），对全局路径进行调整和细化，确保机器人能够安全地避开突然出现的障碍物，同时尽量沿着全局规划的路径继续前进。

（1）动态窗口法（Dynamic Window Approach，DWA）：该算法通过在速度空间（包含线速度和角速度等）中采样多个速度组合，然后基于机器人的运动学模型预测每个速度组合下机器人在一定时间内的运动轨迹，接着评估这些轨迹的优劣（如是否会碰撞到障碍物、与目标的距离是否更近等），选择最优的速度来控制机器人运动。例如，机器人在走廊中前行时突然遇到一个行人，DWA 算法会根据当前周围环境情况快速调整机器人的速度和转向，安全地绕过行人后再回到原来的路径方向。

（2）轨迹滚动优化算法（Trajectory Rollout Algorithm）：它会在机器人当前位置附近生成多条可能的轨迹，然后模拟这些轨迹的执行情况，根据设定的代价函数（如与障碍物的接近程度、是否偏离全局路径等指标来衡量）来挑选出最优轨迹并执行，通过不断滚动优化的方式让机器人顺利避开障碍物进行导航。

（四）定位（Localization）

机器人需要知道自身在环境中的位置才能准确地按照规划的路径导航，定位模块就是利用传感器信息（如里程计数据、激光雷达扫描与地图的匹配等）来确定机器人在地图坐标系中的精确位置。

（1）基于里程计的定位：机器人的轮子上通常配备有编码器，可以测量轮子的转动情况，进而推算出机器人的位移和旋转角度等信息，实现相对定位。但由于轮子打滑等因素会存在累积误差，所以往往需要结合其他定位手段进行修正。

（2）基于激光雷达的匹配定位：将激光雷达实时扫描得到的数据与预先构建好的地图进行特征匹配，通过不断调整机器人在地图中的位置假设，使得扫描数据与地图的匹配度最高，从而确定机器人的准确位置。例如，蒙特卡洛定位（MCL）就是一种常用的基于激光雷达匹配的概率定位方法，它利用大量的粒子来表示机器人可能的位置分布，随着传感器数据的不断更新，粒子的分布逐渐收敛到机器人的真实位置上。

（五）代价地图（Costmap）

代价地图是一种融合了地图信息、传感器探测到的障碍物信息及其他相关因素（如机器人的安全距离等）的数据结构，用于为路径规划模块提供各位置的代价信息，路径规划算法会尽量选择代价低的区域来规划路径，避免让机器人进入高代价（意味着靠近障碍物或不安全等情况）的区域。

任务实施

在智能小车中，安装和使用导航功能包是实现自主导航的基础步骤。下面将详细介绍如何进行导航功能包的安装与使用。

步骤 1：环境准备。确认系统中已经安装了 ROS。以下指令以 ROS Noetic（适用于 Ubuntu 18.04）为例，其他版本的 ROS 安装方法将相应的版本更换为对应的代码即可，打开终端：

```
sudo apt update
sudo apt install ros-melodic-desktop-full
```

步骤 2：环境设置。配置 ROS 环境变量，这一步骤确保 ROS 命令能够在任何新的终端会话中被识别，命令如下：

```
echo "source /opt/ros/noetic/setup.bash">>~/.bashrc
source~/.bashrc
```

步骤 3：创建工作空间。导航功能包需要在 ROS 工作空间中被构建和编译。创建一个新的工作空间 catkin_ws，打开终端，依次输入命令：

```
mkdir -p ~/catkin_ws/src
cd ~/catkin_ws/
catkin_make
```

执行 catkin_make 后，创建的工作空间被初始化，接下来可以在此工作空间中安装和编译 ROS 包。

步骤 4：安装导航功能包。导航功能包可以通过 ROS 的包管理系统 apt 直接安装。新打开一个终端输入以下命令安装 ROS Noetic 的导航功能包：

```
sudo apt-get install ros-melodic-navigation
```

步骤 5：环境配置。安装完成后，需要将工作空间的设置脚本添加到 bashrc 文件中，以确保每次新的终端会话都能自动加载工作空间环境：

```
echo "source ~/catkin_ws/devel/setup.bash" >>  ~/.bashrc
source ~/.bashrc
```

步骤 6：验证安装完成后，可以通过以下命令检查导航功能包是否正确安装。

```
rospack list | grep navigation
```

如果安装成功，上述命令将列出所有与导航相关的包，如图 8-7 所示。

图 8-7　navigation 导航功能包安装

微悦读

我国智能网联汽车产业取得显著成效，自动驾驶行业迎来重大突破

我国工业和信息化部部长金壮龙在2024世界智能网联汽车大会上表示，中国的智能网联汽车产业已取得显著成效，并基本形成了涵盖基础芯片、传感器、计算平台、底盘控制、网联云控在内的完整的产业体系。这一体系的建立，为我国自动驾驶行业的快速发展奠定了坚实的基础。

“全国50多个城市开展智能网联汽车道路测试示范，开放测试道路3.2万千米，完成约1万千米道路智能化改造。随着大算力、大数据、大模型等快速发展，高级自动驾驶技术有望实现新的重大突破，智能网联汽车也将进入全新的发展阶段。”金壮龙表示。为了推动自动驾驶产业全新发展，金壮龙指出，未来将拓展应用场景，深入开展车路云一体化应用试点，持续拓展物流、公交、出租、环卫等多场景应用；同时完善标准法规，推动道路交通安全、保险等法律法规修订，建立健全高级别自动驾驶监管制度，加快功能安全、网络安全、数据安全标准制定。

据北京市高级别自动驾驶示范区工作办公室相关负责人透露，示范区已经实现600平方千米路侧设施的智能化部署，并为包括萝卜快跑、小马智行在内的33家测试车企、近900台车辆发放了道路测试牌照；下一阶段，示范区还围绕四环路到六环路之间进行规划扩区，规划面积约3 000平方千米。得益于关键技术突破和政策立法的双重利好，我国自动驾驶企业也在全球竞速中脱颖而出。尤其是以萝卜快跑为代表的自动驾驶公司，在落地应用上取得了显著突破，与谷歌旗下的Waymo及特斯拉共同构成了全球自动驾驶“三大家”格局。据悉，目前萝卜快跑已在北京、上海、广州、深圳等十余个城市落地，累计提供超过700万次自动驾驶出行服务。有消息称，萝卜快跑正在积极布局海外市场，通过与全球领先的车企、技术公司的合作，力争在国际市场上树立中国自动驾驶的标杆，展示中国在自动驾驶领域的创新能力与国际竞争力。开源证券研报分析称，技术与政策共振，交通出行变革将至，Robotaxi将迎来更加广阔的发展前景。一方面，随着传感器技术、人工智能算法和计算平台的不断进步，自动驾驶系统将能够更好地适应复杂的交通环境，安全性和稳定性得到进一步提升；另一方面，政策环境的不断优化将为Robotaxi的落地提供有力支持，随着自动驾驶技术的不断发展和应用，公众对自动驾驶汽车的接受度和满意度也将逐渐提高。可以预见，在政策支持下，随着萝卜快跑、小马智行等自动驾驶企业的持续创新和市场拓展，我国自动驾驶产业的发展进程也有望加速，未来将为消费者带来更加绿色、便捷的出行方式。

资料来源：张云山. 我国智能网联汽车产业取得显著成效，自动驾驶行业迎来重大突破. 2024-10-24，潮新闻.

任务二　自主避障与导航

案例导入

在智能汽车的实际运行中，成功启动导航功能包是实现车辆自主导航的关键步骤。某智能汽车在进行道路测试时，发现导航系统有时无法正常启动，导致车辆无法按照预定路径行驶。

工程师王师傅要求你解决导航功能包启动的问题，确保车辆能够顺利实现自主导航。具体任务包括将智能小车放置在合适的地图场景中，启动底盘驱动节点，为导航功能包的启动做好准备；运行相关命令，打开包括地图、AMCL 自适应定位、导航参数、RViz 可视化等功能，确保各组件正常运行；在 RViz 中设置目标点，启动导航功能包，观察车辆是否能够根据目标点顺序进行自动驾驶，以及在遇到障碍物时能否及时做出避障决策。

通过本任务的学习和实践，应熟练掌握导航功能包的启动方法，提高智能汽车的导航可靠性和稳定性。建议本任务学时为 2 学时。

知识介绍

在智能小车中，实现导航功能是保证自主行驶和避障能力的重要步骤。下面将详细介绍如何实现导航功能。

一、全局路径规划

全局路径规划是导航系统的基础，通过算法计算出从起点到终点的最优路径。常用的全局路径规划算法包括 A* 算法、Dijkstra 算法等。全局路径规划需要考虑道路的拓扑结构、路况信息和交通规则等因素，确保路径的可行性和高效性。

示例：使用 A* 算法进行全局路径规划。

```
def a_star(start, goal, grid):
    # 初始化开放列表和关闭列表
    open_list=set([start])
    closed_list=set()
    # 存储路径信息
    came_from={}
    # 初始化起点的代价
    g_score={start: 0}
    f_score={start: heuristic(start, goal)}
    while open_list:
        # 选择 f_score 最小的节点
```

```
        current=min(open_list, key=lambda x: f_score.get(x, float('inf')))
        if current ==goal:
            return reconstruct_path(came_from, current)
        open_list.remove(current)
        closed_list.add(current)
        for neighbor in get_neighbors(current, grid):
            if neighbor in closed_list:
                continue
            tentative_g_score=g_score[current]+distance(current, neighbor)
            if neighbor not in open_list:
                open_list.add(neighbor)
            elif tentative_g_score >=g_score.get(neighbor, float('inf')):
                continue
            came_from[neighbor]=current
            g_score[neighbor]=tentative_g_score
            f_score[neighbor]=g_score[neighbor]+heuristic(neighbor, goal)
    return None
```

二、局部路径规划

局部路径规划是在全局路径规划的基础上，实时计算当前环境中的最优行驶路径。局部路径规划需要实时感知周围环境，避开动态和静态障碍物，确保行驶的安全性和流畅性。常用的局部路径规划算法包括动态窗口法（DWA）、人工势场法等。

示例：使用动态窗口法进行局部路径规划。

```
def dwa_planner(current_pose, goal, obstacles, config):
    # 计算动态窗口
    dynamic_window=calculate_dynamic_window(current_pose, config)
    # 初始化最优路径和最优代价
    best_trajectory=None
    best_cost=float('inf')
    for v in dynamic_window['v_range']:
        for omega in dynamic_window['omega_range']:
            trajectory=generate_trajectory(current_pose, v, omega, config)
            cost=calculate_cost(trajectory, goal, obstacles)
            if cost <  best_cost:
                best_cost=cost
                best_trajectory=trajectory
    return best_trajectory
```

三、传感器数据融合与避障

导航功能的实现需要结合多种传感器的数据，如激光雷达、摄像头、IMU 等，通过数据融合技术提高环境感知的精度和可靠性。在避障过程中，传感器数据能够实时提供障碍物的位置和大小信息，帮助智能汽车做出及时的避障决策。

示例：使用传感器数据融合进行避障。

```
    def sensor_fusion(lidar_data, camera_data, IMU_data):
        # 处理激光雷达数据
        obstacles_from_lidar=process_lidar_data(lidar_data)
        # 处理摄像头数据
        obstacles_from_camera=process_camera_data(camera_data)
        # 处理 IMU 数据
        IMU_orientation=process_IMU_data(IMU_data)
        # 融合传感器数据
        fused_obstacles=merge_obstacles(obstacles_from_lidar, obstacles_from_
camera)
        return fused_obstacles, IMU_orientation
```

四、导航系统的集成与测试

在 ROS 中，导航功能包的实现包括全局路径规划、局部路径规划、传感器数据融合与避障等模块的集成。通过配置和调整各模块的参数，可以实现导航功能的个性化设置，满足不同应用场景的需求。在集成完成后，需要通过仿真和实车测试验证导航功能的可靠性和适应性。

任务实施

一、启动底盘驱动节点

在智能小车中，启动底盘驱动节点是保证自主移动和执行导航指令的重要步骤。下面将详细介绍如何启动底盘驱动节点，包括启动前的准备工作、具体的启动步骤及可能遇到的问题和解决方法。

步骤 1：检查小车的硬件连接，确保各个传感器正确连接，如图 8 - 8 所示。

图 8 - 8　检查小车的硬件连接

步骤 2：打开终端，输入启动小车底盘驱动节点命令，如图 8 - 9 所示。

```
    roslaunch base_controller base_controller.launch
```

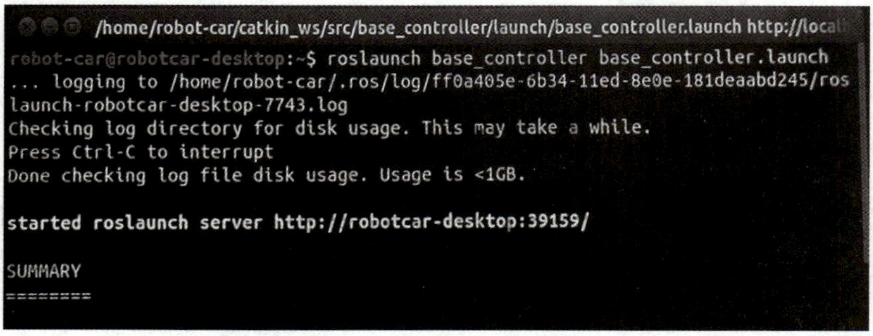

图 8 - 9　启动小车底盘驱动节点

步骤 3：继续输入启动底盘发布控制节点命令，如图 8 - 10 所示。

```
rosrun rqt_publisher rqt_publisher
```

图 8 - 10　继续输入启动底盘发布控制节点命令

步骤 4：将 linear/x float64 后方的值（线速度）改为 0.2 或者−0.2 并勾选，测试小车前进和后退，如图 8 - 11 所示。

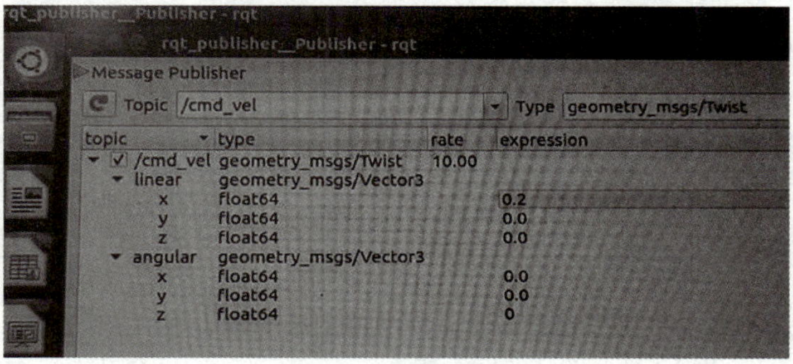

图 8 - 11　更改线速度

步骤 5：测试小车左右转动，左转为正，右转为负。将 angular/x float64 后方的值（角速度）改为 0.2 或者−0.2 并勾选，如图 8 - 12 所示。

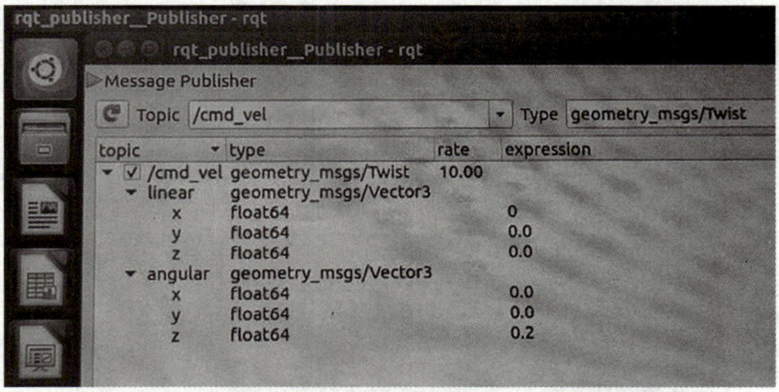

图 8 - 12　更改角速度

二、键盘控制小车

小车除了可以使用遥控器进行控制外，也可以通过键盘实现控制。

步骤 1：先关闭以上所有运行节点，打开终端，输入启动小车底盘驱动节点命令，如图 8 - 13 所示。

```
roslaunch base_controller base_controller.launch
```

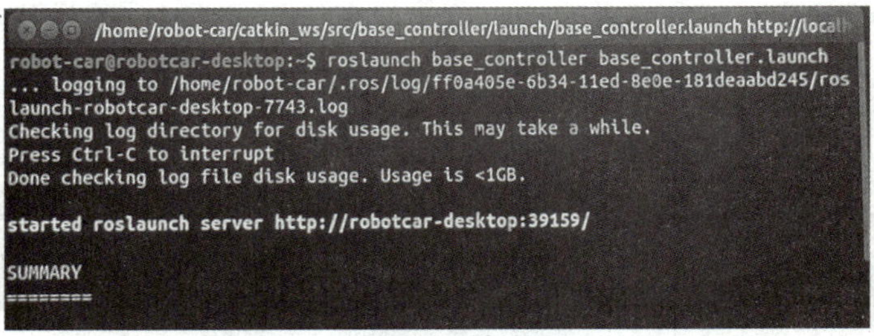

图 8-13　启动小车底盘驱动节点

步骤 2：打开终端，输入启动键盘控制小车节点命令：

```
rosrun teleop_twist_keyboard teleop_twist_keyboard.py
```

可以在终端中看到如表 8-1 所示的按键功能。

表 8-1　按键功能表

键盘按键	代表功能
i	前进
,	后退
j	左转
l	右转
Ctrl+C	关闭节点

微课视频

小车多点导航演示

步骤 3：按照提示，使用键盘进行操作。

三、自动驾驶测试

下面是使用智能小车进行验证的步骤。

步骤 1：将小车放置到录制好的地图场景中，并输入底盘驱动节点命令，如图 8-14 所示。

```
roslaunch base_controller base_controller.launch
```

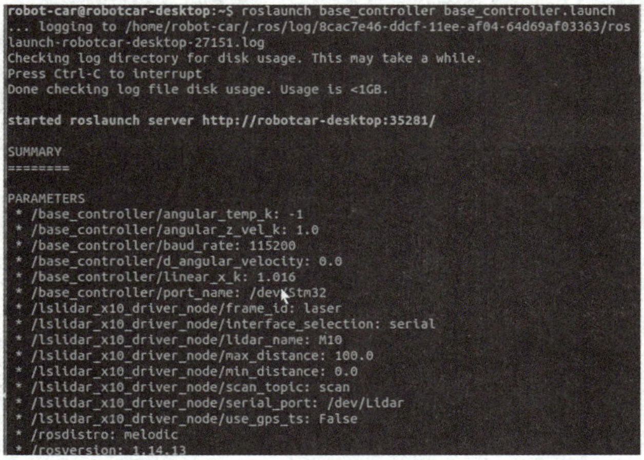

图 8-14　启动底盘驱动节点

步骤 2：新打开一个终端运行：

```
roslaunch robotslam robotslam.launch
```

打开包括地图、AMCL 自适应定位、导航参数、RViz 可视化等功能，如图 8－15 所示。

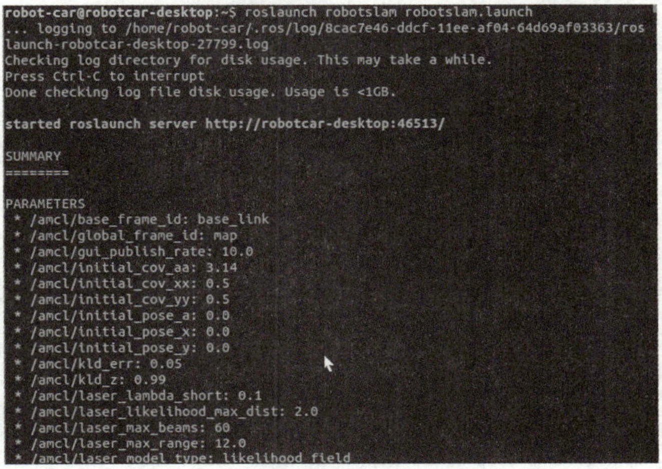

图 8－15　新打开一个终端运行

RViz 会自动打开，出现如图 8－16 所示的画面。

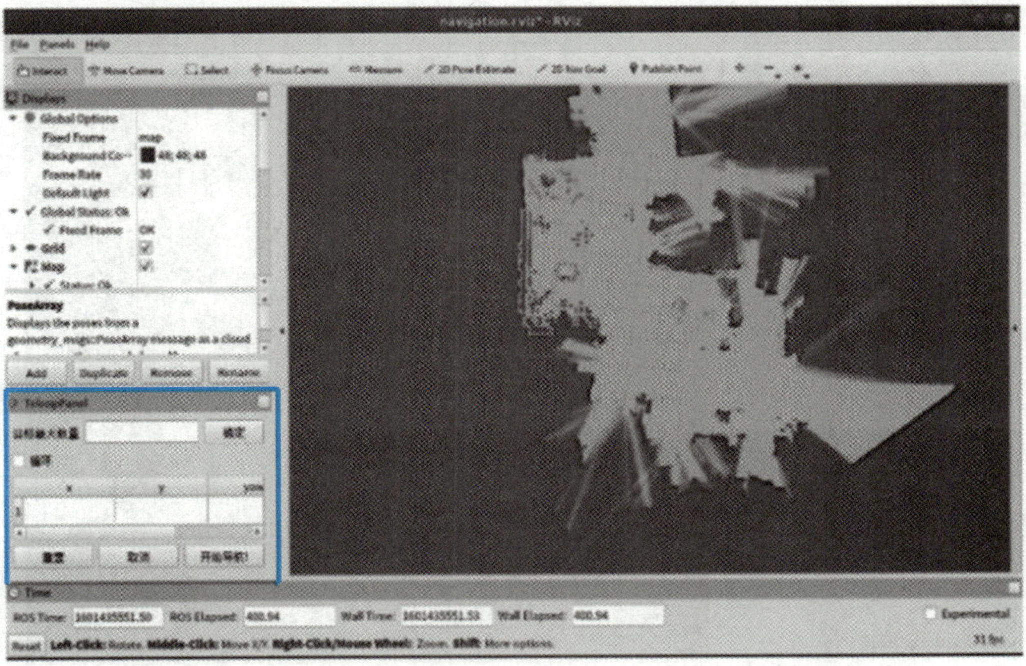

图 8－16　RViz 界面

步骤 3：左下角的参数设置放大，如图 8－17 所示。

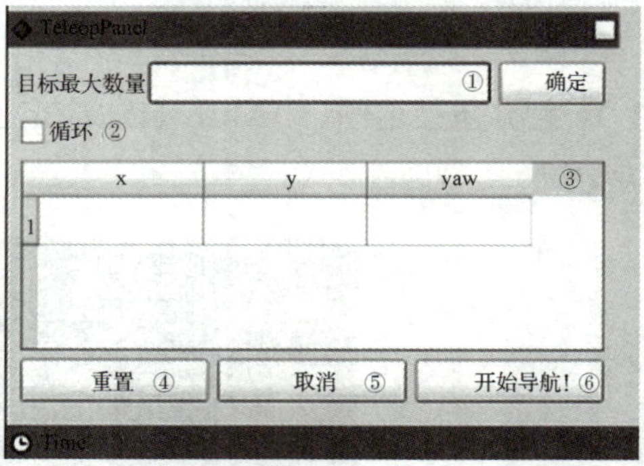

图 8－17　参数设置放大

技能拓展

目标点设置过程中有以下几点需要注意：

（1）可设置目标点的最大数：要求所设置目标点个数不能大于该参数（可以小于）。

（2）是否循环：若勾选，导航至最后一个目标点后，将重新导航至第一个目标点。例如：1→2→3→1→2→3→…，该选项必须在开始导航前勾选。

（3）任务目标点列表：x/y/yaw，地图上给定目标点的位姿（x、y 坐标与航向角 yaw）。设置完目标点最大数并保存后，该列表会生成对应数量的条目，每给出一个目标点，此处会读取到目标点的坐标与朝向。

（4）重置：将清空当前所有目标点。

（5）取消：取消当前目标点导航任务，机器人停止运动。再次单击开始导航后，会从下一个任务点开始，例如：1→2→3，在 1→2 的过程中单击取消，机器人停止运动，单击开始导航后，机器人将从当前坐标点去往 3。

（6）开始导航：开始任务。

步骤 4：单击 ToolBar 上的 2D Nav Goal，在地图上选取并确认目标点（每次设置都需要先单击 2D Nav Goal），如图 8－18、图 8－19 所示。

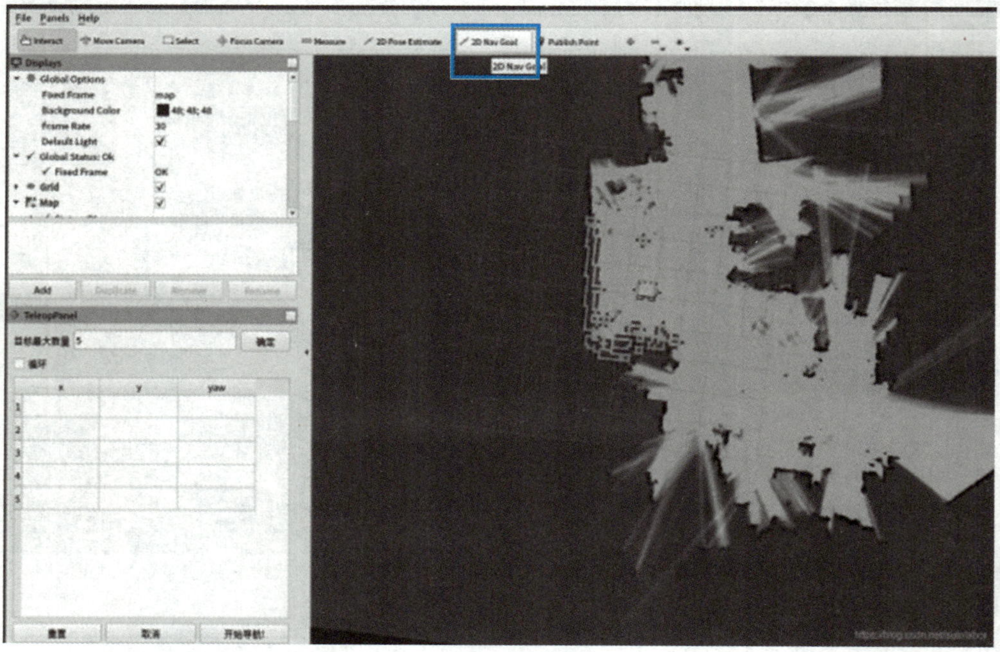

图 8－18　选取目标点

步骤5：单击开始导航，并对遥控器放权后，车辆就可以按照目标点顺序进入自动驾驶状态，如图8-20所示。只有一个目标点时，便是单点导航。当勾选循环后，车辆将循环行驶。

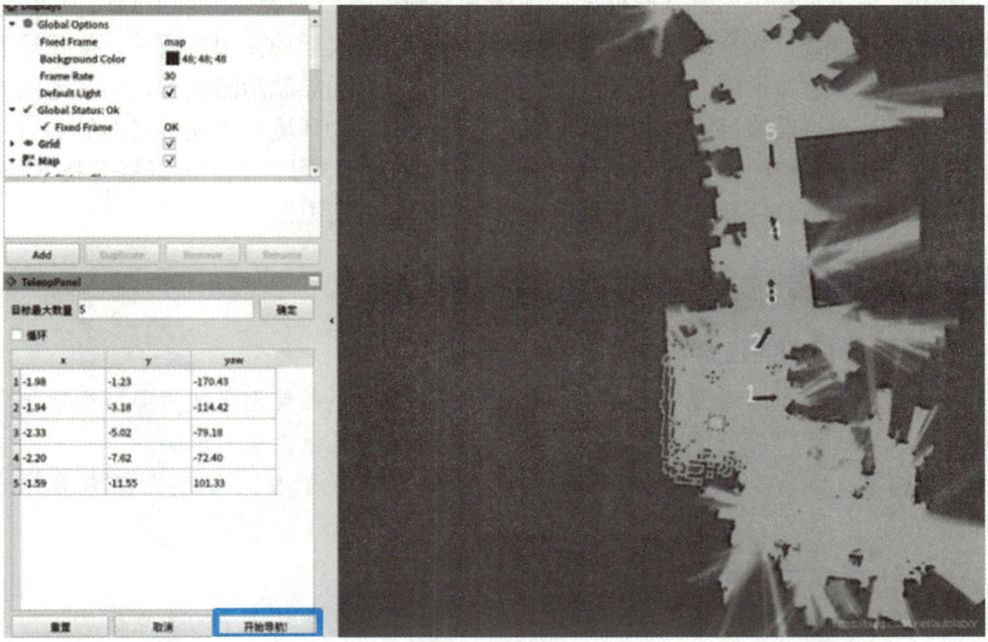

图8-19 确认目标点

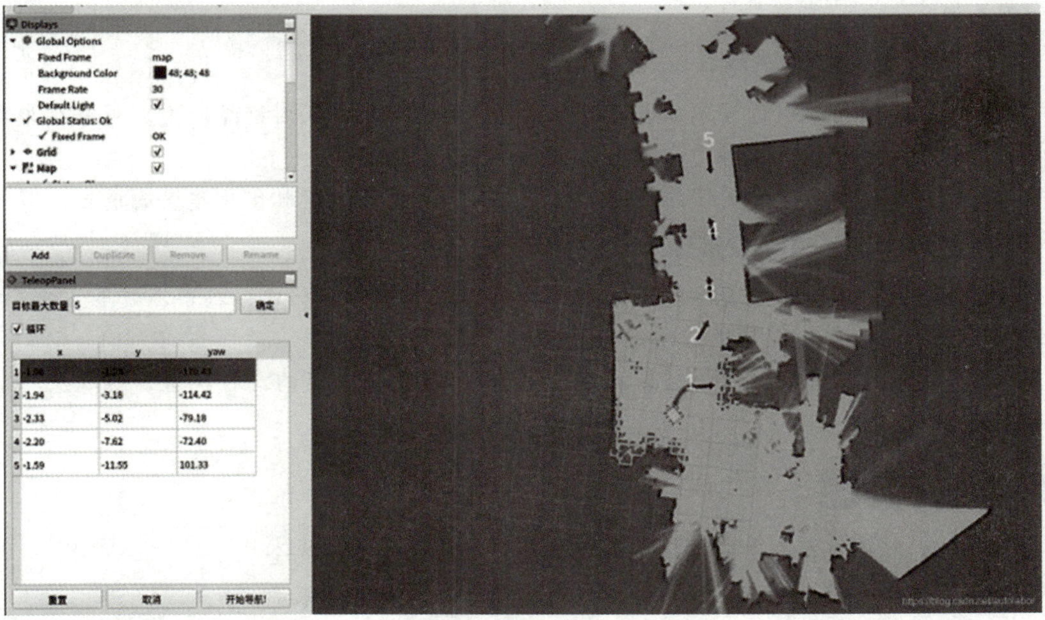

图8-20 开始导航

项目小结

本项目深入探讨了智能汽车 2D 导航功能包的安装、参数设置与启动。通过安装导航功能包，为小车提供导航基础框架，确保其与硬件平台兼容，为自主导航奠定基础。合理设置导航参数，如全局和局部路径规划参数、机器人运动模型参数等，优化导航系统的路径规划和避障性能，提高导航精度和适应性。启动导航功能包后，加载地图并启动各项服务，通过设置目标点和循环导航，小车能在复杂环境中实现多点巡航和自主导航，验证了导航系统的稳定性和高效性。通过本项目的学习，学生可以提升技术能力，了解技术应用的系统性和复杂性，提高解决实际问题的能力。

思考练习

作业 1：导航功能包参数调优

理论与实践结合：调整导航功能包的参数，如全局路径规划器和局部路径规划器的参数设置、里程计和激光雷达数据的融合等，观察其对导航性能的影响。

提交内容：调优前后的参数对比表，以及每组参数调整对导航性能影响的分析报告。

作业 2：多点导航测试

实际操作：设置多个导航目标点，测试智能小车在复杂环境中的多点巡航能力，记录小车在各点之间的行驶路径和避障行为。

提交内容：多点导航测试的操作视频，以及对测试过程中遇到的问题及解决方案的分析报告。

作业 3：障碍物动态避障

综合应用：在导航过程中加入动态障碍物，测试小车的实时避障能力。观察小车如何调整路径以避开动态障碍物，并记录相关数据。

提交内容：动态避障测试的视频，以及对避障算法的分析和优化建议的报告。

作业 4：实际应用场景探讨

理论研究：选择一个智能汽车的实际应用场景（如物流配送、城市巡逻等），探讨 2D 导航功能包在该场景中的应用潜力和面临的挑战。

提交内容：应用场景分析报告，描述应用 2D 导航功能包的潜在优势、挑战及可能的解决方案。

注意事项

1. 所有操作应在安全的环境下进行，确保个人和设备的安全。

2. 确保作业的原创性，引用的图片或文献资料必须注明来源。

3. 提交的报告和视频需要清晰地展示操作过程和结果，报告中应详细说明操作步骤和遇到的问题。

参考文献

［1］何苗，马晓敏．机器人操作系统基础［M］．北京：机械工业出版社，2022．

［2］刘相权，张万杰．机器人操作系统（ROS）及仿真应用［M］．北京：机械工业出版社，2023．

［3］胡春旭．ROS机器人开发与实践［M］．北京：机械工业出版社，2019．

［4］郎坦·约瑟夫，乔纳森·卡卡切．精通ROS机器人编程［M］．张新宇，等译．北京：机械工业出版社，2019．

［5］周兴社．机器人操作系统ROS原理与应用［M］．北京：机械工业出版社，2017．

［6］郎坦·约瑟夫．机器人操作系统（ROS）入门必备［M］．曾庆喜，等译．北京：机械工业出版社，2020．

附录　智能小车使用过程中的常见问题及解决方法

序号	现象	可能原因	处理方式
1	机器人失去定位	IMU 积累太多误差	关闭小车，断电，重新上电
2	用命令或者键盘无法控制小车	遥控器没有放权，这时即使遥控器关闭也不行	打开遥控器，放权
3	提示 IMU 不工作	IMU 插头没有插好	插好 IMU 的 USB 接口
4	遥控器遥控实训车方向	遥控器方向控制开关拨反	调整遥控器控制开关
5	激光雷达数据异常	激光雷达硬件故障或连接有问题	检查激光雷达的连接，确保连接稳定；如硬件故障，需进行维修或更换
6	摄像头图像模糊	摄像头镜头脏污或对焦不准确	清洁摄像头镜头，调整对焦设置
7	地图创建不准确	Cartographer 参数设置不合理或环境干扰	优化 Cartographer 参数，确保在无干扰环境中创建地图
8	导航功能包启动失败	相关依赖包未安装或版本不兼容	检查并安装所需的依赖包，确保版本兼容
9	小车里程计数据不准确	里程计未校准或传感器故障	重新校准里程计，检查传感器是否正常工作
10	RViz 显示异常	RViz 配置错误或与其他软件冲突	检查 RViz 配置，确保无软件冲突